Inhaltsverzeichnis

Arbeitsrecht

1 Update Mindestlohn 9

2 Das Betriebsrätemodernisierungsgesetz 9
2.1 Änderungen im Wahlrecht 9
2.2 Virtuelle Betriebsratssitzungen 10
2.3 Betriebsrat und Datenschutz 13
2.4 Besonderer Kündigungsschutz für Wahlinitiatoren 14
2.5 Neues Mitbestimmungsrecht bei mobiler Arbeit 15
2.6 Künstliche Intelligenz 17
2.7 Qualifizierung der Arbeitnehmer 17
2.8 Elektronische Signatur 17

3 Änderung beim betrieblichen Eingliederungsmanagement 18

4 Elektronische Arbeitsunfähigkeitsbescheinigung 19

5 Arbeitgeberzuschuss bei Entgeltumwandlung 20

6 Corona – Gesetzgebung 21
6.1 3G-Pflicht 21
6.2 Homeoffice-Pflicht 23

7 Wichtige Entscheidungen des Bundesarbeitsgerichts und Bundesverfassungsgerichts 24
7.1 Entgelttransparenzgesetz – Bedeutung des Auskunftsanspruchs 24
7.2 Aktuelle Entscheidungen zum Kündigungsrecht 27
7.3 Beweiswert einer Arbeitsunfähigkeitsbescheinigung 34
7.4 Betriebsrisiko des Arbeitgebers 35
7.5 Ausschlussfristen – Rechtsprechungsänderung! 37
7.6 Mindestlohn für ausländische Pflegekräfte in Privathaushalten 39
7.7 Pfändung von Arbeitseinkommen bei Entgeltumwandlung 40
7.8 Teilzeit- und Befristungsrecht 42

Lohnsteuer

1 Änderungen bei Sachbezügen und Gutscheinen 45
1.1 Anhebung der Sachbezugsfreigrenze 45
1.2 Verschärfungen bei Gutscheinen 45
1.3 Kriterien für Anerkennung als Sachbezug ab 2022 46

2 Änderungen bei der betrieblichen Altersversorgung 49
2.1 Absenkung der Beitragsbemessungsgrenze 49
2.2 Weitergabe der SV-Ersparnis bei Entgeltumwandlung 50

3 Änderungen bei Tarif und Kindern 51
3.1 Leichte Entlastung beim Lohnsteuertarif 51
3.2 Keine Änderung bei Kindergeld und Kinderfreibeträgen 51
3.3 Kleine Änderung in der Steuerklasse II 52

4 Verbesserungen bei der Mitarbeiterbeteiligung 52
4.1 Höherer Freibetrag für Vermögensbeteiligungen 52
4.2 Besteuerungsaufschub für (größere) Beteiligungen 53

5 Änderungen bei Hybrid-Elektrofahrzeugen 55

6 Einschränkungen der Lohnsteuerpauschalierung bei der Dienstwagengestellung und bei Fahrtkostenzuschüssen 57

7 Neue Arbeitnehmer bei Personengesellschaften 58
7.1 Leistungsbeziehungen 59
7.2 Lohnsteuerabzug 59

8 Auslaufen von durch Corona bedingten Sonderregelungen 60
8.1 Corona-Prämie 60
8.2 Aufstockung Kurzarbeitergeld 60
8.3 Homeoffice-Pauschale 61

Sozialversicherung

1 Bedeutung und Funktion der Sozialversicherungswerte 63
1.1 Beitragsbemessungsgrenzen 63
1.2 Jahresarbeitsentgeltgrenzen der Krankenversicherung 63
1.3 Bezugsgröße 65
1.4 Sachbezüge 65

2 Arbeitgeberzuschuss 65
2.1 Gesetzlich krankenversicherte Arbeitnehmer 65
2.2 Privat krankenversicherte Arbeitnehmer 66

3 Weitere Änderungen 67
3.1 Neuerungen im Statusfeststellungsverfahren ab 1.4.2022 67
3.2 Meldeverfahren bei geringfügigen Beschäftigungen 68
3.3 Arbeitslosenversicherungsbeiträge für beschäftigte Altersvollrentner 69
3.4 Steuerfreie Vermögensbeteiligungen sind Arbeitsentgelt 69
3.5 Zusätzlichkeitserfordernis für beitragsfreie Entgeltumwandlungen 70
3.6 Elektronische Arbeitsunfähigkeitsbescheinigung 70
3.7 Verlängerung von Sonderregelungen wegen der Corona-Pandemie 71

4 Beitragssätze und Umlagesätze in 2022 73
4.1 Krankenversicherung 73
4.2 Pflegeversicherung 73
4.3 Arbeitslosenversicherung 74
4.4 Rentenversicherung 74
4.5 Insolvenzgeldumlage 74
4.6 Umlagen für Ausgleichsverfahren U1 und U2 74
4.7 Fälligkeit der Beiträge und Umlagen 75

5 Besondere Personengruppen 76
5.1 Künstler und Publizisten 76
5.2 Auszubildende und Praktikanten ohne Arbeitsentgelt 77
5.3 Familienversicherte 77

Arbeitshilfen

Daten, Checklisten und Übersichten zur Personalarbeit **79**
Arbeitnehmergruppen (schutzbedürftige) 79
Arbeitnehmerzahl: Arbeitsrechtliche Konsequenzen 81
bAV: Steuer- und Sozialversicherungspflicht aller Durchführungswege 93
bAV AG-Pflichtzuschuss, FAQ 118
Befristete Arbeitsverhältnisse: Was müssen Arbeitgeber beachten? 123
Beitragsbemessungsgrenzen: Teilmonate 127
Beitragstragung zur Sozialversicherung (KV, PV, RV, ALV) 128
Betriebsrat: Größe und Freistellung 131
Betriebsrat: Wahlberechtigung und Wählbarkeit 133
Brückenteilzeit: Anspruch 138
Elterngeld und Elternzeit 142
Entgeltarten von A bis Z 145
Entgelttransparenzgesetz: Auskunftsanspruch 153
Entsendebeschäftigungen: Leistungsumfang im Krankheitsfall 155
Fälligkeitstermine der Beiträge und Beitragsnachweise 157
Jahresarbeitsentgeltgrenzen/Versicherungspflichtgrenzen 158
Kirchensteuer- und Kappungssätze im Lohnsteuerabzugsverfahren 159
Kündigungsfristen im Arbeitsrecht 160
Kündigungsrecht: Gesetzliche Beschränkungen 163
Kurzfristige Beschäftigung: Prüfung der Berufsmäßigkeit 165
Lohn- und einkommensteuerliche Werte 170
Lohnsteueranmeldung: Abgabe- und Zahlungsfristen 180
Meldesachverhalte und Meldefristen 180
Meldeverfahren: Abgabegründe und Beitragsgruppen 186
Pauschalierungsfähige Arbeitslohnbestandteile 190
Personengruppenschlüssel (DEUV-Meldeverfahren) 194
Reisekosten: Auslandsreisepauschalen 204
Reisekosten: Inlandsreisepauschalen 214
Sachbezugswerte 216
Schüler/Schulentlassene: Versicherungsrechtliche Beurteilung 219
Schwerbehindertenvertretung 223

Sozialversicherungswerte: Versicherungs- und Beitragsrecht 226
Studentenjob: Versicherungsrechtliche Beurteilung 230
Teilzeitarbeit: Berücksichtigung der Betriebsgröße 233
Urlaub: Gesetzliche Regelung 235
Zuschläge für Sonntags-, Feiertags- und Nachtarbeit 237

Aktuelle Entwicklungen im Personalrecht

Arbeitsrecht

1 Update Mindestlohn

Zum 1.1.2022 steigt der gesetzliche Mindestlohn von 9,60 EUR auf **9,82 EUR** und zum 1.7.2022 auf 10,45 EUR brutto. Dies wurde durch die 3. Mindestlohnanpassungsverordnung beschlossen.

2 Das Betriebsrätemodernisierungsgesetz

Am **18.6.2021** ist das Gesetz zur Förderung der Betriebsratswahlen und der Betriebsratsarbeit in einer digitalen Arbeitswelt (Betriebsrätemodernisierungsgesetz BRMG, BGBl. I S. 1762) in Kraft getreten. Es setzt Vereinbarungen des Koalitionsvertrags über die **Förderung der Wahl von Betriebsräten** und zur **Förderung von mobilem Arbeiten** um.

Das Gesetz enthält eine Reihe von Änderungen in verschiedensten Bereichen, angefangen vom Wahlrecht über die Möglichkeit, Betriebsratssitzungen unter Nutzung von virtueller Konferenztechnik durchzuführen bis hin zur Einführung eines neuen Mitbestimmungsrechts in Bezug auf mobile Arbeit.

2.1 Änderungen im Wahlrecht

Das **Wahlalter** für die aktive Wahlberechtigung wird für die nächsten Betriebsratswahlen **auf 16 Jahre** herabgesetzt. Die passive Wahlberechtigung, also die Wählbarkeit, wird nicht verändert; es bleibt hier dabei, dass der Wahlbewerber 18 Jahre alt sein muss. Das wirkt sich in kleinen Betrieben bis 100 Arbeitnehmer möglicherweise auf die Größe der Betriebsräte aus.

Das **vereinfachte Wahlverfahren** wird nun zwingend für Betriebe mit bis zu 100 Arbeitnehmern vorgeschrieben. In Betrieben mit 101–200 Arbeitnehmern können Wahlvorstand und Arbeitgeber die Anwendung des vereinfachten Wahlverfahrens vereinbaren.

Die Möglichkeit, die **Betriebsratswahl** wegen Fehler in der Wählerliste **anzufechten**, wird durch § 19 Abs. 3 BetrVG eingeschränkt. Arbeitnehmer müssen vor einer solchen Anfechtung Einspruch gegen die Wählerliste eingelegt haben. Dem Arbeitgeber ist die Anfechtung verwehrt, wenn er den Fehler durch die Übersendung einer fehlerhaften Wählerliste verursacht hat.

2.2 Virtuelle Betriebsratssitzungen

Bis zum Beginn der Coronakrise im März 2020 vertrat die überwiegende Meinung in der Fachliteratur den Standpunkt, dass Betriebsratssitzungen nur als Präsenzsitzungen abgehalten werden können. Das Bundesarbeitsgericht (BAG) hatte schon früher entschieden, dass jedenfalls Betriebsratsbeschlüsse nicht im Umlaufverfahren gefasst werden können (BAG, Urteil v. 4.8.1975, 2 AZR 266/74). Auch eine virtuelle Sitzungsteilnahme wurde für unzulässig gehalten. Verstöße hiergegen führten meist zur Unwirksamkeit des Betriebsratsbeschlusses. Denn regelmäßig wurde für das Betriebsratsmitglied, welches virtuell an der Sitzung teilgenommen hat, kein Ersatzmitglied geladen, obwohl das Mitglied verhindert war, an einer Präsenzsitzung teilzunehmen.

Nachdem bedingt durch die Coronakrise der Gesetzgeber in § 129 BetrVG eine bis zum 30.6.2021 befristete Übergangsregelung geschaffen hatte, besteht für Betriebsräte nunmehr **dauerhaft** die Möglichkeit, an Betriebsratssitzungen auch virtuell teilzunehmen. Diese neue Regelung findet sich in § 30 BetrVG. In § 30 Abs. 1 BetrVG ist allerdings zunächst der Vorrang der Präsenzsitzung festgeschrieben. In § 30 Abs. 2 BetrVG finden sich sodann die **Voraussetzungen für Betriebsratssitzungen**, die vollständig mittels Video- oder Telefonkonferenz durchgeführt werden oder an denen Betriebsratsmitglieder mittels Video- oder Telefonkonferenz teilnehmen (Hybrid-Sitzung).

Die Teilnahme an einer Betriebsratssitzung mittels Video- und Telefonkonferenz kann nur erfolgen, wenn

1. die Voraussetzungen für eine solche Teilnahme in der Geschäftsordnung des Betriebsrats unter Sicherung des Vorrangs der Präsenzsitzung festgelegt sind,
2. nicht mindestens ein Viertel der Mitglieder des Betriebsrats binnen einer von dem Vorsitzenden zu bestimmenden Frist diesem gegenüber der Teilnahme mittels Video- und Telefonkonferenz widerspricht und
3. sichergestellt ist, dass Dritte vom Inhalt der Sitzung keine Kenntnis nehmen können.

Eine Aufzeichnung der Sitzung ist unzulässig.

Diese Regeln gelten sowohl für die Sitzungsteilnahme per Videokonferenz als auch per Telefonkonferenz. Der Gesetzgeber macht hier keine Unterscheidung. Diese Voraussetzungen gelten ebenso uneingeschränkt und ohne Unterschied für eine vollständig virtuell durchgeführte Sitzung wie auch für eine Präsenzsitzung, an der einzelne Betriebsratsmitglieder durch Video- oder Telefonkonferenz teilnehmen (hybride Sitzung).

Wichtig: Wer entscheidet über die Durchführungsweise der Betriebsratssitzung?

Ob die Betriebsratssitzung als Video- oder Telefonkonferenz oder als hybride Sitzung durchgeführt wird, liegt allein im **Ermessen des Betriebsrats**. Sinnvollerweise wird er dazu Regelungen in seiner Geschäftsordnung treffen, ohne die eine virtuelle Sitzungsteilnahme grundsätzlich unzulässig ist.

Der Arbeitgeber ist in keinem Fall berechtigt, die Durchführung mittels Video- und Telefonkonferenz zu verlangen.

Darüber hinaus kann der Arbeitgeber im Falle einer Teilnahme eines Betriebsratsmitglieds an einer Präsenzsitzung nach § 30 Abs. 3 BetrVG nicht einwenden, die Präsenzteilnahme an der Sitzung sei nicht erforderlich gewesen, das Betriebsratsmitglied hätte auch virtuell an der Sitzung teilnehmen können. Mit dieser Regelung wird den Bedenken der Gewerkschaften Rechnung getragen, dass Arbeitgeber die Möglichkeit der virtuellen Sitzungsteilnahme benutzen könnten, um Betriebsräte mit der Drohung, die Kosten der Präsenzteilnahme nicht zu erstatten zur virtuellen Teilnahme mittelbar zu zwingen.

Die Sicherung des **Vorrangs der Präsenzsitzung** muss durch entsprechende Vorschriften in der **Geschäftsordnung** gewährleistet sein. Die Geschäftsordnung muss aber nicht jeden Einzelfall regeln, sondern „Leitplanken“ ziehen, z. B. durch

- die Begrenzung der Anzahl von Sitzungen, die ganz oder teilweise als Video- und Telefonkonferenz durchgeführt werden können; besser Mindestzahl in Präsenz,
- die Beschränkung auf bestimmte Themen,
- Nennung eilbedürftiger Sachverhalten (Fristen für den Betriebsrat),

- Gesundheitsschutz der Betriebsratsmitglieder.

Weitere Möglichkeiten, den Vorrang der Präsenzsitzung zu regeln können sein:

- Unterscheidung in der Geschäftsordnung, wann eine vollständige und wann eine teilweise virtuelle Sitzungsteilnahme erfolgt,
- Regelung des Mediums: Videokonferenz oder Telefonkonferenz,
- Ermöglichung der Teilnahme von Betriebsratsmitgliedern bei Verhinderung der Teilnahme an einer Präsenzsitzung, z. B. bei auswärtiger Tätigkeit, Homeoffice sowie der Unabkömmlichkeit wegen Betreuung oder einer Behinderung.

Mindestinhalt dieser Regelung in der Geschäftsordnung ist also, dass in irgendeiner Weise der Vorrang der Präsenzsitzung gesichert wird. Ohne Regelungen in der Geschäftsordnung des Betriebsrats ist eine virtuelle Sitzungsteilnahme nicht möglich und ein entsprechender Betriebsratsbeschluss unwirksam.

Auch der **Widerspruch von einem Viertel der Mitglieder** des Betriebsrats gegen die Durchführung als virtuelle Sitzung oder gegen die virtuelle Teilnahme auch nur einzelner Betriebsratsmitglieder führt zur Unwirksamkeit des Betriebsratsbeschlusses, wenn gleichwohl die Sitzung virtuell durchgeführt wird. In diesem Fall muss der Vorsitzende kurzfristig zu einer Präsenzsitzung einladen. Dabei hat er jedoch auch die Regelung des § 29 Abs. 2 BetrVG zu beachten, wonach die Einladung den Betriebsratsmitgliedern rechtzeitig (in der Regel 3 Tage vor der Sitzung) zugehen muss.

Hinweis: Corona-Sonderregelung

Bereits am 30.6.2021 sind die Sonderregelungen im BetrVG anlässlich der Corona-Pandemie ausgelaufen. Durch das Betriebsrätemodernisierungsgesetz wurde die Möglichkeit, eine Sitzung virtuell abzuhalten, lediglich für Betriebsratssitzungen dauerhaft übernommen. Andere virtuelle Versammlungen, wie Betriebsversammlungen, Versammlungen der leitenden Angestellten sowie Sitzungen der Einigungsstellen, der Heimarbeitsausschüsse und von Gremien nach dem Europäischen Betriebsräte-Gesetz waren ersatzlos entfallen. Durch das Gesetz zur Stärkung der Impfprävention gegen COVID-19 ist in **§ 129 BetrVG** nunmehr erneut festgelegt, dass Video- und Telefonkonferenzen zur Durchführung verschiedener Versammlungen genutzt werden können. Die Regelung ist vorerst befristet bis zum 19.3.2022.

Auch dann, wenn die Geschäftsordnung vorschreibt, dass einzelne Betriebsratsmitglieder wegen einer Verhinderung ein Recht auf eine virtuelle Sitzungsteilnahme an einer Präsenzsitzung haben, ihnen das aber nicht ermöglicht wird, ist der Beschluss jedenfalls dann unwirksam, wenn das Betriebsratsmitglied deshalb nicht an der Sitzung teilnehmen kann.

Achtung: Kostentragung

Wenn der Betriebsrat beschließt, Sitzungen virtuell durchzuführen oder die virtuelle Teilnahme zu ermöglichen, hat der **Arbeitgeber** nach § 40 BetrVG die dafür erforderlichen Kosten zu tragen. Neben dem Bereitstellen geeigneter Plattformen für Videokonferenzen gehört dazu auch, dass er den Betriebsratsmitgliedern, die an der Sitzung virtuell teilnehmen wollen, entsprechende mobile Endgeräte zur Verfügung stellt.

2.3 Betriebsrat und Datenschutz

Bisher war unklar, wer für die Datenverarbeitung, die im Verantwortungsbereich des Betriebsrats stattfindet, Verantwortlicher im Sinne von Art. 4 Nr. 7 der DSGVO ist. Verantwortlicher in diesem Sinne ist die natürliche oder juristische Person, die allein oder gemeinsam mit anderen über die Zwecke und Mittel der Verarbeitung von personenbezogenen Daten entscheidet. Ob der Betriebsrat eine eigene Stelle in diesem Sinne im Betrieb ist, war bislang umstritten.

Das BAG vertrat den Standpunkt, der Arbeitgeber sei auch für die Datenverarbeitung durch den Betriebsrat Verantwortlicher im datenschutzrechtlichen Sinn. Aufgrund seiner fehlenden Rechtsfähigkeit sei nicht der Betriebsrat Adressat des BDSG, sondern der Arbeitgeber. Als Teil der verantwortlichen Stelle i. S. v. § 3 Abs. 7 BDSG a. F. sei der Betriebsrat aber ebenfalls dem Datenschutz verpflichtet. Er habe unter Beachtung des Strukturprinzips der Unabhängigkeit in der Betriebsverfassung eigenständig über Maßnahmen zu beschließen, um einem Missbrauch der Daten innerhalb seines Verantwortungsbereichs zu begegnen. Außerdem muss der Betriebsrat die jeweils geltenden betrieblichen Datenschutzbestimmungen einhalten und diese soweit wie möglich ergänzen – das obliegt seinem pflichtgemäßen Ermessen (BAG, Beschluss v. 12.8.2009, 7 ABR 15/08).

Der Gesetzgeber hat hier jedenfalls insoweit Klarheit geschaffen, als er in § 79a Satz 2 BetrVG geregelt hat, dass auch bei Datenverarbeitung durch den Betriebsrat zur Erledigung seiner Aufgaben der **Arbeitgeber der Verantwortliche** im Sinne der DSGVO ist.

Das wirft aber eine Reihe von weiteren Fragen auf. Wie beispielsweise kann der Arbeitgeber einen Auskunftsanspruch eines Arbeitnehmers nach Art. 15 DSGVO erfüllen, wenn sich dieser auch darauf bezieht, welche Daten über den Mitarbeiter im Verantwortungsbereich des Betriebsrats erarbeitet werden? Dieses Problem will der Gesetzgeber durch § 79a Satz 3 BetrVG lösen, wonach sich **Arbeitgeber und Betriebsrat gegenseitig** bei der Einhaltung der datenschutzrechtlichen Vorschriften **unterstützen.** Macht also ein Arbeitnehmer einen Auskunftsanspruch nach Art. 15 DSGVO geltend, so muss der Betriebsrat dem Arbeitgeber die im Verantwortungsbereich des Betriebsrats verarbeiteten Daten dieses Mitarbeiters mitteilen.

Außerdem kann gegen den Betriebsrat auch bei groben Datenschutzverstößen seitens der Aufsichtsbehörden kein Bußgeld verhängt werden. Ob in derartigen Fällen gegen den Arbeitgeber als verantwortliche Stelle ein Bußgeld verhängt werden kann oder ob der Arbeitgeber bei Datenschutzverstößen im Verantwortungsbereich des Betriebsrats auch hierfür an den Arbeitnehmer eine Entschädigung nach Art. 82 DSGVO zu zahlen hat, ist unklar. Sollte dies der Fall sein, stellt sich die Frage, inwieweit der Arbeitgeber hierfür bei einzelnen Betriebsratsmitgliedern Regress nehmen kann.

Geklärt ist auch, dass nunmehr der Datenschutzbeauftragte ein Zugangs- und Kontrollrecht im Verantwortungsbereich des Betriebsrats hat. Das ergibt sich aus § 79a Satz 4 BetrVG. Allerdings hat er Stillschweigen zu wahren über Informationen, die Rückschlüsse auf den Meinungsbildungsprozess des Betriebsrats zulassen. Stellt er jedoch Datenschutzverstöße beim Betriebsrat fest, hat er zunächst auf deren Abhilfe im Verantwortungsbereich des Betriebsrats hinzuwirken. Kommt der Betriebsrat dem nicht nach, ist er berechtigt, gegenüber dem Arbeitgeber eine entsprechende Mitteilung unter Wahrung der Verschwiegenheitspflicht zu machen.

2.4 Besonderer Kündigungsschutz für Wahlinitiatoren

Entsprechend der Zielsetzung, gerade in kleineren Betrieben die Wahl von Betriebsräten zu erleichtern, hat der Gesetzgeber einen erweiterten Kündigungsschutz für Mitarbeiter vorgesehen, die sich für die Wahl eines Betriebsrats engagieren.

In der schon bestehenden Regelung des § 15 Abs. 3a KSchG erhalten nunmehr nicht nur 3, sondern **6 Beschäftigte**, die zu einer Wahlversammlung einladen oder beim Arbeitsgericht die Bestellung eines Wahlvorstands beantragen, einen besonderen Kündigungsschutz bis zur Bekanntgabe des Wahlergebnisses, aber maximal für 3 Monate. Zulässig ist nur die fristlose Kündigung. Die ordentliche Kündigung ist ausgeschlossen.

Eine Neuheit stellt § 15 Abs. 3b KSchG dar. Danach ist die ordentliche personen- oder verhaltensbedingte Kündigung eines Arbeitnehmers ausgeschlossen, wenn dieser **Vorbereitungshandlungen zur Errichtung** eines Betriebsrats unternimmt **und** zusätzlich eine **öffentlich beglaubigte Erklärung** abgegeben hat, dass er die Absicht hat, einen Betriebsrat zu errichten. Außerdem müssen für Dritte Vorbereitungshandlungen erkennbar sein. Das können z. B. Gespräche mit der Gewerkschaft oder mit Kollegen über die Errichtung eines Betriebsrats sein. Auch dieser Kündigungsschutz wehrt nur bis zur Einladung zu einer Wahlversammlung, längstens jedoch für 3 Monate.

2.5 Neues Mitbestimmungsrecht bei mobiler Arbeit

Durch das Betriebsrätemodernisierungsgesetz ist darüber hinaus auch ein neues Mitbestimmungsrecht für den Betriebsrat geschaffen worden, das die **Ausgestaltung von mobiler Arbeit** regelt, die mittels Informations- und Kommunikationstechnik erbracht wird (§ 87 Abs. 1 Nr. 14 BetrVG).

Dieses Mitbestimmungsrecht betrifft nach seinem eindeutigen Wortlaut und auch nach der Gesetzesbegründung nur die Frage, **wie** die mobile Arbeit ausgestaltet sein soll. **Ob** es im Betrieb überhaupt die Möglichkeit gibt, mobil zu arbeiten, bleibt weiterhin der Entscheidungsfreiheit des Arbeitgebers überlassen und ist mitbestimmungsfrei.

Allerdings findet sich in der Gesetzesbegründung der Hinweis, dass auch der zeitliche Umfang der mobilen Arbeit der Mitbestimmung des Betriebsrats unterliegt. Danach würde der Betriebsrat verlangen können, dass der Arbeitgeber den einzelnen Mitarbeitern beispielsweise nicht nur 10, sondern auch 20 Stunden mobiles Arbeiten pro Woche ermöglicht. Ob das vom Wortlaut des Gesetzes gedeckt ist, kann bezweifelt werden. Im Hinblick darauf, dass sich jedenfalls entsprechende Hinweise in der Gesetzesbegründung finden, kann der Betriebsrat zumindest erfolgreich die Einigungsstelle nach § 87 Abs. 2 BetrVG zur Herbeiführung einer entsprechenden Regelung anrufen. Die Einigungsstelle hat dann zu entscheiden, wie weit das Mitbestimmungsrecht des Betriebsrats hier reicht.

Ansonsten setzt eine Mitbestimmung des Betriebsrats voraus, dass nicht nur mobil gearbeitet wird, sondern dabei auch **Informations- und Kommunikationstechnik** genutzt wird. Allein der Umstand, dass die Arbeit von Zuhause aus erledigt wird, reicht demnach nicht aus, sondern es muss eine entsprechende Verbindung zum Betrieb unter Nutzung von Informations- und Kommunikationstechnik bestehen. Nach dem eindeutigen Wortlaut besteht das Mitbestimmungsrecht nur bei der Ausgestaltung von mobiler Arbeit, nicht bei der Ausgestaltung von Telearbeit nach § 2 ArbStättV, weil diese nicht unter den Begriff des mobilen Arbeitens fällt. Nach der Gesetzesbegründung besteht kein Mitbestimmungsrecht, wenn sich das mobile Arbeiten bereits aus der Tätigkeit selbst ergibt, wie es z. B. bei einem Außendienstmitarbeiter der Fall ist.

Hinweis: Weitere Mitbestimmungsrechte bei mobiler Arbeit

Bei der Durchführung von mobiler Arbeit hat der Betriebsrat weitere Mitbestimmungsrechte. Insbesondere bei Fragen des **Verhaltens** während der mobilen Arbeit, bei Fragen der **Arbeitszeiterfassung**, bei Fragen der **Erfassung der Daten** von Mitarbeitern, die mobil arbeiten, und bei Fragen des **Arbeitsschutzes** bei mobiler Arbeit bestanden bereits vorher Mitbestimmungsrechte nach § 87 Abs. 1 Nr. 1, 2, 6 und 7 BetrVG.

Darüber hinaus kann die Einführung von mobilem Arbeiten auch eine interessenausgleichs- und sozialplanpflichtige **Betriebsänderung** nach § 111 Satz 2 Nr. 4 BetrVG darstellen. Jedenfalls dann, wenn zugleich die Zahl der im Betrieb vorhandenen Arbeitsplätze reduziert wird und die Mitarbeiter dadurch faktisch gezwungen werden, ganz oder teilweise von Zuhause aus zu arbeiten, kann es sich dabei um eine grundlegende Änderung der betrieblichen Arbeitsorganisation handeln. Insbesondere Konzepte des sog. „Desk-Sharing“ mit entsprechender Verknappung der tatsächlichen Arbeitsplätze im Betrieb sind unter diesem Gesichtspunkt kritisch zu betrachten. Hier sind die Einzelheiten aber noch unklar.

Solange die Coronakrise nicht endgültig vorüber ist und die Corona-Arbeitsschutzverordnung i. V. m. der Corona-Arbeitsschutzregel weiterhin eine Kontaktreduzierung im Betrieb verlangt und dazu auch das Homeoffice als geeignetes Mittel benennt, kommt auch das Initiativrecht des Betriebsrats in Betracht. Er kann über sein Mitbestimmungsrecht bezüglich des **betrieblichen Arbeitsschutzes** nach § 87 Abs. 1 Nr. 7 BetrVG die Einführung von mobilem Arbeiten von Zuhause aus als Maßnahme des Arbeitsschutzes zur Gefahrenabwehr nach § 3 ArbSchG nach Durchführung einer entsprechenden Gefährdungsbeurteilung verlangen.

2.6 Künstliche Intelligenz

Nach § 80 Abs. 2 BetrVG kann der Betriebsrat bei der Durchführung seiner Aufgaben nach näherer Vereinbarung mit dem Arbeitgeber **Sachverständige** hinzuziehen, soweit dies zur ordnungsgemäßen Erfüllung seiner Aufgaben erforderlich ist. Muss der Betriebsrat zur Durchführung seiner Aufgaben die Einführung oder Anwendung von Künstlicher Intelligenz beurteilen, gilt insoweit die Hinzuziehung eines Sachverständigen als erforderlich. Was unter „Künstlicher Intelligenz" zu verstehen ist, lässt das Gesetz aber offen.

Nach § 90 Abs. 1 BetrVG ist der Betriebsrat über die **Planung von Arbeitsverfahren und Arbeitsabläufen** einschließlich des Einsatzes von Künstlicher Intelligenz rechtzeitig unter Vorlage der erforderlichen Unterlagen zu unterrichten.

Das Mitbestimmungsrecht nach § 95 bei **personellen Auswahlrichtlinien** besteht auch dann, wenn bei der Aufstellung dieser Richtlinien künstliche Intelligenz zum Einsatz kommt. Dabei hat der Gesetzgeber „selbstlernende" Algorithmen vor Augen, die eigenständige „Entscheidungen" im Bereich der Bewerberauswahl treffen können.

2.7 Qualifizierung der Arbeitnehmer

Nach § 96 Abs. 1 BetrVG hat der Betriebsrat ein Beratungsrecht über Maßnahmen zur Qualifizierung der Arbeitnehmer. Kommt im Rahmen der Beratung eine Einigung über Maßnahmen der Berufsbildung nicht zustande, können der Arbeitgeber oder der Betriebsrat die **Einigungsstelle** um Vermittlung anrufen. Die Einigungsstelle hat eine Einigung der Parteien **zu versuchen**. Eine Entscheidungskompetenz hat sie aber nicht. Das ergibt sich eindeutig aus der Gesetzesbegründung. Der Betriebsrat kann die Einigungsstelle, die in der Regel mit nicht unerheblichen Kosten verbunden ist, dadurch als Druckmittel einsetzen.

2.8 Elektronische Signatur

Beschlüsse der **Einigungsstelle** sind schriftlich niederzulegen und vom Vorsitzenden zu unterschreiben. Durch das Betriebsrätemodernisierungsgesetz wurde festgelegt, dass der Spruch auch in elektronischer Form niedergelegt und vom Vorsitzenden mit seiner qualifizierten elektronischen Signatur versehen werden kann (§ 76 Abs. 3 Satz 4 BetrVG). Die Anforderungen an eine elektronische Signatur ergeben sich aus § 126a BGB und aus Art. 26 eIDAS-VO; es ist eine spezielle zertifizierte Software erforderlich. Werden **Betriebsvereinbarungen** in elektronischer Form geschlossen, haben Arbeitgeber und Betriebsrat abweichend von § 126a Abs. 2 BGB dasselbe Dokument (§ 77 Abs. 2 Satz 3) elektronisch zu signieren. Das gilt auch für Interessenausgleich und Sozialplan.

3 Änderung beim betrieblichen Eingliederungsmanagement

Durch das Teilhabestärkungsgesetz vom 2.6.2021 ist § 167 Abs. 2 SGB IX geändert worden. Die Vorschrift regelt das betriebliche Eingliederungsmanagement (BEM). Der Arbeitnehmer kann im Rahmen der BEM-Gespräche nunmehr eine **Vertrauensperson eigener Wahl** hinzuziehen (§ 167 Abs. 2 Satz 2 SGB IX). Um das BEM ordnungsgemäß einzuleiten, muss der Arbeitgeber den betroffenen Arbeitnehmer auf die Möglichkeit einer Vertrauensperson ausdrücklich hinweisen. Ggf. muss der Arbeitnehmer gegenüber dem Arbeitgeber die Vertrauensstellung der hinzugezogenen Person beweisen (z. B. durch eine Vollmacht). Da das Gesetz nur von einer Hinzuziehung spricht, ist es nicht möglich, dass die Vertrauensperson das BEM anstelle des Betroffenen durchführt. Anforderungen an die Qualifikation der Vertrauensperson stellt das Gesetz nicht.

Durch die Hinzuziehung der Vertrauensperson erklärt der Beschäftigte damit einverstanden zu sein, dass diese Person auch die im BEM zu erörternden personenbezogenen Daten des Beschäftigten erfährt. Für die Wahrung des Datenschutzes gegenüber Dritten durch die Vertrauensperson ist nicht der Arbeitgeber, sondern der Beschäftigte selbst verantwortlich.

Hinweis: Verschwiegenheit der Vertrauensperson

Die Vertrauensperson hat über ihr im Rahmen des BEM bekannt gewordene betriebliche Interna und die personenbezogenen Daten der anderen Beschäftigten Stillschweigen zu bewahren. Das ergibt sich bereits aus ihrer Stellung im BEM-Verfahren, das von vorneherein auf Vertraulichkeit angelegt ist. Der Arbeitgeber sollte diese Person aber nochmals ausdrücklich zur Verschwiegenheit verpflichten. Weigert sich die Vertrauensperson, eine solche **Verschwiegenheitsverpflichtung** zu akzeptieren, ist der Arbeitgeber berechtigt, derartige Daten im BEM Verfahren zurückzuhalten.

Die für die Hinzuziehung der Person entstehenden Kosten trägt der Beschäftigte. Etwa bereits vorhandene Betriebs- oder Dienstvereinbarungen müssen entsprechend angepasst werden.

4 Elektronische Arbeitsunfähigkeitsbescheinigung

Durch die Einführung der elektronischen Arbeitsunfähigkeitsbescheinigung (eAUB) wird mit Wirkung ab dem 1.7.2022 der § 5 EFZG geändert. Für Arbeitnehmer, die **gesetzlich krankenversichert** sind, **entfällt** die **Pflicht zur Vorlage** der bisherigen Arbeitsunfähigkeitsbescheinigung in Papierform. An deren Stelle tritt die Verpflichtung, das Bestehen einer Arbeitsunfähigkeit sowie deren voraussichtliche Dauer ärztlich feststellen zu lassen und sich darüber eine Bescheinigung vom Arzt aushändigen zu lassen. Diese Bescheinigung ist aber nur für den Arbeitnehmer selbst bestimmt.

Der Arbeitnehmer muss das Bestehen der Arbeitsunfähigkeit zu den Zeitpunkten ärztlich feststellen lassen, zu denen er auch nach der bisherigen Regelung des § 5 Abs. 1 EFZG hierzu verpflichtet gewesen ist. Insofern ändert sich in arbeitsrechtlicher Hinsicht durch die Einführung der eAUB nichts außer dem Umstand, dass der gesetzlich krankenversicherte Arbeitnehmer eine Arbeitsunfähigkeitsbescheinigung in Papierform nicht mehr vorlegen muss.

Hinweis: Ärztliche Feststellung ab dem ersten Tag

Der Arbeitgeber kann auch weiterhin verlangen, dass der Arbeitnehmer die Arbeitsunfähigkeit bereits am ersten Tag ärztlich feststellen lassen muss.

An der Pflicht, die Arbeitsunfähigkeit **unverzüglich anzuzeigen** ändert sich ebenfalls nichts. Für privat krankenversicherte Arbeitnehmer bleibt es bei der bisherigen gesetzlichen Regelung.

Soweit in Arbeitsverträgen oder Tarifverträgen geregelt ist, dass der Arbeitnehmer zur Vorlage einer Arbeitsunfähigkeitsbescheinigung verpflichtet ist, verstößt diese Regelung dann gegen § 12 EFZG und ist insoweit unwirksam.

Dem Arbeitgeber wird durch das Meldeverfahren über die Krankenkassen nicht mehr mitgeteilt, welcher Arzt die Arbeitsunfähigkeitsbescheinigung ausgestellt hat.

Insoweit fällt eine Kontrollmöglichkeit durch den Arbeitgeber weg, mit der z. B. die sog. WhatsApp Arbeitsunfähigkeitsbescheinigung erkannt werden konnte.

Mehr zum Verfahren der elektronischen Arbeitsunfähigkeit siehe „Jahreswechsel 2021/2022: Sozialversicherungsrechtliche Änderungen" (Abschn. 3.6., S. 70).

5 Arbeitgeberzuschuss bei Entgeltumwandlung

Durch § 1 Abs. 1a BetrAVG wurde bereits zum 1.1.2019 die Verpflichtung des Arbeitgebers geschaffen, **15 % des umgewandelten Entgeltes** zusätzlich als Arbeitgeberzuschuss an den Pensionsfonds, die Pensionskasse oder die Direktversicherung weiterzuleiten, **soweit er** durch die Entgeltumwandlung **Sozialversicherungsbeiträge einspart**. Für Entgeltumwandlungsvereinbarungen, die bereits vor dem 1.1.2019 geschlossen worden waren, gilt nach § 26a BetrAVG diese Zuschusspflicht jedoch erst seit dem 1.1.2022. Sie trat damit zum Jahreswechsel auch für „Altverträge" in Kraft. Bezüglich dieser Verpflichtung bestehen zahlreiche – dem Grunde nach arbeitsrechtliche – Fragen und Unklarheiten.

Es ist zulässig, dass ein **Tarifvertrag** die Zuschusspflicht abbedingt oder anders regelt. Ist der Tarifvertrag bereits vor dem Inkrafttreten des Betriebsrentenstärkungsgesetzes aus dem Jahre 2018 geschlossen worden, kann man kaum annehmen, aus der Nichtregelung der Zuschusspflicht ergebe sich, dass ein solcher nicht geschuldet werde. Sieht der Tarifvertrag hingegen bereits vor, dass der Arbeitgeber aufgrund der Ersparnis von Sozialversicherungsbeiträgen einen Zuschuss zu zahlen hat, so stellt sich die Frage, ob dieser mit der Zuschusspflicht nach § 1 Abs. 1a BetrAVG **verrechnet** werden kann. Das hat jedenfalls das LAG Niedersachsen (Urteil v. 31.5.2021, 15 Sa 1096/20; Revision eingelegt unter dem Az. 3 AZR 361/21; Termin: 8.3.2022) angenommen. Die gleiche Frage stellt sich für individuelle Entgeltumwandlungsvereinbarungen vor dem 1.1.2019, die bereits eine Zuschusspflicht des Arbeitgebers enthalten.

Eine weitere Frage ist, wie der vom Arbeitgeber zu zahlende Zuschuss für die betriebliche Altersversorgung verwendet wird. Der Anspruch des Arbeitnehmers geht dahin, dass die bereits vereinbarte Altersversorgung aufgestockt wird. Das ist aber aus vertragsrechtlichen Gründen zwischen Arbeitgeber und Versicherungsunternehmen oft nicht möglich. In diesem Fall wird es arbeitsrechtlich für zulässig erachtet, dass das vom Arbeitnehmer umzuwandelnde Entgelt um den vom Arbeitgeber zu zahlenden Zuschuss verringert wird („Insich-Lösung"). Es ist grundsätzlich zu empfehlen, hierüber mit dem Arbeitnehmer eine Vereinbarung zu treffen und die Entgeltumwandlungsvereinbarung entsprechend abzuändern.

Mehr zum verpflichtenden Arbeitgeberzuschuss bei Entgeltumwandlung siehe „FAQ zum bAV AG-Pflichtzuschuss“ (S. 118 ff.).

6 Corona – Gesetzgebung

6.1 3G-Pflicht

Im Zusammenhang mit der Coronakrise hat der Gesetzgeber auch im Jahre 2021 eine Reihe von gesetzlichen Änderungen vorgenommen, die arbeitsrechtliche Relevanz haben. Nachdem eine Reihe von gesetzlichen Regelungen zwischenzeitlich wieder ausgelaufen sind, sind durch das Gesetz zur Änderung des Infektionsschutzgesetzes und weiterer Gesetze anlässlich der Aufhebung der Feststellung der epidemischen Lage von nationaler Tragweite vom 22.11.2021 (BGBl. I S 4906) angesichts der massiv gestiegenen Infektionszahlen zum 24.11.2021 neue Regelungen in Kraft getreten, die auch für Arbeitgeber von erheblicher Bedeutung sind. Zwar wird die epidemische Lage von nationaler Tragweite nicht verlängert, gleichwohl aber zahlreiche Regelungen (wieder) eingeführt, die zur Eindämmung der Corona-Pandemie beitragen sollen. Diese Regelungen gelten befristet bis zum **19.3.2022**.

Für Arbeitgeber ist vor allem § 28b IfSG von Bedeutung. Dieser regelt in Abs. 1, dass Arbeitgeber und Beschäftigte Arbeitsstätten, in denen physische Kontakte untereinander oder zu Dritten nicht ausgeschlossen werden können, nur dann betreten dürfen, wenn sie genesen, geimpft oder getestet sind (**„3G-Pflicht“**). Die Regelung ist auch für Arbeitnehmer bußgeldbewehrt. Der Begriff der Arbeitsstätte entspricht § 2 ArbStättV. Danach zählen zur Arbeitsstätte auch Arbeitsplätze im Freien oder auf Baustellen; ausdrücklich geregelt ist die Anwendung auch für vom Arbeitgeber organisierte Transporte von Arbeitnehmern. Der Arbeitnehmer muss vor dem Betreten des Betriebs nachweisen, dass die 3G-Anforderungen erfüllt ist.

Als **Testnachweis** gilt nach § 2 Nr. 7 SchAusnahmV

- ein bescheinigter Test durch eine Teststation,
- ein Test durch eine geeignete Person beim Arbeitgeber und auch
- ein beaufsichtigter Selbsttest beim Arbeitgeber.

Für diese Testung darf der Betrieb (bis zur Teststation) betreten werden, ebenso für die Wahrnehmung eines betrieblichen Impfangebots. Der Test darf bei Betreten der Arbeitsstätte nicht älter als 24 Stunden sein. Ein PCR-Test gilt für 48 Stunden. Die **Kosten** des Tests trägt der Arbeitnehmer; der Arbeitgeber ist nicht verpflichtet, betriebliche Tests anzubieten. Lediglich die Angebotspflicht nach § 4 Abs. 1

Corona-ArbSchV bleibt unverändert. Der Arbeitnehmer hat jedoch keinen Anspruch darauf, dass diese Tests beaufsichtigt werden.

Kann der Arbeitnehmer beim Zutritt in den Betrieb den 3G-Nachweis nicht ordnungsgemäß erbringen, ist ihm der Zutritt zu verwehren. Wenn möglich, ist ihm eine Tätigkeit von zu Hause aus zu ermöglichen. Geht das nicht, verliert er seinen Vergütungsanspruch und begeht eine **arbeitsvertragliche Pflichtverletzung**, weil er seine Arbeitsverpflichtung verschuldet nicht erfüllen kann. Er kann deswegen abgemahnt und ggf. gekündigt werden.

Nach § 28b Abs. 2 IfSG sind in Einrichtungen nach § 23 Abs. 3 IfSG (**Krankenhäuser** etc.) und § 36 Abs. 1 Nr. 2 und 7 IfSG (**Pflegeheime und Pflegedienste**) alle Beschäftigte verpflichtet – unabhängig vom Impfstatus – einen aktuellen Test mitzuführen. Für Geimpfte oder Genesene genügt es aber, zweimal pro Woche einen Selbsttest durchzuführen. Wie dieser dann mitzuführen ist, sagt das Gesetz nicht. Eine schriftliche Selbstauskunft dürfte genügen.

Hinweis: Einrichtungsbezogene Impfpflicht

Durch § 20a IfSG wurde eine einrichtungsbezogene Impfpflicht eingeführt. Danach haben Beschäftigte z. B. in Krankenhäusern, Pflegeheimen und Arztpraxen bis zum 15.3.2022 einen Impf- oder Genesenennachweis vorzulegen. Wird kein Nachweis vorgelegt oder besteht Zweifel an der Echtheit, muss die Leitung der Einrichtung das Gesundheitsamt benachrichtigen. Die Person darf nicht mehr in der Einrichtung tätig werden.

Der Arbeitgeber ist nach § 28b Abs. 3 IfSG zur **Kontrolle der Nachweise** verpflichtet. Bei genesenen oder geimpften Arbeitnehmern reicht die einmalige Kontrolle. Allerdings muss der Arbeitnehmer den Nachweis für Kontrollzwecke bereithalten. Er kann auf freiwilliger Grundlage den entsprechenden Nachweis beim Arbeitgeber hinterlegen. Dieser ist berechtigt, die maßgeblichen Daten, insbesondere den Impf- und Genesenenstatus zu erheben und zu verarbeiten, insbesondere im erforderlichen Umfang zu speichern. Dabei ist zu beachten, dass es sich um besondere personenbezogene Gesundheitsdaten nach § 26 Abs. 3 BDSG handelt. Deshalb muss der Arbeitgeber hier insbesondere § 22 BDSG beachten und vor allem klar festlegen, wie die Daten vor dem Zugriff Dritter geschützt werden. Die so zu Recht erhobenen Daten darf der Arbeitgeber auch für ein betriebliches Hygienekonzept nach § 2 Abs. 1 Corona-ArbSchV verwenden.

Der Arbeitgeber hat die erhobenen Daten spätestens 6 Monate nach der Erhebung zu löschen. Bis dahin hat er zur Vermeidung von Bußgeldern die entsprechenden Kontrollen zu dokumentieren.

6.2 Homeoffice-Pflicht

In § 28b Abs. 4 IfSG lebte die zum 30.6.2021 ausgelaufene Vorgängerregelung des Abs. 7 wieder auf. Danach hat der Arbeitgeber den Beschäftigten im Fall von Büroarbeit oder vergleichbaren Tätigkeiten anzubieten, dass sie diese Tätigkeiten in ihrer Wohnung ausführen („**Homeoffice-Pflicht**"). Diese Vorschrift gibt den Arbeitnehmern keinen individuellen Rechtsanspruch auf die Inanspruchnahme von Homeoffice, sondern stellt eine reine öffentliche Gesundheitsschutzvorschrift dar. Sie verbietet Arbeitgebern, Arbeitnehmern in ihren Betrieben zu beschäftigen, wenn das nicht aufgrund von **zwingenden betriebsbedingten Gründen** erforderlich ist. Derartige zwingende betriebsbedingte Gründe betreffen insbesondere Tätigkeiten, die nur im Betrieb erledigt werden können oder bei denen die Anwesenheit des Arbeitnehmers im Betrieb erforderlich ist. Da sich die Regelung nur auf Büroarbeit oder vergleichbare Tätigkeiten bezieht, fallen Arbeitnehmer, die in den Produktionsprozess eingebunden sind, von vornherein nicht in den Geltungsbereich. Ob derartige „Büroarbeit" aus der Wohnung des Arbeitnehmers heraus erledigt werden kann, ist eine Frage des Einzelfalls. Nicht erforderlich ist jedenfalls, dass es sich um Arbeit handelt, die mittels Informations- und Kommunikationstechnologie zu erledigen ist.

Nach § 28b Abs. 4 Satz 2 IfSG hat der Beschäftigte dieses **„Angebot" anzunehmen**, soweit seinerseits keine Gründe entgegenstehen. Hier sind nicht zwingende Gründe erforderlich, sondern es reichen **nachvollziehbare Gründe**. Dazu gehört z. B. eine unzureichende Wohnsituation. Ob entsprechende Gründe auf Arbeitgeber- wie auch auf Arbeitnehmerseite vorliegen, überprüft die vom jeweiligen Bundesland festzusetzende Aufsichtsbehörde. Ihr gegenüber hat dann ggf. auch der Beschäftigte seine Gründe für die Weigerung, die Arbeit aus der Wohnung heraus zu erledigen, darzulegen. Die Regelung selbst ist **nicht bußgeldbewehrt**. Stellt jedoch die Aufsichtsbehörde fest, dass ohne ausreichende Gründe Arbeitnehmer im Betrieb beschäftigt werden, so kann sie eine entsprechende Auflage erlassen, deren Nichtbefolgung wiederum bußgeldbewehrt ist. Aus diesem Grunde sollte der Arbeitgeber auch die Weigerung von Arbeitnehmern dokumentieren. Die Arbeitnehmer müssen ihm gegenüber jedoch keine Gründe angeben, sondern erst im Falle einer Kontrolle durch die Aufsichtsbehörde.

7 Wichtige Entscheidungen des Bundesarbeitsgerichts und Bundesverfassungsgerichts

7.1 Entgelttransparenzgesetz – Bedeutung des Auskunftsanspruchs

Das EntgTranspG hat zum Ziel, das **Gebot des gleichen Entgelts für Frauen und Männer** bei gleicher oder gleichwertiger Arbeit durchzusetzen. Als zentrales Instrument besteht für Arbeitnehmer in Betrieben mit mehr als 200 Beschäftigten ein **individueller Auskunftsanspruch** über das Entgelt vergleichbarer Beschäftigter des jeweils anderen Geschlechts (im Weiteren BdjaG).

Eine Rechtsfolge, welche Konsequenz ein niedrigeres Gehalt als das der BdjaG's zur Folge hat, sieht das Gesetz selbst nicht vor. Vielmehr verweist es darauf, dass die Regelungen des AGG „unberührt" bleiben. Bisher wurde die praktische Relevanz des Gesetzes als reines „Auskunftsgesetz" daher eher gering bewertet.

Der Fall:

Der Arbeitgeber ist eine Anstalt des öffentlichen Rechts, die einer Versicherungsgruppe angehört. Die Arbeitnehmerin ist dort seit 1998 beschäftigt, seit dem 1.4.2012 als Abteilungsleiterin der Abteilung „Schaden". Seit 1.4.2013 wurde die Arbeitnehmerin außertariflich vergütet. Eine weitere Erhöhung ihres Gehalts per 1.4.2017 wurde wegen angeblicher Führungsmängel gestoppt. Mit Schreiben vom 2.7.2018 beantragte die Arbeitnehmerin die Erteilung einer Auskunft nach § 11 EntgTranspG.

Daraufhin erteilte die Arbeitgeberin am 22.8.2018 folgende Auskunft:

	Arbeitnehmerin	Median BdjaG
Grundentgelt brutto	5.385,40 EUR	6.292,00 EUR
Übertarifl. Zulage	500,00 EUR	600,00 EUR

Die Abteilungsleiter bei der Arbeitgeberin weisen insgesamt eine unterschiedliche Dauer der Beschäftigung sowie eine unterschiedliche Betriebszugehörigkeit auf und waren teilweise zuvor bereits Tarifbeschäftigte gewesen, wobei die Beförderung zur Abteilungsleitung ganz unterschiedlich erfolgte. Das Durchschnittsgehalt der vergleichbar beschäftigten Arbeitnehmer lag bei den männlichen Abteilungsleitern um 8 % höher als das der weiblichen Abteilungsleiterinnen. Die Person mit der höchsten Vergütung war eine Frau.

Die Arbeitnehmerin erhob Klage und begehrte Differenzvergütung für den Zeitraum August 2018 bis Januar 2019 in Höhe von rund 6.040 € brutto ((6.292,00 EUR – 5.385,40 = 906,60 € × 6 Monate) + (600 – 500 = 100 × 6 Monate) = 6.039,60 EUR).

Die Entscheidung (BAG, Urteil v. 21.1.2021, 8 AZR 488/19):

Die Arbeitnehmerin hat eine **unmittelbare Entgeltbenachteiligung** nach § 3 EntgTranspG erfahren, weil ihr die Arbeitgeberin eine geringere Vergütung gezahlt hat als den männlichen Abteilungsleitern, die das in der Auskunft mitgeteilte Vergleichsentgelt (Median-Entgelt) erhalten. Das begründet die – widerlegbare – Vermutung, dass die Entgeltbenachteiligung wegen des Geschlechts erfolgt ist.

Der **Anspruch auf gleiches Entgelt** für gleiche oder gleichwertige Arbeit ohne Diskriminierung wegen des Geschlechts ergibt sich aus dem direkt anwendbaren Art. 157 Abs. 1 des Vertrags über die Arbeitsweise der EU i. d. F. v. 9.5.2008 (im Weiteren AEUV) und aus §§ 3, 7 EntgTranspG. Es handelt sich dabei nicht um einen Schadensersatzanspruch, sondern um einen Anspruch auf Vergütungszahlung.

Die Entscheidung ist nicht überraschend, denn der EuGH verlangt in seiner Rechtsprechung zu Art. 157 AEUV nur, dass der Arbeitnehmer einen BdjaG benennt, der eine gleiche oder vergleichbare Tätigkeit ausübt und ein höheres Gesamtentgelt oder auch höhere Zulagen erhält. Durch die Information über den Median erhält der Arbeitnehmer genau diese Information. Nach der Rechtsprechung des EuGH ist es dann Sache des Arbeitgebers, eine geschlechtsbezogene Diskriminierung beim Entgelt zu widerlegen. Das kann durch die Darlegung geschlechtsneutraler, nachvollziehbarer Entgeltstrukturen erfolgen, z. B. durch ein Vergütungsgruppensystem, durch das die einzelnen Vergütungsbestandteile nachvollziehbar ermittelt werden.

Das BAG stellt nunmehr auch für das deutsche Recht klar, dass als Indiz für eine Entgeltbenachteiligung wegen des Geschlechts ausreichend ist, wenn das Entgelt des Beschäftigten niedriger ist als das vom Arbeitgeber mitgeteilte Vergleichsentgelt der BdjAG (Median-Entgelt). Der zum Teil vertretenden Auffassung, die Angaben zum Median-Entgelt in der erteilten Auskunft seien nicht aussagekräftig und ausreichend, um die Beweislastumkehr des § 22 AGG auszulösen, erteilt das BAG, auch unter Hinweis auf die Rechtsprechung des EuGH zu Art. 157 AEUV, eine Absage.

Wichtig: Beweislast

Wichtig ist, dass eine unzulässige Benachteiligung nicht schon dann vorliegt, wenn ein geringeres Entgelt gezahlt wird, sondern wenn die geringere Vergütung **wegen des Geschlechts** erfolgt. Die Beweislast dafür obliegt grundsätzlich dem Beschäftigten. Es ist darzulegen und zu beweisen, dass der Arbeitgeber bei gleicher/gleichwertiger Arbeit ein niedrigeres Entgelt zahlt als den vergleichbaren Kollegen.

§ 22 AGG, der auch im Zusammenhang mit dem Entgelttransparenzgesetz anwendbar ist, sieht im Falle von Diskriminierungen eine Erleichterung der Beweislast vor. Beweist im Streitfall eine Partei Indizien, die eine Benachteiligung wegen eines in § 1 AGG genannten Grundes (hier Geschlecht) vermuten lassen, trägt die andere Partei die Beweislast dafür, dass keine Benachteiligung vorgelegen hat.

Ist das Entgelt des um Auskunft ersuchenden Beschäftigten geringer als das mitgeteilte Median-Entgelt, besteht eine Vermutung/ein Indiz der unmittelbaren Entgeltbenachteiligung und zugleich die widerlegbare Vermutung, dass das Geschlecht (mit)ursächlich für die unmittelbare Benachteiligung war. Nach ständiger Rechtsprechung des BAG ist Mitursächlichkeit ausreichend (zuletzt BAG, Urteil v. 25.6.2020, 8 AZR 75/19).

Allerdings kann der Arbeitgeber die Vermutung der Entgeltbenachteiligung wegen des Geschlechts widerlegen. Er trägt dann die Beweislast dafür, dass der Gleichheitsgrundsatz nicht verletzt worden ist. Dabei gilt der Grundsatz des sog. „Vollbeweises“. Das heißt, der Arbeitgeber muss Tatsachen vortragen und beweisen, aus denen sich ergibt, dass kein Verstoß gegen das Entgeltgleichheitsgebot wegen des Geschlechts vorliegt, sondern ausschließlich andere Gründe als das Geschlecht zu einer ungünstigeren Behandlung geführt haben. Er muss folglich „objektive Gründe“ vortragen, die zu einer unterschiedlichen Vergütung geführt haben. Die Anforderungen daran sind hoch. Hierzu erteilt das BAG im Urteil folgende Hinweise:

Entgeltsysteme als Ganzes (z. B. betriebliche oder kollektivrechtliche Bewertungs-, Einstufungs- oder sonstige regelbasierte Entgeltgestaltung) aber auch einzelne Entgeltbestandteile müssen so ausgestaltet sein, dass sie eine Benachteiligung wegen des Geschlechts ausschließen. Das **Entgeltsystem muss** die Art der zu verrichtenden Tätigkeit objektiv berücksichtigen und **auf geschlechtsneutralen Kriterien beruhen.** Etwaige Differenzierungskriterien müssen diskriminierungsfrei gewichtet werden. Entgeltdifferenzierung muss genderneutral ausgelegt und angewendet werden. Ein objektives geschlechtsneutrales Kriterium kann im Einzelfall die Dauer der Betriebszugehörigkeit sein, weil damit in der Regel Berufserfahrung honoriert wird, die Beschäftigte im Allgemeinen befähigt, ihre Arbeit besser zu verrichten (Dies kann jedoch seinerseits durch den AN widerlegt werden). Es ist daher nur mit Vorsicht und nach entsprechender Überprüfung anwendbar.

Bedeutung für die Praxis:

Die vorliegende Entscheidung wertet den Auskunftsanspruch nach dem EntgTranspG erheblich auf. Ist der Median des Entgelts der Beschäftigten des anderen Geschlechts höher, hat der Arbeitgeber darzulegen, dass dies nichts mit dem Geschlecht zu tun hat. Das wird in vielen Fällen kaum gelingen, wenn der Arbeitgeber nicht konsequent nach einem betrieblichen oder tariflichen Vergütungssystem zahlt und auch eventuelle Zulagen auf einem geschlechtsunabhängigen und durchschaubaren System beruhen.

7.2 Aktuelle Entscheidungen zum Kündigungsrecht

7.2.1 Berücksichtigung von Geschäftsführern beim Schwellenwert

Der Fall:

Bei dem beklagten Arbeitgeber waren zum Zeitpunkt der Kündigung unstreitig 8,5 Beschäftigte angestellt. Der Kläger berief sich gleichwohl auf das Kündigungsschutzgesetz. Er vertrat die Rechtsauffassung, dass die beiden (Fremd-)Geschäftsführer, die keinerlei Gesellschaftsanteile hielten, als Arbeitnehmer im Sinne des § 23 KSchG bei der Berechnung des sog. Schwellenwerts zu berücksichtigen seien.

Die Entscheidung (BAG, Urteil v. 27.4.2021, 2 AZR 540/20):

Die Kündigungsschutzklage wurde, wie in den Vorinstanzen, abgewiesen. Die nötige Zahl an beschäftigten Arbeitnehmern nach § 23 Abs. 1 KSchG war nicht erreicht. Fremdgeschäftsführer sind grundsätzlich nicht Arbeitnehmer im Sinne des § 23 Abs. 1 Satz 3 KSchG und daher bei der Berechnung des Schwellenwerts nicht mitzuzählen. Insbesondere kann sich der Kläger bei der Auslegung des § 23 KSchG nicht auf den vom EuGH entwickelten unionsrechtlichen Arbeitnehmerbegriff stützen. Das allgemeine Kündigungsschutzrecht ist nicht unionsrechtlich determiniert.

Daher gilt ausschließlich der nationale Arbeitnehmerbegriff des § 611a Abs. 1 BGB. Zu einer anderen Entscheidung im Einzelfall, dass die Fremdgeschäftsführer als Arbeitnehmer im Sinne von § 23 Abs. 1 Satz 3 KSchG einzustufen seien, komme man nur ausnahmsweise, wenn Tatsachen vorgetragen und unter Beweis gestellt würden, wonach diese Fremdgeschäftsführer als „Arbeitnehmer" weisungsgebunden tätig seien.

Bedeutung für die Praxis:

Das BAG bestätigt die bisherige Praxis, dass Fremdgeschäftsführer dem Grunde nach bei der Frage der Anwendbarkeit des Kündigungsschutzgesetzes keine Rolle spielen und dies nur in extremen Ausnahmefällen anders gewertet werden kann. Die Entscheidung bringt daher Klarheit und Rechtssicherheit.

7.2.2 Kündigungsschutzklage aus dem Verborgenen

Der Fall:

Der schwerbehinderte Kläger wurde im November 2011 zu einer Freiheitsstrafe verurteilt; im Dezember 2011 wurde Haftbefehl erlassen. Im Januar 2012 erteilte das Integrationsamt die Zustimmung zu einer außerordentlichen, hilfsweise ordentlichen Kündigung, welche dem Kläger auch zugestellt worden war. Anschließend versuchte die Beklagte erfolglos dem Kläger eine Kündigung zuzustellen. Der Kläger hatte die maßgebliche Postfachadresse zwischenzeitlich gekündigt und dem Betreiber untersagt, seine Post dort noch anzunehmen. Vorsorglich klagte er noch im Januar gegen eine auf den Zustimmungsbescheid des Integrationsamts gestützte außerordentliche und ordentliche Kündigung. Als Anschrift gab er die gekündigte Postfachadresse an.

Das Arbeitsgericht hat die Klage als unzulässig abgewiesen, weil es an einer ladungsfähigen Anschrift des Klägers fehlte. Durch die unzulässige Klage sei die Frist für die Erhebung der Kündigungsschutzklage nach § 4 KSchG nicht gewahrt. Das LAG und das BAG sahen dies anders.

Die Entscheidung (BAG, Urteil v. 1.10.2020, 2 AZR 247/20):

Das BAG erachtet es zunächst als unproblematisch gegen eine Kündigungsschutzklage, bereits vor deren Zugang, Klage zu erheben. Durch die Bezugnahme auf die Entscheidung des Integrationsamts mit Aktenzeichen und dem zwischenzeitlich ergangenen, erfolglosen Zustellversuch, auf den sich der Kläger berief, sei die Klageschrift ausreichend individualisiert im Sinne des § 253 Abs. 2 Nr. 2 ZPO.

Zudem genügt die Klage der Wahrung der Klagefrist von 3 Wochen im Sinne der §§ 4, 7 KSchG. Insoweit könne auch eine vermeintlich unzulässige Klage zur Fristwahrung ausreichen. Das entspricht auch der bisherigen Rechtsprechung des BAG. Es genügt, wenn die Klageschrift rechtzeitig eingegangen und von einer postulationsfähigen Person unterzeichnet worden sei. Zudem müsse der Wille hervorgehen, die Unwirksamkeit der angefochtenen Kündigung gerichtlich feststellen zu lassen. Das war bei dieser Kündigungsschutzklage der Fall. Die Klagefrist war daher gewahrt.

Weiter hat das BAG entschieden, dass jedenfalls kein fristloser Kündigungsgrund (nämlich die nicht erfolgte Mitteilung der Inhaftierung) vorlag. Die ordentliche Kündigung war unwirksam, weil der Arbeitgeber entgegen § 171 Abs. 3 SGB IX die Kündigung nicht innerhalb eines Monats nach Zustellung des Zustimmungsbescheids des Integrationsamts erklärt hat. Dies war dem Arbeitgeber trotz verschiedener Bemühungen nicht gelungen, weil er die Anschrift des Arbeitnehmers nicht kannte. Das BAG hat weiter entschieden, dass auch eine Zugangsvereitelung durch den Arbeitnehmer nicht vorlag, weil der Arbeitnehmer aus einem vorherigen Rechtsstreit noch einen Prozessbevollmächtigten hatte, an den die Kündigung hätte zugestellt werden können. Es handelte sich um den dritten Kündigungsschutzprozess der Parteien, der den Weg bis zum BAG gefunden hatte. Der Arbeitgeber hat sämtliche Kündigungsschutzprozesse verloren.

Bedeutung für die Praxis:

Die Entscheidung des BAG zur Zulässigkeit der Klage ist nicht überraschend. Hilfreich ist allerdings der Hinweis, dass die Zustellung der Kündigung schlichtweg dem Prozessbevollmächtigten des Klägers hätte übermittelt werden können. Aufgrund der erhobenen Feststellungsklage bzw. der ihn dazu ermächtigenden Prozessvollmacht sei dieser zu allen den Rechtsstreit betreffenden Prozesshandlungen ermächtigt, damit auch zur Entgegennahme von Prozesshandlungen des Gegners wie der Abgabe einer Kündigungserklärung. Dies lässt sich für Arbeitgeber nutzen, wenn bereits ein Kündigungsschutzverfahren zwischen Parteien anhängig ist, eine weitere Kündigung erklärt werden soll und die Zustellung schwierig erscheint.

7.2.3 Kündigung wegen rassistischer Äußerung

Der Fall:

Das die Verfassungsbeschwerde führende Betriebsratsmitglied war bereits in der Vergangenheit wegen angeblicher verbaler Entgleisungen abgemahnt worden. Nachdem er in einer Betriebsratssitzung ein anderes Mitglied des Betriebsrats mit dunkler Hautfarbe durch das Ausstoßen von Affenlauten wie „Ugah, Ugah" beleidigte, kündigte der Arbeitgeber nach Zustimmung des Betriebsrats das Arbeitsverhältnis. Arbeitsgericht und LAG erachteten die Erklärung der Kündigung für rechtmäßig, das BAG wies die Nichtzulassungsbeschwerde hingegen zurück. In seiner Verfassungsbeschwerde stützte sich das Betriebsratsmitglied auf seine Meinungsfreiheit.

Die Entscheidung (BVerfG, Beschluss v. 2.11.2020, 1 BvR 2727/19):

Das Bundesverfassungsgericht ließ die Verfassungsbeschwerde bereits an der hinreichenden Begründung scheitern und hielt diese deswegen für unzulässig. Zudem war die Verfassungsbeschwerde auch unbegründet. Zwar ist die Meinungsfreiheit gemäß Art. 5 Abs. 1 GG geschützt. Nach Art. 5 Abs. 2 GG wird diese Meinungsfreiheit jedoch durch die allgemeinen Gesetze, also auch arbeitsrechtlichen Antidiskriminierungsvorschriften, eingeschränkt.

Menschen mit dunkler Hautfarbe mit Affenlauten herabzuwürdigen sei eine grobe Beleidigung wegen der ethnischen Herkunft, damit diskriminierend und im Übrigen auch eine Verletzung der Menschenwürde gemäß Art. 1 Abs. 1 GG. Demgegenüber tritt die Meinungsfreiheit zurück.

Bedeutung für die Praxis:

Bei Beleidigungstatbeständen am Arbeitsplatz wird stets eine Gesamtabwägung unter Berücksichtigung der Vorgeschichte und der konkreten Verhältnisse vorgenommen, sodass ein manchmal „rauer Ton" vor Ort auch extreme Aussagen gerechtfertigt erscheinen lassen kann. Bei rassistischen Verunglimpfungen fährt das BAG jedoch eine harte Linie.

7.2.4 Kündigung wegen Selbstbeurlaubung im Prozessarbeitsverhältnis

Der Fall:

Während eines laufenden Kündigungsrechtsstreits vereinbarten die Parteien in der ersten Instanz nach Ablauf der Kündigungsfrist schriftlich ein sog. vertragliches

Prozessarbeitsverhältnis. Danach sollte das Arbeitsverhältnis auflösend bedingt durch die gerichtliche Entscheidung über die ausgesprochene Kündigung hinweg fortbestehen.

Nachdem der Beschäftigte zur Arbeit aufgefordert wurde, beantragte er am Freitag, den 22.3.2019 um 23:17 Uhr Erholungsurlaub ab Montag, dem 25.3.2019; der Arbeitgeber reagierte nicht. Gleichwohl blieb der Beschäftigte der Arbeit fern und erhielt daher wegen Selbstbeurlaubung am 4. des Folgemonats die fristlose, hilfsweise ordentliche Kündigung.

Der Beschäftigte vertrat die Auffassung, wenn überhaupt sei dadurch das zusätzlich vereinbarte Prozessarbeitsverhältnis gekündigt worden. Das ursprüngliche Arbeitsverhältnis sei nicht betroffen.

Die Entscheidung (BAG, Urteil v. 20.5.2021, 2 AZR 457/20):

In seinem Urteil bestätigte das BAG, dass Beschäftigte nicht kurzfristig Erholungsurlaub beantragen und dann der Arbeit fernbleiben können, ohne dass der Arbeitgeber den Antrag in angemessener Zeit prüfen konnte. Eine derartige Selbstbeurlaubung ist grundsätzlich geeignet, eine fristlose Kündigung zu rechtfertigen.

Durch die ausgesprochene Kündigung ist die Rechtsbeziehung der Parteien insgesamt beendet worden. Das Arbeitsverhältnis und das Prozessarbeitsverhältnis sind aufgrund der getroffenen vertraglichen Vereinbarung ein einheitliches Vertragsverhältnis; die Parteien hätten die auflösend bedingte Fortsetzung des Arbeitsverhältnisses zu den bisherigen Bedingungen vereinbaren wollen. Ob auch eine andere Gestaltung hätte gewählt werden können, etwa in der Weise, dass neben das gekündigte Arbeitsverhältnis ein neues gesondertes Prozessarbeitsverhältnis tritt, hat das BAG offengelassen.

Bedeutung für die Praxis:

Es ist einerseits konsequent, dass die bisherige Rechtsprechung zu Selbstbeurlaubungen von Beschäftigten bestätigt wird. Überdies wird die Rechtsnatur der vom Arbeitgeber zur Minderung von Annahmeverzugsrisiken freiwillig angebotenen Prozessbeschäftigung als auflösend bedingte Fortsetzung des gekündigten Arbeitsverhältnisses bestätigt. Hierbei muss auf eine schriftliche Vereinbarung unter Einbeziehung des gekündigten Arbeitsvertrags geachtet werden. Insoweit grenzt sich das Prozessarbeitsverhältnis von der durch den Arbeitnehmer erzwungenen Beschäftigung zur Abwendung einer Zwangsvollstreckung nach entsprechender Titulierung eines Beschäftigungstitels durch den Beschäftigten ab.

Praxis-Tipp: Besonderheiten bei einem Prozessarbeitsverhältnis

Ferner hat der Arbeitgeber zu bedenken, dass auch bei einem Prozessarbeitsverhältnis die **Möglichkeit der ordentlichen Kündigung** vereinbart werden muss (§ 15 Abs. 3 TzBfG). Für den Fall, dass rechtskräftig entschieden wird, dass die Kündigung wirksam war und das Arbeitsverhältnis – und damit auch das Prozessarbeitsverhältnis – beendet sind, muss außerdem § 15 Abs. 2 TzBfG bedacht werden. Das Arbeitsverhältnis endet erst 14 Tage nach Zugang einer sog. nicht Fortsetzungsmitteilung durch den Arbeitgeber.

7.2.5 Kündigung wegen sexueller Belästigung und Zurückweisung der Kündigung mangels Vollmachtvorlage

Der Fall:

Der fristlos gekündigte Beschäftigte zog einem Leiharbeitnehmer in der Nachtschicht unvermittelt mit beiden Händen die Arbeits- und Unterhose herunter. Das Kündigungsschreiben wurde von dem Personalleiter mit dem Zusatz „Leiter Personal" und einer weiteren Mitarbeiterin unterzeichnet. Der Beschäftigte wies die Kündigung wegen des Fehlens einer Originalvollmachtsurkunde der Unterzeichnenden zurück. Zudem machte er geltend, er habe den Leiharbeitnehmer nicht völlig entblößen, sondern ihm nur die Arbeitshose herunterziehen wollen.

Die Entscheidung (BAG, Urteil v. 20.5.2021, 2 AZR 596/20):

Grundsätzlich reicht dem BAG ein derartiger, sexualbezogener Übergriff aus, um die Anforderungen an einen wichtigen Grund im Sinne von § 626 Abs. 1 BGB zu erfüllen. Allein das Entblößen der Genitalien des Leiharbeitnehmers sei ein sexualbezogener Übergriff; dafür bedürfe es keiner Berührungen oder ähnlichem. Erstinstanzlich müsse aber noch aufgeklärt werden, ob die Behauptung des Klägers zutreffe, er habe lediglich die Arbeitshose und nicht auch die Unterhose herunterziehen wollen. Dann fehle es unter Umständen an einem sexual bestimmten Verhalten und es sei zu prüfen, ob die mit dem Herunterziehen der Arbeitshose intendierte Verächtlichmachung des Leiharbeitnehmers auch unter Berücksichtigung der im Vorhinein behaupteten gegenseitigen „Neckereien" für eine Kündigung ausreichten.

Die Zurückweisung der Kündigung mangels Vorlage einer Originalvollmacht ist nach mehr als einer Woche grundsätzlich nicht mehr unverzüglich im Sinne des § 174 Satz 1 BGB. Für eine längere Zeitspanne müsse der Zurückweisende besondere Umstände darlegen, was bisher nicht erfolgt sei. Wenn der Arbeitgeber zudem darlegen und beweisen könne, dass der Kläger von der Bevollmächtigung als „Leiter Personal" in Kenntnis gesetzt gewesen sei, müsse der Beschäftigte aus der Stellung als Personalleiter auch die alleinige Vertretungsmacht zum Ausspruch von Kündigungen folgern. Die Unterschrift einer weiteren Person stelle dies nicht in Zweifel. Dies könne einer entsprechenden Regel im Innenverhältnis, etwa einem 4-Augen-Prinzip, geschuldet sein.

Bedeutung für die Praxis:

Das BAG stellt klar, dass derartig schlechte Scherze am Arbeitsplatz grundsätzlich ein Grund für eine fristlose Kündigung sein können. Selbst wenn der Übeltäter die Unterhose „versehentlich" mit heruntergezogen hat, kann dies ein Kündigungsgrund sein.

Das BAG stellt weiterhin den Grundsatz auf, dass eine Zurückweisung von Kündigungen mangels Vorlage einer Vollmacht nach mehr als einer Woche grundsätzlich verspätet ist. Andererseits muss der unterzeichnende Personalleiter nicht allein deswegen seine Bevollmächtigung nachweisen, weil ihm das 4-Augen-Prinzip im Innenverhältnis auferlegt, dass eine weitere Person (mit-)unterzeichnet. Gleichwohl müssen Arbeitgeber wie in der Vergangenheit darauf achten, im Streitfall darlegen und beweisen zu können, dass die Beschäftigten über die Bevollmächtigung eines Personalleiters in Kenntnis gesetzt wurden. Besteht darüber Unsicherheit, sollte einer Kündigungserklärung immer eine Originalvollmacht beigelegt werden.

7.2.6 Zustimmung des Integrationsamts zur Kündigung

Der Fall:

Der Arbeitgeber beantragte hinsichtlich der einem schwerbehinderten Menschen gleichgestellten Klägerin die Zustimmung zur beabsichtigten fristlosen Kündigung. Das Integrationsamt verwies auf § 174 Abs. 3 SGB IX, wonach die Zustimmung aufgrund der sog. Zustimmungsfiktion nach Fristablauf als erteilt gelte. Trifft das Integrationsamt die Entscheidung nicht innerhalb von 2 Wochen vom Tag des Eingangs des Antrags an, gilt die Zustimmung als erteilt.

Zum Zeitpunkt der mündlichen Verhandlung vor dem LAG hatte die Beschäftigte bereits Widerspruch eingelegt und durch einen Abhilfebescheid des Integrationsamts erreicht, dass die zunächst erteilte Zustimmung aufgehoben worden war; hiergegen hatte die Beklagte beim zuständigen Verwaltungsgericht Klage erhoben.

Die Entscheidung (BAG, Urteil v. 22.7.2021, 2 AZR 193/21):

Für das BAG ist es unerheblich, dass die einmal erteilte Zustimmung des Integrationsamts, sei sie ausdrücklich oder durch Fristablauf als Fiktion ergangen, durch Widerspruch oder Anfechtungsklage eines Arbeitnehmers infrage gestellt oder sogar (vorläufig) aufgehoben ist.

Die einmal erteilte oder fingierte Zustimmung des Integrationsamts entfaltet solange Wirksamkeit, bis sie nicht rechtskräftig aufgehoben ist.

Bedeutung für die Praxis:

Ist die Zustimmung des Integrationsamts zu dem Ausspruch einer Kündigung erst gelungen, so ist es zunächst ohne Bedeutung, ob die einmal erteilte Zustimmung später im Widerspruchs- oder im anschließenden gerichtlichen Verfahren aufgehoben wird, solange die Entscheidung also nicht bestands- oder rechtskräftig ist. Wenn die Zustimmungsentscheidung erst nach rechtskräftiger Abweisung der Kündigungsschutzklage des Arbeitnehmers bestands- oder rechtskräftig aufgehoben wird, so steht dem Arbeitnehmer über § 580 ZPO die Restitutionsklage offen.

7.3 Beweiswert einer Arbeitsunfähigkeitsbescheinigung

In einer bisher nur als Pressemitteilung vorliegenden Entscheidung (BAG, Urteil v. 8.9.2021, 5 AZR 149/21) hat das BAG klargestellt, dass der Beweiswert einer Arbeitsunfähigkeitsbescheinigung erschüttert ist, wenn der Arbeitnehmer **nach einer Eigenkündigung des Arbeitsverhältnisses sofort eine Arbeitsunfähigkeitsbescheinigung** für die Dauer der Kündigungsfrist vorlegt. In diesem Fall muss der Arbeitnehmer den Beweis seiner Arbeitsunfähigkeit anders erbringen, um Entgeltfortzahlung zu erhalten. Dazu kann insbesondere der behandelnde Arzt als Zeuge benannt und von der ärztlichen Schweigepflicht entbunden werden. Ist das Gericht aber nach Vernehmung des Arztes nicht von einer Arbeitsunfähigkeit überzeugt, verlieren die Arbeitnehmer den Rechtstreit über die Entgeltfortzahlung, da sie die Beweislast für das Vorliegen einer Arbeitsunfähigkeit tragen.

Ob die Entscheidung auch auf Fälle übertragbar ist, in denen der Arbeitgeber das Arbeitsverhältnis kündigt und der Arbeitnehmer dann sofort eine Arbeitsunfähigkeitsbescheinigung für die Dauer der Kündigungsfrist vorlegt, ist nicht sicher, aber denkbar. Das dürfte jedenfalls dann der Fall sein, wenn noch weitere Anhaltspunkte hinzutreten, die den Beweiswert der Arbeitsunfähigkeitsbescheinigung erschüttern. Für diese Umstände trägt dann aber der Arbeitgeber die Darlegungs- und Beweislast.

7.4 Betriebsrisiko des Arbeitgebers

Kommt es aufgrund von behördlichen Anordnungen zu einer Schließung des Betriebs, stellt sich die Frage, ob die Arbeitgeberin gleichwohl an die Arbeitnehmer die vertraglich geschuldete Vergütung zu zahlen hat. Das ergibt sich aus § 615 Satz 3 BGB. Danach können Arbeitnehmer die vereinbarte Vergütung auch dann verlangen, wenn eine Pflicht zur Arbeitsleistung besteht und die Arbeit infolge von Umständen ausfällt, für die der Arbeitgeber das Risiko trägt. Durch diese Vorschrift wird der Fall, dass dem Arbeitgeber die Annahme der Arbeitsleistung schuldlos unmöglich ist und er nach allgemeinen zivilrechtlichen Regelungen von der Pflicht zur Zahlung der Vergütung frei würde, abgeändert und das Risiko eines solchen Umstands auf den Arbeitgeber abgewälzt. Wann der Arbeitgeber das Risiko des Arbeitsausfalls trägt, regelt § 615 Satz 3 BGB nicht. Die Vorschrift setzt die Rechtsprechung des BAG zur **Betriebsrisikolehre des Arbeitgebers** voraus. Die Besonderheit der Betriebsrisikolehre besteht auch darin, dass die Arbeitnehmer ihre Arbeitsleistung nicht anbieten müssen, um den Vergütungsanspruch zu erhalten (BAG, Urteil v. 23.9.2015, 5 AZR 146/14).

Zum Betriebsrisiko des Arbeitgebers zählt nach neuester Rechtsprechung des BAG aber nicht die Betriebsschließung aufgrund öffentlich-rechtlicher Vorschriften oder Anordnungen wie beispielsweise durch die Corona-Verordnungen verschiedener Länder.

Das hat das BAG in einer neuen Entscheidung klargestellt, die bisher nur als Pressemitteilung vorliegt.

Der Fall:

Die beklagte Arbeitgeberin betreibt einen Handel mit Nähmaschinen und Zubehör und unterhält in Bremen eine Filiale. Dort ist die Klägerin als geringfügig Beschäftigte gegen eine monatliche Vergütung von 432 EUR im Verkauf tätig. Im April 2020 war das Ladengeschäft aufgrund der „Allgemeinverfügung über das Verbot von Veranstaltungen, Zusammenkünften und der Öffnung bestimmter Betriebe zur Eindämmung des Coronavirus“ der Freien Hansestadt Bremen v. 23.3.2020 geschlossen. Deshalb konnte die Klägerin nicht arbeiten und erhielt auch keine Vergütung. Mit ihrer Klage hat sie die Zahlung ihres Entgelts für den Monat April 2020 unter dem Gesichtspunkt des Annahmeverzugs begehrt. Sie hat gemeint, die Schließung des Betriebs aufgrund behördlicher Anordnung sei ein Fall des von der Arbeitgeberin zu tragenden Betriebsrisikos. Dagegen hat die Beklagte Klageabweisung beantragt und geltend gemacht, die zur Pandemiebekämpfung angeordneten Maßnahmen beträfen das allgemeine Lebensrisiko, das nicht beherrschbar und von allen gleichermaßen zu tragen sei.

Die Entscheidung (BAG, Urteil v. 13.10.2021, 5 AZR 211/21):

Die Klägerin hat für den Monat April 2020, in dem ihre Arbeitsleistung und deren Annahme durch die Beklagte aufgrund der behördlich angeordneten Betriebsschließung unmöglich war, keinen Anspruch auf Entgeltzahlung unter dem Gesichtspunkt des Annahmeverzugs. Der Arbeitgeber trägt auch nicht das Risiko des Arbeitsausfalls, wenn – wie hier – zum Schutz der Bevölkerung vor schweren und tödlichen Krankheitsverläufen infolge einer Coronainfektion durch behördliche Anordnung in einem Bundesland die nicht für die Versorgung der Bevölkerung notwendigen Einrichtungen geschlossen werden. In einem solchen Fall realisiert sich nicht ein in einem bestimmten Betrieb angelegtes Betriebsrisiko. Die Unmöglichkeit der Arbeitsleistung ist vielmehr Folge eines hoheitlichen Eingriffs zur Bekämpfung einer die Gesellschaft insgesamt treffenden Gefahrenlage. Es ist Sache des Staates, ggf. für einen adäquaten Ausgleich der den Beschäftigten durch den hoheitlichen Eingriff entstehenden finanziellen Nachteile zu sorgen, z. B. durch den erleichterten Zugang zum Kurzarbeitergeld. Soweit ein solcher – wie bei der Klägerin als geringfügig Beschäftigte – nicht gewährleistet ist, beruht dies auf Lücken in dem sozialversicherungsrechtlichen Regelungssystem. Aus dem Fehlen nachgelagerter Ansprüche lässt sich jedoch keine arbeitsrechtliche Zahlungspflicht des Arbeitgebers herleiten.

Bedeutung für die Praxis:

Muss der Arbeitgeber seinen Betrieb aufgrund eines staatlich verfügten allgemeinen „Lockdowns“ zur Bekämpfung der Corona-Pandemie vorübergehend schließen, trägt er nicht das Risiko des Arbeitsausfalls. Somit ist er nicht verpflichtet, den Beschäftigten Vergütung unter dem Gesichtspunkt des Annahmeverzugs zu zahlen.

In vielen Fällen stellt sich die Frage des Vergütungsanspruchs der Arbeitnehmer im Falle der behördlichen Betriebsschließung gar nicht, weil mit den Arbeitnehmern Vereinbarungen über Kurzarbeit getroffen worden sind. Allerdings haben geringfügig beschäftigte Arbeitnehmer nach § 8 SGB IV keinen Anspruch auf Kurzarbeitergeld. Nach der Rechtsprechung des BAG haben sie nun weder einen Anspruch auf Vergütungszahlung noch einen Anspruch auf Kurzarbeitergeld. Anderslautende Entscheidungen von Landesarbeitsgerichten sind damit überholt.

Achtung: Keine Geltung bei einzelnen Betriebsschließungen

Die Entscheidung gilt nicht für einzelne Betriebsschließungen wegen Corona, z. B. durch die Gesundheitsbehörden wegen „Durchseuchung" des Betriebs mit Corona. Hier trägt die Arbeitgeberseite weiterhin das Betriebsrisiko.

7.5 Ausschlussfristen – Rechtsprechungsänderung!

Der Fall:

Im Rahmen eines Kündigungsschutzverfahrens erhob der Arbeitgeber gegen die klagende Arbeitnehmerin Widerklage auf Zahlung von Schadensersatz in Höhe von 101.372,73 EUR wegen vorsätzlicher Pflichtverletzungen. Im Arbeitsvertrag gab es eine Klausel, nach der *„alle Ansprüche, die sich aus dem Arbeitsverhältnis ergeben, [...] binnen einer Ausschlussfrist von zwei Monaten nach Fälligkeit schriftlich geltend zu machen und im Fall der Ablehnung durch die Gegenpartei binnen einer Ausschlussfrist von einem Monat einzuklagen"* sind. Die Arbeitnehmerin berief sich zur Verteidigung auf den Ablauf der Ausschlussfrist.

Die Entscheidung (BAG, Urteil v. 26.11.2020, 8 AZR 58/20):

Nach § 202 Abs. 1 BGB kann die Verjährung bei Haftung wegen Vorsatzes nicht im Voraus durch Rechtsgeschäft erleichtert werden. Im Jahr 2013 hat das BAG entschieden, dass Ausschlussfristen Ansprüche, die unter § 202 Abs. 1 BGB fallen, überhaupt nicht erfassen. Vertragsklauseln die Ansprüche wegen Vorsatzes nicht ausdrücklich ausnehmen, konnten deshalb auch nicht wegen Verstoßes gegen § 202 Abs. 1 BGB unwirksam sein (BAG, Urteil v. 20.6.2013, 8 AZR 280/12); im Jahr 2018 hat der 10. Senat des BAG dies bestätigt (BAG, Urteil v. 19.12.2018, 10 AZR 233/18). Das BAG hat diese **Rechtsprechung jetzt ausdrücklich aufgegeben** und entschieden:

1. Eine pauschale Klausel, nach der alle Ansprüche aus einem Arbeitsverhältnis verfallen, wenn sie nicht innerhalb bestimmter Fristen eingeklagt werden, erfasst auch Ansprüche aus vorsätzlicher Vertragsverletzung und aus vorsätzlicher unerlaubter Handlung.
2. Eine solche Klausel ist wegen Verstoßes gegen § 202 Abs. 1 BGB nach § 134 BGB nichtig.
3. Der Arbeitgeber als Verwender muss die Klausel nicht nach den Grundsätzen über die personale Teilunwirksamkeit von Allgemeinen Geschäftsbedingungen gegen sich gelten lassen. Diese Bestimmungen bezwecken nicht allein den Schutz des Verwenders, sondern verbieten entsprechende Haftungsbeschränkungen schlechthin ohne Rücksicht darauf, auf welche Weise und auf wessen Initiative hin eine entsprechende Vereinbarung getroffen wurde.

Bedeutung für die Praxis:

In Arbeitsverträgen enthaltene pauschalierte Ausschlussfristen sind unwirksam, sofern sie keinen expliziten Ausschluss von Schadensersatzansprüchen wegen vorsätzlicher Vertragsverletzung und vorsätzlicher unerlaubter Handlung enthalten.

Hinweis: Ausschlussfrist
Seit dem 10.10.2016 ist die Geltendmachung **in Textform** ausreichend. Seit dem 1.1.2015 muss ein Hinweis enthalten sein, dass die Ausschlussfristen keine Ansprüche umfassen, die sich aus dem Mindestlohngesetz ergeben.

Formulierungsvorschlag Ausschlussklausel:

1.1 Ansprüche aus dem Arbeitsverhältnis und solche, die mit dem Arbeitsverhältnis in Verbindung stehen, müssen innerhalb von 3 Monaten nach Fälligkeit in Textform gegenüber der anderen Vertragspartei geltend gemacht werden. Nicht innerhalb dieser Frist geltend gemachte Ansprüche verfallen.

1.2 Lehnt die Gegenpartei den Anspruch ab oder erklärt sie sich nicht innerhalb von 2 Wochen nach der Geltendmachung des Anspruchs, verfällt der Anspruch, wenn er nicht innerhalb von 3 Monaten nach der Ablehnung oder dem Fristablauf gerichtlich geltend gemacht wird.

1.3 Die vorstehenden Regelungen gelten jeweils nicht für folgende Ansprüche,

- *die vom rechtskräftigen Ausgang eines Kündigungsschutzverfahrens abhängen. Hier beginnen vorstehende Fristen mit dem rechtskräftigen Abschluss des Verfahrens.*
- *die auf dem gesetzlichen Mindestlohn oder auf einem festgesetzten branchenspezifischen Mindestlohn beruhen oder einen solchen ersetzende Ansprüche betreffen, etwa auf Entgeltfortzahlung im Krankheitsfall oder Urlaubsentgelt.*
- *die auf vorsätzlichen Handlungen beruhen.*
- *die auf einer Verletzung des Lebens, des Körpers oder der Gesundheit beruhen.*
- *die auf einer mindestens grob fahrlässigen Pflichtverletzung des Arbeitgebers, seiner gesetzlichen Vertreter und Erfüllungsgehilfen beruhen.*

7.6 Mindestlohn für ausländische Pflegekräfte in Privathaushalten

Der Fall:

Die Klägerin, eine bulgarische Staatsangehörige mit Wohnsitz in Bulgarien, war seit April 2015 bei der Beklagten, einem Unternehmen mit Sitz in Bulgarien, als Sozialassistentin beschäftigt. In dem in bulgarischer Sprache abgefassten Arbeitsvertrag ist eine Arbeitszeit von 30 Stunden wöchentlich vereinbart, wobei Samstag und Sonntag arbeitsfrei sein sollten. Die Arbeitnehmerin wurde nach Berlin entsandt und arbeitete gegen eine Nettovergütung von 950 EUR monatlich im Haushalt einer über 90-jährigen zu betreuenden Person, bei der sie auch ein Zimmer bewohnte. Ihre Aufgaben umfassten Haushaltstätigkeiten, eine „Grundversorgung“ (wie Hilfe bei der Hygiene, beim Ankleiden etc.) und soziale Aufgaben. Der Einsatz erfolgte auf der Grundlage eines Dienstleistungsvertrags, in dem sich der Arbeitgeber gegenüber der zu betreuenden Person verpflichtete, die aufgeführten Betreuungsleistungen durch ihre Mitarbeiter in deren Haushalt zu erbringen.

Die Arbeitnehmerin klagte im August 2018 für den Zeitraum Mai bis August 2015 und Oktober bis Dezember 2015 unter Berufung auf das Mindestlohngesetz weitere Vergütung in Höhe von 42.636 EUR brutto abzüglich erhaltener 6.680 EUR netto ein.

Die Arbeitnehmerin argumentierte, sie habe bei der Betreuung nicht nur 30h/Woche, sondern rund um die Uhr gearbeitet oder sei zumindest in Bereitschaft gewesen. Auch nachts habe die Tür zu ihrem Zimmer offenbleiben müssen, damit sie auf Rufen der zu betreuenden Person Hilfe leisten konnte.

Laut Arbeitgeberin hätten die der Arbeitnehmerin obliegenden Aufgaben ohne Weiteres in den arbeitsvertraglich vereinbarten 30 Wochenstunden erledigt werden können. Bereitschaftsdienst sei nicht vereinbart gewesen. Sollte die Arbeitnehmerin tatsächlich mehr gearbeitet haben, sei dies nicht auf Veranlassung des Arbeitgebers erfolgt.

Die Entscheidung (BAG, Urteil v. 24.6.2021, 5 AZR 505/20):

Die Verpflichtung zur Zahlung des gesetzlichen Mindestlohns nach § 20 MiLoG i. V. m. § 1 MiLoG trifft auch ausländische Arbeitgeber, wenn sie Arbeitnehmer nach Deutschland entsenden. Hierbei handelt es sich um Eingriffsnormen i. S. v. Art. 9 Abs. 1 Rom I-VO, die unabhängig davon gelten, ob ansonsten auf das Arbeitsverhältnis deutsches oder ausländisches Recht Anwendung findet.

Der Anspruch auf den gesetzlichen Mindestlohn für geleistete Arbeitsstunden umfasst auch Bereitschaftsdienst. Ein solcher kann darin bestehen, dass die Betreuungskraft im Haushalt der zu betreuenden Person wohnen muss und grundsätzlich verpflichtet ist, bei Bedarf zu allen Tag- und Nachtstunden Arbeit zu leisten.

Bedeutung für die Praxis:

Der gesetzliche Mindestlohn steht denjenigen Betreuungskräften zu, die im Rahmen eines direkten Arbeitsverhältnisses im deutschen Privathaushalt als Arbeitnehmer angestellt werden. Dieser wird nicht nur für Zeiten geschuldet, in denen nach dem Arbeitsvertrag bzw. tatsächlich gearbeitet wird, sondern auch für „Bereitschaftsdienste", d. h. wenn die Betreuungskraft im Haushalt der zu betreuenden Person wohnen muss und grundsätzlich verpflichtet ist, bei Bedarf zu allen Tag- und Nachtstunden Arbeit zu leisten. Der in Deutschland geltende gesetzliche Mindestlohn greift auch dann, wenn die Betreuungskräfte bei einem Arbeitgeber im Ausland angestellt sind und zur Erbringung von Arbeitsleistung (Betreuung) in deutsche Privathaushalte entsandt werden. Wenn nach dem zwischen der zu betreuenden Person und dem Arbeitgeber geschlossenen Dienstvertrag eine „24-Stunden-Betreuung" vorgesehen ist, kann ein Vergütungsanspruch für 24 Stunden bestehen.

7.7 Pfändung von Arbeitseinkommen bei Entgeltumwandlung

Der Fall:

Die Arbeitnehmerin wurde verurteilt, ihrem geschiedenen Ehemann 22.679,60 EUR zu zahlen. Dieser erwirkte einen Pfändungs- und Überweisungsbeschluss, der dem

Arbeitgeber im November zugestellt wurde. Der Arbeitgeber führte den pfändbaren Lohnanteil ab. Im Mai des nächsten Jahres schlossen die Arbeitnehmerin und der Arbeitgeber eine Entgeltumwandlungsvereinbarung, welche eine bAV im Wege der Direktversicherung zum Gegenstand hatte. Nach dem Versicherungsvertrag ist Versicherungsnehmer der Arbeitgeber; Begünstigte ist die Arbeitnehmerin. Der Arbeitgeber zahlte hiernach in die Direktversicherung monatlich 248 EUR ein. Die Summe entsprach § 1a Abs. 1 Satz 1 BetrAVG. In der Folgezeit ließ der Arbeitgeber diesen Betrag bei der Ermittlung des pfändbaren Einkommens unberücksichtigt und führte entsprechend weniger an den geschiedenen Ehemann ab. Dieser verklagte den Arbeitgeber. Er war der Auffassung, die Entgeltumwandlung reduziere das pfändbare Einkommen der Arbeitnehmerin nicht. Diese habe mit Zustellung des Pfändungs- und Überweisungsbeschlusses die Verwertungszuständigkeit über ihre Forderung gegen den Arbeitgeber verloren.

Die Entscheidung (BAG, Urteil v. 14.10.2021, 8 AZR 96/20):

Das BAG entschied, dass der Arbeitgeber der Klägerin zu Recht von einem verringerten pfändbaren Arbeitseinkommen ausgegangen ist. Vereinbaren die Arbeitsvertragsparteien, dass der Arbeitgeber für den Arbeitnehmer eine Direktversicherung abschließt und ein Teil der künftigen Entgeltansprüche des Arbeitnehmers durch Entgeltumwandlung für die betriebliche Altersversorgung verwendet werden, liegt insoweit grundsätzlich **kein pfändbares Einkommen** i. S. v. § 850 Abs. 2 ZPO mehr vor. Daran ändert der Umstand, dass die Entgeltumwandlungsvereinbarung erst nach Zustellung des Pfändungs- und Überweisungsbeschlusses getroffen wurde, jedenfalls vorliegend deshalb nichts, weil die Klägerin mit der Entgeltumwandlungsvereinbarung von ihrem Recht aus § 1a Abs. 1 Satz 1 BetrAVG (Entgeltumwandlung bis zu 4 % der BBG) Gebrauch gemacht hat. Wichtig war, dass der in § 1a Abs. 1 Satz 1 BetrAVG vorgesehene Betrag nicht überschritten wurde.

Hinweis: Noch nicht geklärt

Ob eine andere Bewertung dann geboten ist, wenn – anders als hier – ein höherer Betrag als der in § 1a Abs. 1 Satz 1 BetrAVG vorgesehene umgewandelt wird, hat das BAG offengelassen.

Bedeutung für die Praxis:

Damit ist klargestellt, dass eine Entgeltumwandlungsvereinbarung in den Grenzen des § 1a Abs. 1 BetrAVG das pfändbare Arbeitseinkommen des Arbeitnehmers mindert. Das BAG hat dies jedoch nur für die Entgeltumwandlung im Rahmen des Anspruchs des Arbeitnehmers – also bis zur Höhe von 4 % der Beitragsbemessungsgrenze in der Rentenversicherung – angenommen. Eine darüberhinausgehende Entgeltumwandlungsvereinbarung dürfte für das zu pfändende Arbeitseinkommen unbeachtlich sein.

7.8 Teilzeit- und Befristungsrecht

7.8.1 Verlängerung des befristeten Arbeitsverhältnisses

Der Fall:

Die Parteien streiten über die Unwirksamkeit einer Befristung. Der Ausgangsvertrag v. 29.6.2015 lautet: „Herr B wird ab 3.8.2015 als Vollzeitbeschäftigter eingestellt. Das Arbeitsverhältnis ist befristet bis zum 31.12.2015."

1. Änderungsvertrag v. 16.11.2015: „Herr B wird als Vollzeitbeschäftigter bis zum 31.12.2016 weiterbeschäftigt."
2. Änderungsvertrag v. 02.12.2015:

   „Herr B wird als Teilzeitbeschäftigter mit 90 % ... bis zum 31.12.2016 weiterbeschäftigt."

   Begleitschreiben: „Der Vollständigkeit halber darf ich darauf hinweisen, dass im Anschluss an diese Änderung zur Arbeitszeit, damit ab 1.1.2017, Ihre Beschäftigung als Vollzeitbeschäftigter erfolgt. [...]"
3. Änderungsvertrag v. 29.11.2016 nach Verlängerungsgespräch und Wunsch des Arbeitnehmers, Teilzeit fortzuführen: „Herr B wird als Teilzeitbeschäftigter mit 90,00 v. H. der durchschnittlichen regelmäßigen wöchentlichen Arbeitszeiten eines entsprechend Vollzeitbeschäftigten bis zum 2.8.2017 weiterbeschäftigt."

Die Entscheidung (BAG, Urteil v. 24.2.2021, 7 AZR 108/20):

Vorliegend war zunächst unklar, ob die Parteien mit dem zweiten Änderungsvertrag die Arbeitszeit dauerhaft oder nur befristet reduziert hatten. Beides ist rechtlich zulässig, aber von wichtiger Bedeutung im Zusammenhang mit der weiteren Verlängerung der sachgrundlosen Befristung.

Indem die erste Teilzeitvereinbarung auf das gleiche Datum befristet gewesen sei wie die vorherige Befristungsabrede, hatte nach der Auslegung durch das BAG nach diesem Datum wieder ein Vollzeitarbeitsverhältnis bestanden. Eine Verlängerung nach § 14 Abs. 2 Satz 1 TzBfG hätte nur vorgelegen, wenn der Vertrag mit den zuletzt geltenden Bedingungen (d. h. Vollzeitarbeitsverhältnis) fortgesetzt worden wäre. Die geltende Arbeitszeitregelung „Vollzeit" ist daher zusammen mit der Verlängerungsvereinbarung geändert worden. Damit handelt es sich nach der ständigen Rechtsprechung des BAG aber nicht mehr um eine Verlängerung im Sinne von § 14 Abs. 2 TzBfG, sondern um einen **Neuabschluss eines Arbeitsvertrags**.

Das BAG führt aus: Haben die Parteien während der Laufzeit eines befristeten Arbeitsvertrags eine auf das Vertragsende befristete Reduzierung der Wochenarbeitszeit vereinbart und vorgesehen, dass im Falle einer Fortsetzung des Arbeitsverhältnisses die ursprüngliche Vereinbarung über eine Vollzeittätigkeit wiederauflebt, stellt die spätere Vereinbarung über die befristete Fortführung des Arbeitsverhältnisses keine Verlängerung i. S. v. § 14 Abs. 2 Satz 1 TzBfG dar, wenn zugleich die Teilzeitvereinbarung fortgesetzt wird und der Arbeitnehmer keinen Anspruch auf die erneute Arbeitszeitreduzierung hatte. Das gilt auch dann, wenn die Arbeitszeitreduzierung auf Anregung oder auf Wunsch des Arbeitnehmers erneut vereinbart wird.

Bedeutung für die Praxis:

Wenn während der Laufzeit eines sachgrundlos befristeten Arbeitsverhältnisses der Inhalt des Arbeitsverhältnisses geändert wird – was ohne weiteres außerhalb der Verlängerungsvereinbarung zulässig ist – dann sollte darauf geachtet werden, dass klar geregelt ist, ob es sich um eine befristete oder eine unbefristete Änderung des Vertragsinhalts handelt. Davon hängt ab, mit welchem Inhalt eine Verlängerung nach § 14 Abs. 2 TzBfG möglich ist.

7.8.2 Teilzeitverlangen – Widerruf durch den Arbeitnehmer

Der Fall:

Der Arbeitnehmer beantragte die Verringerung seiner wöchentlichen Arbeitszeit beginnend ab dem 1.10.2018 von 37,5 auf 20 Stunden. In einem Telefonat mit der Arbeitgeberin teilte der Anwalt des Klägers mit, dass dieser kein Gespräch zur Erörterung des Teilzeitantrags wünsche. Später erklärte er schriftlich, dass der Kläger seinen Antrag auf Teilzeit mit sofortiger Wirkung zurückziehe. Gleichwohl nahm die Arbeitgeberin mit Schreiben vom 30.8.2018 den Teilzeitantrag an. Mit seiner Klage hat der Kläger die Klärung angestrebt, dass zwischen den Parteien weiterhin ein Vollzeitarbeitsverhältnis besteht.

Die Entscheidung (BAG, Urteil v. 9.3.2021, 9 AZR 312/20):

Der Arbeitnehmer ist an sein Verlangen, die Arbeitszeit nach § 8 Abs. 1 TzBfG zu verringern, bis zum Ablauf der Stellungnahmefrist der Arbeitgeberin aus § 8 Abs. 5 Satz 1 TzBfG gebunden. Ein Widerrufsrecht steht dem Arbeitnehmer nach Zugang seines Verringerungsantrags nicht zu. Das Verringerungsverlangen eines Arbeitnehmers nach § 8 Abs. 1 TzBfG ist eine auf Änderung des Arbeitsvertrags gerichtete empfangsbedürftige Willenserklärung, die nach ihrem Zugang nicht mehr widerrufen werden kann.

Will der Arbeitgeber einen Teilzeitantrag nach § 8 Abs. 1 TzBfG nicht uneingeschränkt, sondern nur unter Erweiterungen, Einschränkungen oder sonstigen Änderungen i. S. v. § 150 Abs. 2 BGB annehmen, muss er dies in seiner Stellungnahme eindeutig zum Ausdruck bringen. Andernfalls kommt eine Vertragsänderung nach Maßgabe des Teilzeitbegehrens zustande.

Bedeutung für die Praxis:

Die Entscheidung macht deutlich, wie wichtig das gemeinsame Erörterungsgespräch ist. Ansonsten sollte der Arbeitgeber für den Fall, dass er das Verringerungsverlangen des Arbeitnehmers nur unter Vorbehalten oder Änderungen annehmen will, dies in der entsprechenden Erklärung deutlich machen.

Lohnsteuer

1 Änderungen bei Sachbezügen und Gutscheinen

1.1 Anhebung der Sachbezugsfreigrenze

Ab dem Jahr 2022 wird die Sachbezugsfreigrenze von 44 EUR auf **50 EUR** angehoben (§ 8 Abs. 2 Satz 11 EStG i. d. F. des Jahressteuergesetzes 2020 v. 21.12.2020, BGBl 2020 I S. 3096). Das soll die vom Gesetzgeber beabsichtigte Vereinfachung durch die Sachbezugsfreigrenze in einem etwas erweiterten Umfang auch weiterhin zulassen. Die nachstehend geschilderten Schwierigkeiten mit den neuen Gutscheinregeln werden damit aber sicherlich nicht gelöst.

1.2 Verschärfungen bei Gutscheinen

Unsicherheiten bei der Abgrenzung zwischen Geldleistung und Sachbezug sollten eigentlich durch eine gesetzliche (Neu-)Regelung bereits ab 2020 beseitigt werden (Gesetz zur weiteren steuerlichen Förderung der Elektromobilität und zur Änderung weiterer steuerlicher Vorschriften v. 12.12.2019, BGBl 2019 I S. 2451). Kritisch hinsichtlich der Sachbezugseigenschaft sind seit der Änderung insbesondere sog. **Geldkarten**, die im Rahmen unabhängiger Systeme des **unbaren Zahlungsverkehrs** eingesetzt werden können, sowie **Gutscheine mit unbegrenzten Einlösungsmöglichkeiten**.

Nach dem Gesetzeswortlaut in § 8 Abs. 1 Satz 2 EStG liegt seit dem 1.1.2020 bei Geldkarten, die als sog. Geldsurrogate im unbaren Zahlungsverkehr eingesetzt werden können, keine Sachleistung, sondern eine Geldleistung vor. Als **Geldleistung** zu behandeln sind daher insbesondere Geldkarten, die

- über eine **Barauszahlungsfunktion** oder über eine **eigene IBAN** verfügen,
- für **Überweisungen (z. B. PayPal)** oder für den **Erwerb von Devisen** (z. B. Pfund, US-Dollar, Franken) verwendet
- sowie als **generelles Zahlungsmittel** hinterlegt

werden können (weltweit einsetzbare Kreditkarte).

Für die ebenfalls kritischen Gutscheine mit unbegrenzten Einlösungsmöglichkeiten (vgl. § 8 Abs. 1 Satz 3 EStG) hat die Verwaltung aufgrund vielfältiger Kritik und zahlreicher Unsicherheiten die Anwendung der Neuregelung letztlich per Erlass um 2 Jahre verschoben (BMF, Schreiben v. 13.4.2021, IV C 5 – S 2334/19/10007 :002,

BStBl 2021 I S. 624). Ab 2022 kommt es aber nunmehr auch hier zu Verschärfungen.

Hinweis: Verschärfung gilt auch für Aufmerksamkeiten und Pauschalierung nach 37b

Die Abgrenzung zwischen Geldleistung und Sachbezug ist insbesondere bei der Anwendung der Sachbezugsfreigrenze von entscheidender Bedeutung. Sie gilt aber auch bei der Abgrenzung steuerfreier Aufmerksamkeiten bis zu 60 EUR bei persönlichen Ereignissen und bei der Anwendung der Pauschalbesteuerung von Sachzuwendungen nach § 37b EStG.

1.3 Kriterien für Anerkennung als Sachbezug ab 2022

Gutscheine sind nur noch begünstigt, wenn sie

- ausschließlich zum **Bezug von Waren oder Dienstleistungen** berechtigen (das war bereits seit 2020 Voraussetzung) **und**
- ab 2022 – neu – die **Kriterien des § 2 Abs. 1 Nr. 10 des Zahlungsdiensteaufsichtsgesetzes (ZAG)** erfüllen.

Was mit dem 2. Teil der Definition gemeint ist, war lange unklar. Inzwischen schafft jedoch ein Verwaltungserlass weitgehende Sicherheit bei der Abgrenzung begünstigter Gutscheine (BMF, Schreiben v. 13.4.2021, IV C 5 – S 2334/19/10007 :002, BStBl 2021 I S. 624).

Danach sind 3 verschiedene Kategorien erlaubt:

1.3.1 Limitierte Netze (§ 2 Abs. 1 Nr. 10 Buchst. a ZAG)

Gutscheine (und ggf. auch gegen Sachleistungen einlösbare Geldkarten) gehören auch weiterhin zu den Sachbezügen, wenn sie bei einem **begrenzten Kreis von Akzeptanzstellen** im **Inland** ausschließlich zum Bezug von Waren oder Dienstleistungen berechtigen. Begünstigt sind demnach **Centergutscheine**, **Kundenkarten von Shopping-Malls** und sog. „**City-Cards**“.

Hinweis: Begrenzung des Kreises von Akzeptanzstellen bei CityCards

Die Finanzverwaltung geht davon aus, dass insbesondere bei städtischen Einkaufs- und Dienstleistungsverbünden, sog. City-Karten, ein begrenztes Netz von Dienstleistern auch dann noch angenommen werden kann, wenn sie auf die **unmittelbar angrenzenden 2-stelligen Postleitzahlbezirke begrenzt** werden. Dies bedeutet bei einer Stadt wie Hannover, dass sich die unbedenkliche regionale Begrenzung auf deren Postleitzahlenbezirk 30, aber darüber hinaus auch auf die angrenzenden Postleitzahlbezirke 29 und 31 erstrecken kann. Bei größeren Städten, die für sich genommen mehrere Postleitzahlbezirke umfassen, werden diese als ein Postleitzahlbezirk angesehen.

Begünstigt sind aber beispielsweise auch von einer bestimmten **Tankstellenkette** ausgegebene Tankkarten zum Bezug von Waren oder Dienstleistungen in den einzelnen Tankstellen mit einheitlichem Marktauftritt.

Karten eines **Online-Händlers** sind nur begünstigt, wenn sie zum Bezug von Waren oder Dienstleistungen aus **seiner eigenen Produktpalette** berechtigen. Diese Voraussetzung ist problematisch, weil inzwischen viele Online-Händler auch Waren von Fremdanbietern über ihre Plattformen anbieten, für deren Kauf die Gutscheine je nach den Bedingungen im Einzelfall ebenfalls einlösbar sind.

Achtung: Vorsicht bei arbeitgeberseitig selbst ausgestellten Gutscheinen

Begünstigt bleibt ausnahmsweise auch ein vom Arbeitgeber selbst ausgestellter Gutschein, wenn die Akzeptanzstellen (z. B. Tankstelle) aufgrund eines vorher geschlossenen (Rahmen-)Vertrags unmittelbar mit dem Arbeitgeber abrechnen. Ist dies nicht der Fall, so liegt eine seit 2020 nicht mehr begünstigte Kostenerstattung bei Vorleistung durch den Arbeitnehmer und damit eine Geldleistung vor.

1.3.2 Limitierte Produktpalette (§ 2 Abs. 1 Nr. 10 Buchst. b ZAG)

Gutscheine oder Geldkarten gehören ebenfalls zu den Sachbezügen, wenn sie unabhängig von einer Betragsangabe dazu berechtigen, Waren oder Dienstleistungen ausschließlich aus einer **sehr begrenzten Waren- oder Dienstleistungspalette** zu beziehen. Auf die Anzahl der Akzeptanzstellen und den Bezug im Inland kommt es dabei nicht an. Hiernach begünstigt sind Gutscheine und Geldkarten, die beispielsweise begrenzt sein können auf

- Kraftstoffe, Ladestrom usw. („alles, was das Auto bewegt") oder
- Fitnessleistungen (z. B. für den Besuch von Trainingsstätten und zum Bezug der dort angebotenen Waren oder Dienstleistungen),
- Streamingdienste für Film und Musik,
- Bücher, Zeitungen und Zeitschriften, auch als Hörbücher oder Downloads.

1.3.3 Instrumente zu steuerlichen und sozialen Zwecken (§ 2 Abs. 1 Nr. 10 Buchst. c ZAG)

Als Ausnahmefall gehören Gutscheine oder Geldkarten auch weiterhin zu den Sachbezügen, wenn sie

- unabhängig von einer Betragsangabe dazu berechtigen,
- aufgrund von Verträgen zwischen Aussteller/Emittent und Akzeptanzstellen
- Waren oder Dienstleistungen ausschließlich für bestimmte **soziale oder steuerliche Zwecke** im **Inland** zu beziehen (sog. **Zweckkarte**).

Auf die Anzahl der Akzeptanzstellen kommt es nicht an. Begünstigt hiernach sind insbesondere Verzehrkarten in Form von Essensgutscheinen, Restaurantschecks sowie sog. digitale Essenmarken.

Achtung: Soziale oder steuerliche Zwecke

Ein „begünstigter" sozialer oder steuerlicher Zweck soll aber gerade nicht die Inanspruchnahme der monatlichen Sachbezugsgrenze sein, ebenso nicht die Grenze von 60 EUR für Aufmerksamkeiten anlässlich eines besonderen persönlichen Ereignisses oder die 30-%-Pauschalsteuer nach § 37b EStG bei Sachzuwendungen.

2 Änderungen bei der betrieblichen Altersversorgung

Ab 2022 kommt es bei der betrieblichen Altersversorgung zu mehreren Änderungen, die auch Auswirkungen auf die steuerliche Behandlung haben (können):

2.1 Absenkung der Beitragsbemessungsgrenze

Statt der üblichen Erhöhung kommt es ab 2022 zu einer leichten Absenkung der Beitragsbemessungsgrenze in der Rentenversicherung West (die Beitragsbemessungsgrenze in der RV wird anhand der Entwicklung der Bruttolöhne und -gehälter von Arbeitnehmern festgelegt, § 68 Abs. 2 SGB VI. Diese ist infolge der Corona-Krise für den Rechtskreis West gesunken). Die Möglichkeiten für eine steuerfreie Einzahlung in die kapitalgedeckte Altersvorsorge hängt davon ab:

- Der **steuerfreie Höchstbetrag** für Beiträge des Arbeitgebers aus dem ersten Dienstverhältnis an eine Pensionskasse, einen Pensionsfonds oder eine Direktversicherung zum Aufbau einer kapitalgedeckten betrieblichen Altersversorgung liegt inzwischen bei 8 % der Beitragsbemessungsgrenze (West) in der allgemeinen Rentenversicherung (§ 3 Nr. 63 Satz 1 EStG).
- Bei **Beendigung des Arbeitsverhältnisses** können steuerfreie Beiträge an Pensionskassen, Pensionsfonds und Direktversicherung bis zu 4 % der Beitragsbemessungsgrenze in der gesetzlichen Rentenversicherung (West) für jedes Kalenderjahr der Beschäftigung – max. für 10 Kalenderjahre – geleistet werden (§ 3 Nr. 63 Satz 3 EStG).
- Zur Schließung von Versorgungslücken bleiben zudem **Nachzahlungen** von Beiträgen an Pensionskassen, Pensionsfonds und Direktversicherungen für max. 10 Kalenderjahre steuerfrei, in denen das **Arbeitsverhältnis ruhte** und in Deutschland kein steuerpflichtiger Arbeitslohn bezogen wurde. Zur Berechnung des steuerfreien Nachzahlungsbetrags werden je Kalenderjahr 8 % der Beitragsbemessungsgrenze in der gesetzlichen Rentenversicherung (West) zugrunde gelegt.

Die steuerfreien Höchstbeträge für die Jahre 2021 und 2022 im Vergleich ergeben sich aus der nachstehenden Tabelle:

	Rechtsquelle	2021	2022
Laufende Beiträge des Arbeitgebers, steuerfrei bis 8 % der BBG/West	§ 3 Nr. 63 Satz 1 EStG	6.816 EUR	**6.768 EUR**
Höchstbetrag bei Beendigung des Dienstverhältnisses	§ 3 Nr. 63 Satz 3 EStG	34.080 EUR	**33.840 EUR**
Höchstbetrag bei Nachzahlungen	§ 3 Nr. 63 Satz 4 EStG	68.160 EUR	**67.680 EUR**

Achtung: Steuerfreier Höchstbetrag sinkt gegenüber 2021

Durch die niedrigere Beitragsbemessungsgrenze RV/West im Jahr 2022 sinken die Höchstbeträge, die steuerfrei (8 % der BBG RV/West) und beitragsfrei (4 % der BBG RV/West) bleiben können. Wichtig ist das im Zusammenhang mit Arbeitnehmern, die die **BAV-Höchstbeträge 2021 voll ausgeschöpft** haben, d. h. **monatlich 284 EUR** (sv-freier Höchstbetrag 2021) bzw. **568 EUR** (lohnsteuerfreier Höchstbetrag) in einen BAV-Vertrag eingezahlt haben. Ab 1.1.2022 bleiben nur noch **monatlich 282 EUR** beitragsfrei bzw. **564 EUR** lohnsteuerfrei; die Differenz zu den Höchstbeträgen 2021 ist dann zu verbeitragen bzw. zu versteuern.

2.2 Weitergabe der SV-Ersparnis bei Entgeltumwandlung

Bei einer Finanzierung der Beiträge für eine betriebliche Altersversorgung über eine Gehaltsumwandlung muss der Arbeitgeber **15 % des umgewandelten Entgelts zusätzlich als Arbeitgeberzuschuss** an die Direktversicherung, die Pensionskasse oder den Pensionsfonds leisten (§ 1a Abs. 1 BetrAVG). Der Zuschuss ist allerdings nur zu leisten, **soweit der Arbeitgeber durch die Entgeltumwandlung Sozialversicherungsbeiträge einspart**.

Die bereits vor einigen Jahren eingeführte Vorschrift gilt für individual- und kollektivrechtliche Entgeltumwandlungsvereinbarungen, die vor 2019 geschlossen worden sind, erst seit dem 1.1.2022 und bekommt somit deutlich zunehmende Bedeutung. Bei sog. Beitragszusagen gilt die Zuschusspflicht ohnehin (§ 23 Abs. 2 BetrAVG).

Steuerlich ergeben sich jedoch insoweit keine Neuerungen oder Besonderheiten: Für den zusätzlichen Arbeitgeberzuschuss gelten die gleichen Regelungen wie für den durch die Gehaltsumwandlung finanzierten Beitrag, also insbesondere die vorstehend beschriebenen Steuerbefreiungen (ausgewählte Fragen zur Umsetzung, Ausgestaltung, Be- und Abrechnung inklusive Antworten finden sich in „bAV AG-Pflichtzuschuss, FAQ“, S. 118 ff.).

Auch für den Arbeitgeberzuschuss wird jedoch kein BAV-Förderbetrag für Geringverdiener gewährt (BMF, Schreiben v. 12.8.2021, IV C 5 – S 2333/19/10008 :017, BStBl 2021 I S. 1050, Rz. 112).

3 Änderungen bei Tarif und Kindern

3.1 Leichte Entlastung beim Lohnsteuertarif

Aufgrund einer bereits Ende 2020 beschlossenen Gesetzesänderung (Zweites Familienentlastungsgesetz v. 1.12.2020, BGBl 2020 I S. 2616) wird der sog. **Grundfreibetrag ab 2022** erneut angehoben, von 9.744 EUR auf **9.984 EUR** (§ 32a EStG). Die Folge ist eine kleine Entlastung für alle Arbeitnehmer. Die Änderung dient zum Ausgleich der sog. kalten Progression und soll dafür sorgen, dass das verfassungsrechtlich garantierte Existenzminimum steuerfrei bleibt. Die übrigen Werte des Lohnsteuertarifs werden für 2022 ebenfalls nach rechts verschoben, so beginnt beispielsweise der Spitzensteuersatz ebenfalls erst bei einem höheren Einkommen (58.597 EUR statt 57.919 EUR). Diese Änderungen am Lohnsteuertarif sind in den Programmablaufplänen für den Lohnsteuerabzug 2022 enthalten (BMF, Schreiben v. 5.11.2021, IV C 5 – S 2361/19/10008 :004).

3.2 Keine Änderung bei Kindergeld und Kinderfreibeträgen

Bei Kindergeld und Kinderfreibeträgen sind keine Änderungen ab 2022 geplant. Das Kindergeld beträgt somit weiterhin 219 EUR monatlich für das erste und zweite Kind, 225 EUR für das dritte Kind und 250 EUR für weitere Kinder. Grundsätzlich wird das Kindergeld durch die Familienkassen und unabhängig vom Lohnsteuerabzug ausgezahlt. Die Kinderfreibeträge wirken sich nur bei ggf. Solidaritätszuschlag und Kirchensteuer aus.

3.3 Kleine Änderung in der Steuerklasse II

Alleinerziehende Arbeitnehmer erhalten einen steuerlichen Entlastungsbetrag, bisher grundsätzlich in Höhe von 1.908 EUR jährlich (§ 24b EStG). Für das Lohnsteuerabzugsverfahren durch den Arbeitgeber wird als Lohnsteuerabzugsmerkmal die Steuerklasse II gebildet, wenn die Voraussetzungen für die Inanspruchnahme des Entlastungsbetrags vorliegen.

Aufgrund des höheren Betreuungsaufwands gerade für Alleinerziehende in Zeiten von Corona und den damit verursachten Aufwendungen, war der Entlastungsbetrag für Alleinerziehende bereits für die Jahre 2020 und 2021 auf 4.008 EUR angehoben und damit mehr als verdoppelt worden. Die praktische Umsetzung erfolgte aber nicht durch Anhebung des eigentlichen Entlastungsbetrags, sondern durch einen zeitlich begrenzten Erhöhungsbetrag von 2.100 EUR. Der Erhöhungsbetrag wurde als Freibetrag in die ELStAM eingepflegt und damit regelmäßig schon beim Lohnsteuerabzug berücksichtigt. Bereits Ende 2020 ist die Befristung gesetzlich aufgehoben worden (Jahressteuergesetz 2020 v. 21.12.2020, BGBl 2020 I S. 3096), sodass die **Erhöhung des Entlastungsbetrags auf 4.008 EUR** auch ab dem Jahr 2022 weiter gilt. Sie wird nunmehr aber vollständig in die Lohnprogramme eingebaut. Im Lohnsteuerabzugsverfahren ab 2022 wird die Anhebung damit automatisch **über die Steuerklasse II berücksichtigt.**

4 Verbesserungen bei der Mitarbeiterbeteiligung

Bereits zur Mitte des Jahres 2021 hat der Gesetzgeber Verbesserungen bei den steuerlichen Bedingungen für Mitarbeiterkapitalbeteiligungen am Unternehmen beschlossen (Fondsstandortgesetz v. 3.6.2021, BGBl I S. 1498). Neben einer Ausweitung der Steuerbefreiung für Mitarbeiterbeteiligungen wird ergänzend ein **Besteuerungsaufschub bei Beteiligungen an neu gegründeten und kleinen Unternehmen** eingeführt. Die Änderungen sind von vielen Arbeitgebern unbemerkt bereits zur Jahresmitte in Kraft getreten und können auf Wunsch bereits für 2021 in Anspruch genommen werden, gelten natürlich aber auch 2022 weiter. Aller Voraussicht nach plant die neue Bundesregierung für die Zukunft eine weitere Ausweitung der steuerlichen Begünstigungen.

4.1 Höherer Freibetrag für Vermögensbeteiligungen

Für die verbilligte oder unentgeltliche Überlassung von Mitarbeiterkapitalbeteiligungen ist der steuerfreie Höchstbetrag von 360 EUR auf **1.440 EUR jährlich** angehoben, also vervierfacht worden (§ 3 Nr. 39 EStG). Die Erhöhung ist noch für das Jahr 2021 anwendbar. Die Finanzverwaltung lässt sogar die rückwirkende Korrektur für bereits im ersten Halbjahr 2021 gewährte Beteiligungen zu (BMF, Schreiben v. 16.11.2021, IV C 5 – S 2347/21/10001 :006, Rz. 29).

Der Freibetrag gilt allerdings weiterhin nur unter den Voraussetzungen, dass es sich bei der Mitarbeiterbeteiligung

- um eine freiwillige Leistung des Arbeitgebers handelt, die grundsätzlich allen Arbeitnehmern des Unternehmens offensteht, die ein Jahr oder länger ununterbrochen in einem gegenwärtigen Dienstverhältnis zum Arbeitgeber stehen und
- um eine Vermögensbeteiligung am Unternehmen des eigenen Arbeitgebers handelt, die in Form von Sachbezügen gewährt wird.

Keine steuerliche Voraussetzung ist die Gewährung zusätzlich zum Arbeitslohn (§ 8 Abs. 4 EStG). Somit wäre die Steuerbefreiung bis 1.440 EUR grds. auch anwendbar, wenn die Beteiligung im Rahmen der Entgeltumwandlung überlassen würde.

Aus der Steuerfreiheit folgt grundsätzlich die Sozialversicherungsfreiheit in gleicher Höhe. Rückwirkende Korrekturen sind hier jedoch ebenso ausgeschlossen wie die Anwendung bei Entgeltumwandlung.

Für die Zukunft hat die neue Bundesregierung eine weitere Erhöhung des Steuerfreibetrags in Aussicht gestellt.

4.2 Besteuerungsaufschub für (größere) Beteiligungen

Ergänzend zur Ausweitung der Steuerbefreiung ist eine davon weitgehend unabhängige Steuerbegünstigung zur weiteren Förderung von Mitarbeiterkapitalbeteiligungen insbesondere bei **Startup-Unternehmen** ins Gesetz aufgenommen worden (neuer § 19a EStG).

Mit der Regelung wird ohne betragsmäßige Begrenzung vermieden, dass bereits im Zeitpunkt der Übertragung der Beteiligung auf einen Mitarbeiter Arbeitslohn zu versteuern ist. Die Besteuerung erfolgt erst zu einem späteren Zeitpunkt, in der Regel **bei Veräußerung**, spätestens **nach 12 Jahren** oder bei einem **Arbeitgeberwechsel.** Die Sonderregelung vermeidet, dass die Übertragung einer Beteiligung zu steuerpflichtigem Arbeitslohn (Sachbezug) führt, ohne dass liquide Mittel zugeflossen sind.

Die vorläufige Nichtbesteuerung kann im Lohnsteuerabzugsverfahren **nur mit Zustimmung des Arbeitnehmers** angewendet werden. Letztlich handelt es sich also bei dem Besteuerungsaufschub nur um eine Möglichkeit, aber nicht um einen Zwang. Der neue § 19a EStG ist anzuwenden auf Vermögensbeteiligungen, die nach dem 30.7.2021 übertragen werden.

Die Vermögensbeteiligungen müssen zusätzlich zum ohnehin geschuldeten Arbeitslohn gewährt werden; Entgeltumwandlungen sind hier nicht begünstigt.

Gefördert werden Arbeitnehmer von **Kleinstunternehmen** sowie von kleinen und mittleren Unternehmen (**KMU**), deren Gründung nicht mehr als 12 Jahre zurückliegt. Für KMU gelten dabei folgende Schwellenwerte:

- weniger als 250 Mitarbeiter,
- Jahresumsatz max. 50 Millionen EUR oder
- Jahresbilanzsumme max. 43 Millionen EUR.

Damit Arbeitgeber und Arbeitnehmer Rechtssicherheit erhalten, soll das Betriebsstättenfinanzamt nach der Übertragung einer Vermögensbeteiligung im Rahmen einer Anrufungsauskunft den vom Arbeitgeber nicht besteuerten Vorteil bestätigen. Die Anschaffungskosten sind dabei mit dem gemeinen Wert der Vermögensbeteiligung anzusetzen.

Weitere Einzelheiten hat die Finanzverwaltung mit einem umfangreichen Anwendungserlass mit zahlreichen Beispielen zusammengefasst (BMF, Schreiben v. 16.11.2021, IV C 5 – S 2347/21/10001 :006, Rz. 30 ff.).

Hinweis: Freibetrag auch bei Steueraufschub?

Bei der Ermittlung des Vorteils, für den die Besteuerung nach § 19a EStG aufgeschoben wird, kann der Steuerfreibetrag von 1.440 EUR abgezogen werden. Das gilt aber nur, wenn die Voraussetzungen für die Steuerbefreiung erfüllt sind (s. Abschn. 4.1) und der Freibetrag noch nicht verbraucht ist.

Nachgelagerte Besteuerung: Fünftelregelung und Wertermittlung

Lohnsteuer für den (ggf. verbleibenden) nach § 19a EStG nicht besteuerten Vorteil fällt dann regelmäßig erst nach 12 Jahren oder beim Arbeitgeberwechsel bzw. einer Veräußerung der Beteiligung an. Die sog. Fünftelregelung, die oftmals bei Abfindungen und mehrjährigem Arbeitslohn die Steuerlast abmildert, ist anwendbar, wenn seit der Übertragung der Vermögensbeteiligung **mind. 3 Jahre** vergangen sind. Wichtig ist zudem eine Regelung für den Fall des Wertverlustes: Ist im Besteuerungszeitpunkt der gemeine Wert der Vermögensbeteiligung abzüglich geleisteter Zuzahlungen niedriger als der zuvor nicht besteuerte Arbeitslohn (Verlustfall), unterliegt die Differenz nicht der Besteuerung.

Achtung: SV-Beiträge fallen trotz Steueraufschub sofort an

Der Steueraufschub nach § 19a EStG gilt ausdrücklich nicht bei der Sozialversicherung. Evtl. Beiträge auf die Vermögensbeteiligung fallen also unverändert im Übertragungszeitpunkt an.

5 Änderungen bei Hybrid-Elektrofahrzeugen

Elektro- und Brennstoffzellenfahrzeuge mit einem Listenpreis von bis zu 60.000 EUR sind seit 2020 regelmäßig bei der Versteuerung des geldwerten Vorteils für die Privatnutzung nur noch mit 1/4 des Listenpreises anzusetzen. Daran ändert sich 2022 zunächst nichts.

Für teure Elektro-Autos und bestimmte Hybrid-Firmenwagen erfolgt grundsätzlich eine **Halbierung des Listenpreises**. Hier kommt es jedoch zu einer Verschärfung ab 2022: Die Halbierung erfolgt nur, wenn diese Fahrzeuge bestimmte Voraussetzungen erfüllen:

- Das Fahrzeug muss eine CO_2-Emission von höchstens 50 g je gefahrenen Kilometer haben **oder**
- die Reichweite unter ausschließlicher Nutzung der elektrischen Antriebsmaschine muss
  - bei Anschaffung bis 31.12.2021 mind. 40 Kilometer betragen bzw.
  - bei **Anschaffung ab 1.1.2022 mind. 60 Kilometer** betragen.

Allerdings handelt es sich bei CO_2-Grenze und Reichweiten-Voraussetzung um ein „oder"-Kriterium, sodass die **Erfüllung einer Voraussetzung ausreicht**.

Einzelheiten zur Besteuerung von Elektro- und Hybrid-Elektrofahrzeugen hat die Finanzverwaltung aktuell in einem Erlass zusammengefasst (BMF, Schreiben v. 5.11.2021, IV C 6 – S 2177/19/10004 :008 – IV C 5 – S 2334/19/10009 :003).

Achtung: Hybrid-Dienstwagen: Voraussetzung bei Neuanschaffung ab 2022 prüfen

Hinsichtlich der Reichweiten-Bedingung kommt es auf den Anschaffungszeitpunkt an. Für bis Ende 2021 angeschaffte Hybrid-Dienstwagen ändert sich 2022 nichts. Einige seit dem 1.1.2022 neu angeschaffte Fahrzeuge erfüllen jedoch die Voraussetzungen für die Listenpreis-Halbierung nicht mehr.

Praxis-Tipp: Wo finde ich Emissionen und Reichweite?

Die Kohlendioxidemissionen und die elektrische Mindestreichweite ergeben sich aus der sog. Übereinstimmungsbescheinigung des Fahrzeugs (nach Anhang IX der Richtlinie 2007/46/EG oder nach Artikel 38 der Verordnung (EU) Nr. 168/2013). Soweit in den Bescheinigungen verschiedene Werte ausgewiesen werden:

- sind grundsätzlich die WLTP1 Werte maßgeblich (CoC2 49.4 und 49.5). Für die **Kohlendioxidemissionen** ist hierbei auf die gewichteten kombinierten WLTP Werte (COC 49.4) abzustellen und
- wird für die **elektrische Mindestreichweite** der Wert „Elektrische Reichweite innerorts“ (EAER3 city gem. CoC 49.5.2) herangezogen.

Ausblick: Neue Bundesregierung plant weitere Verschärfungen

Die neue Bundesregierung sieht die bisherige Förderung insbesondere von Hybrid-Fahrzeugen (die nach Presseberichten vielfach kaum elektrisch genutzt werden) kritisch und plant eine stärkere Ausrichtung bei neu zugelassenen Fahrzeugen auf rein elektrische Fahrleistung. Eine Privilegierung von Hybrid-Fahrzeugen soll zukünftig nur noch erfolgen, wenn das Fahrzeug überwiegend im rein elektrischen Fahrantrieb betrieben wird. Die elektrische Mindestreichweite der Fahrzeuge soll zudem auf 80 Kilometer erhöht werden. Die konkrete Umsetzung der Änderungen bleibt abzuwarten. Damit ist realistisch frühestens ab 2023 und nur für Neuanschaffungen zu rechnen.

6 Einschränkungen der Lohnsteuerpauschalierung bei der Dienstwagengestellung und bei Fahrtkostenzuschüssen

Der Arbeitgeber kann die Lohnsteuer für Sachbezüge in Form der unentgeltlichen oder verbilligten Beförderung von Mitarbeitern zwischen Wohnung und erster Tätigkeitsstätte sowie für zusätzlich zum ohnehin geschuldeten Arbeitslohn gezahlte Zuschüsse für Fahrten zwischen Wohnung und erster Tätigkeitsstätte pauschal **mit 15 %** erheben (§ 40 Abs. 2 Satz 2 Nr. 1 EStG), soweit diese den als Werbungskosten in der Steuererklärung abzugsfähigen Betrag nicht übersteigen.

Bei Anwendung der Entfernungspauschale (und nicht der tatsächlichen Kosten) für die Pauschalierung von Fahrtkostenzuschüssen und Dienstwagengestellung sind vom Arbeitgeber die der Pauschalierung zugrunde liegenden Arbeitstage zu ermitteln. Aus **Vereinfachungsgründen** kann im Lohnsteuerabzugsverfahren – ausgehend von einer **5-Tage-Woche** – davon ausgegangen werden, dass monatlich an **15 Arbeitstagen** Fahrten zwischen Wohnung und erster Tätigkeitsstätte erfolgen.

Zwingend ab 2022 **mindert sich jedoch die Anzahl der Fahrten verhältnismäßig**, wenn der Arbeitnehmer bei einer in die Zukunft gerichteten Prognose an der ersten Tätigkeitsstätte typischerweise an weniger als 5 Arbeitstagen in der Kalenderwoche nach den dienst- oder arbeitsrechtlichen Festlegungen beruflich tätig werden soll (BMF, Schreiben v. 18.11.2021, IV C 5 – S 2351/20/10001 :002, Rz. 41 und zur Anwendung Rz. 45).

Als Anwendungsfälle nennt die Verwaltung **Teilzeitmodelle sowie Homeoffice, Telearbeit und mobiles Arbeiten**. Bei einer 3-Tage-Woche kann damit beispielsweise nur noch davon ausgegangen werden, dass monatlich an 9 Arbeitstagen (3/5 von 15 Tagen) Fahrten zwischen Wohnung und erster Tätigkeitsstätte erfolgen.

Beispiel: Fahrtkostenzuschuss bei Teilzeit/Homeoffice

Ein Arbeitnehmer soll laut seinem Arbeitsvertrag an 3 Tagen pro Woche im Homeoffice und einen Tag pro Woche an der ersten Tätigkeitsstätte beruflich tätig werden. Die einfache Entfernung von 30 km zur ersten Tätigkeitsstätte legt er mit seinem privaten Kfz zurück. Der Arbeitgeber leistet für diese Fahrten zusätzlich zum ohnehin geschuldeten Arbeitslohn einen Zuschuss von 150 EUR pro Monat.

Ergebnis: Der Arbeitgeber kann bei einem Tag pro Woche beruflicher Tätigkeit an der ersten Tätigkeitsstätte im Lohnsteuerabzugsverfahren spätestens ab 2022 nur noch davon ausgehen, dass an 1/5 von 15 Tagen (= 3 Tage/Monat) Fahrten zwischen Wohnung und erster Tätigkeitsstätte erfolgen und die abziehbare Entfernungspauschale pro Monat somit 28,50 EUR beträgt (20 km × 0,30 EUR × 3 Tage zuzüglich 10 km × 0,35 EUR × 3 Tage). Der Arbeitgeber kann den Zuschuss folglich i. H. v. 28,50 EUR mit 15 % pauschal besteuern. Der übersteigende Betrag des Zuschusses von 121,50 EUR pro Monat erhöht den (mit dem individuellen Steuersatz zu versteuernden) Bruttoarbeitslohn. Die pauschal besteuerten Bezüge sind im Lohnkonto aufzuzeichnen und in Nr. 18 der Lohnsteuerbescheinigung auszuweisen.

7 Neue Arbeitnehmer bei Personengesellschaften

Zum Jahreswechsel 2021/22 neu eingeführt wurde eine **Option zur Körperschaftsteuer**, die es Personenhandelsgesellschaften und Partnerschaftsgesellschaften ermöglicht, wie eine Kapitalgesellschaft besteuert zu werden (neuer § 1a KStG i. d. F. des Gesetzes zur Modernisierung des Körperschaftsteuerrechts v. 25.6.2021, BGBl I S. 2050). Die **Option** zur Körperschaftsteuer kann erstmals für Wirtschaftsjahre ausgeübt werden, die nach dem 31.12.2021 beginnen. Erforderlich ist ein **unwiderruflicher Antrag** bei dem für die Gesellschaft bisher zuständigen Finanzamt bis spätestens einen Monat vor Beginn des Wirtschaftsjahres (bei Wirtschaftsjahr = Kalenderjahr also bis zum 30.11.). Nach Ausübung wird die optierende Gesellschaft ertragsteuerlich wie eine Kapitalgesellschaft behandelt (§ 1a Abs. 1 Satz 1 KStG). Daher finden grundsätzlich alle Regelungen, die für alle Kapitalgesellschaften unabhängig von ihrer spezifischen Rechtsform gelten, auch auf die optierende Gesellschaft Anwendung.

7.1 Leistungsbeziehungen

Für die ertragsteuerliche Behandlung von Leistungsbeziehungen zwischen der optierenden Gesellschaft und ihren Gesellschaftern sind die für Kapitalgesellschaften geltenden Grundsätze maßgeblich (§ 1a Abs. 3 Satz 2 Nr. 2 KStG). Einnahmen, die der Gesellschafter für die Tätigkeit im Dienst der Gesellschaft bezieht, führen zu Einkünften aus nichtselbstständiger Arbeit (§ 19 EStG).

Eine Tätigkeit „im Dienst" der Gesellschaft (§ 1a Abs. 3 Satz 2 Nr. 2 KStG) liegt vor, wenn eine entsprechende Tätigkeit eines Gesellschafters einer Kapitalgesellschaft zu Einkünften aus nichtselbstständiger Arbeit nach § 19 EStG führen würde. Erforderlich ist insoweit, dass ein Dienstverhältnis i. S. d. § 1 LStDV vorliegt, welches in der Regel durch einen Arbeitsvertrag bestätigt ist, und die Leistungen aufgrund dieses Dienstverhältnisses erbracht werden. Entscheidend ist dabei, dass die Einnahmen bei wertender Betrachtung **durch das Dienstverhältnis veranlasst** sind. Soweit der Arbeitslohn oder die Vergütung des Gesellschafters nicht angemessen ist, liegt in Höhe des nicht angemessenen Teils eine verdeckte Gewinnausschüttung vor.

Weitere Einzelheiten zur Körperschaftsteueroption finden sich in einem ausführlichen Anwendungserlass der Finanzverwaltung (BMF, Schreiben v. 10.11.2021, IV C 2 – S 2707/21/10001 :004).

7.2 Lohnsteuerabzug

Führen die Einnahmen, die der Gesellschafter für seine Tätigkeit im Dienst der Gesellschaft bezieht, zu Einkünften aus nichtselbstständiger Arbeit, gelten die optierende Gesellschaft als lohnsteuerlicher Arbeitgeber und der **Gesellschafter als Arbeitnehmer** (§ 1a Abs. 3 Satz 7 KStG). In diesen Fällen sind sämtliche Regelungen zur Erhebung der Lohnsteuer (§§ 38 ff. EStG) anzuwenden.

Die optierende Gesellschaft hat insbesondere für die Betroffenen Lohnkonten zu führen, den Lohnsteuerabzug auf die Vergütungen vorzunehmen, für jeden Lohnsteuer-Anmeldezeitraum insgesamt eine Lohnsteuer-Anmeldung unter Berücksichtigung des jeweiligen Lohnsteuerabzugs für ihre Arbeitnehmer einzureichen und die elektronischen Lohnsteuerbescheinigungen an die Finanzverwaltung zu übermitteln. Auch der Arbeitnehmer-Pauschbetrag, die geltenden Steuerbefreiungsvorschriften und die sonstigen, nur für Arbeitnehmer geltenden steuerlichen (Sonder-)Regelungen sind zu berücksichtigen (BMF, Schreiben v. 10.11.2021, IV C 2 – S 2707/21/10001 :004, Rz. 83).

8 Auslaufen von durch Corona bedingten Sonderregelungen

8.1 Corona-Prämie

Noch **bis zum 31.3.2022** bleiben aufgrund der Corona-Krise an Arbeitnehmer gezahlte Beihilfen und Unterstützungen bis zur Höhe von 1.500 EUR steuerfrei, sofern sie zusätzlich zum ohnehin geschuldeten Arbeitslohn gezahlt werden (§ 3 Nr. 11a EStG; Verlängerung durch Abzugsteuerentlastungsmodernisierungsgesetz v. 2.6.2021, BGBl 2021 I S. 1259). Das Entlohnungsinstrument spielt zwischenzeitlich auch als nicht unwesentlicher Baustein in verschiedenen Tarifvertragsverhandlungen eine Rolle. Für den Nachweis reicht bereits ein Ausweis als Corona-Sonderzahlung in der Lohnabrechnung oder im Überweisungsbeleg aus.

Die mehrmals verlängerte Frist führt aber nicht dazu, dass die 1.500 EUR mehrfach oder jährlich steuerfrei ausgezahlt werden können. Lediglich der Zeitraum für die Gewährung des Betrags ist gestreckt worden (ggf. auch in mehreren Teilraten bis zu insgesamt 1.500 EUR) und läuft noch über den Jahreswechsel hinaus. Der Betrag kann jedoch pro Dienstverhältnis ausgeschöpft werden. Bei einem Arbeitgeberwechsel oder mehreren Dienstverhältnissen ist eine erneute Inanspruchnahme möglich.

8.2 Aufstockung Kurzarbeitergeld

Aufgrund der in der Corona-Krise strukturell flächendeckenden Gewährung von Kurzarbeitergeld und zur Vermeidung von sozialen Härten ist eine Aufstockung des Kurzarbeitergelds durch den Arbeitgeber **vorübergehend steuerfrei** gestellt worden. Entsprechend der sozialversicherungsrechtlichen Behandlung blieben **noch bis 31.12.2021** Zuschüsse des Arbeitgebers zum Kurzarbeitergeld und zum Saison-Kurzarbeitergeld bis 80 % des Unterschiedsbetrags zwischen dem Soll-Entgelt und dem Ist-Entgelt nach § 106 SGB III (jeweils brutto) steuerfrei. Die steuerfreien Arbeitgeberzuschüsse sind in den Progressionsvorbehalt einzubeziehen. Der

Arbeitgeber hat sie in die elektronische Lohnsteuerbescheinigung unter der Nr. 15 einzutragen.

> **Achtung: Zukünftig Steuerpflicht für Zuschüsse zum KUG**
>
> Die Steuerbefreiung ist auf Zuschüsse begrenzt, die für Lohnzahlungszeiträume geleistet werden, die vor dem 1.1.2022 endeten. Stockt der Arbeitgeber im Jahr 2022 Kurzarbeitergeld auf, entsteht – vorbehaltlich einer nochmaligen Verlängerung durch den Gesetzgeber – steuerpflichtiger Arbeitslohn.

8.3 Homeoffice-Pauschale

Steuerpflichtige können für die Jahre 2020 und 2021 in ihrer Steuererklärung für jeden Kalendertag, an dem sie ausschließlich in der häuslichen Wohnung arbeiten, einen Betrag von 5 EUR geltend machen (§ 4 Abs. 5 Satz 1 Nr. 6b EStG i. d. F. Jahressteuergesetzes 2020 v. 21.12.2020, BGBl 2020 I S. 3096). Die Pauschale kann auch in Anspruch genommen werden, wenn die Voraussetzungen für den Abzug von Kosten für ein häusliches Arbeitszimmer nicht vorliegen. Sie ist auf einen Höchstbetrag von 600 EUR und damit auf 120 Arbeitstage im Jahr begrenzt. Besondere Nachweisvoraussetzungen sind nicht vorgesehen. Eine Bescheinigung des Arbeitgebers über die Heimarbeit kann aber die Glaubhaftmachung erleichtern.

Die neue Bundesregierung hat angekündigt, die Homeoffice-Pauschale auch für das Jahr 2022 zu verlängern.

Daneben gelten weiterhin (und in allen Jahren) die „normalen" Regelungen und Voraussetzungen zum Abzug eines häuslichen Arbeitszimmers. Ist ein solches Zimmer vorhanden, können die Kosten dafür geltend gemacht werden, wenn dort der Mittelpunkt der Tätigkeit ist oder kein anderer Arbeitsplatz zur Verfügung steht.

Praxis-Tipp: Ansatz und Abschreibung von Arbeitsmitteln

Unabhängig von Arbeitszimmeransatz oder Homeoffice-Pauschale können in allen Jahren Arbeitsmittel steuerlich geltend gemacht werden. Die Kosten sind jedoch grds. auf die Nutzungsdauer zu verteilen. Neben der ohnehin anwendbaren Grenze für die Sofortabschreibung geringwertiger Wirtschaftsgüter (GWG) von 800 EUR netto (auch bei Arbeitnehmern kommt die Umsatzsteuer obendrauf, sodass die Wirtschaftsgüter **Anschaffungskosten von ca. 950 EUR** haben dürfen), ist eine wertunabhängige **Sofortabschreibung für sog. digitale Wirtschafsgüter** eingeführt worden. Die Nutzungsdauer für „Computerhardware" sowie für „Betriebs- und Anwendersoftware" wurde per Erlass auf ein Jahr gemindert (BMF, Schreiben v. 26.2.2021, IV C 3 – S 2190/21/10002 :013, BStBl 2021 I S. 298). Viele Arbeitsmittel können deshalb im Jahr ihrer Anschaffung voll steuerlich geltend gemacht werden.

Sozialversicherung

1 Bedeutung und Funktion der Sozialversicherungswerte

Die Sozialversicherungswerte sind maßgeblich für Fragen der Versicherungspflicht und Versicherungsfreiheit sowie für die Höhe der Beiträge. Sie ändern sich in der Regel von Jahr zu Jahr und werden deshalb zu Beginn des neuen Jahres festgelegt. Die Fortschreibung der Rechengrößen für das Jahr 2022 orientiert sich an der Veränderung der Bruttolöhne und -gehälter in Deutschland im Jahr 2020. Bundesweit betrachtet betrug 2020 die Veränderung (Lohnzuwachsrate) –0,15 % und in den westdeutschen Ländern –0,34 %; für die ostdeutschen Länder wurde die Lohnzuwachsrate nicht gesondert ausgewiesen. Aufgrund der vorliegenden statistischen Ermittlungen sank die Einkommensentwicklung damit nach vielen Jahren wieder. Dementsprechend verringern sich einige Rechengrößen für 2022 gegenüber dem Vorjahr.

1.1 Beitragsbemessungsgrenzen

Für die Berechnung der Beiträge wird das beitragspflichtige Einkommen (z. B. Arbeitsentgelt) max. bis zur Höhe der maßgebenden Beitragsbemessungsgrenze herangezogen. Die Beitragsbemessungsgrenzen in der **allgemeinen Renten- und Arbeitslosenversicherung** betragen im Jahr 2022 **monatlich 7.050 EUR/West** (– 50 EUR) bzw. **6.750 EUR/Ost** (+ 50 EUR). Die Beitragsbemessungsgrenze Ost wird erst zum 1.1.2025 vollständig dem Westwert entsprechen. In der **Kranken- und Pflegeversicherung** beträgt die Beitragsbemessungsgrenze bundeseinheitlich **4.837,50 EUR** (keine Änderung gegenüber 2021).

1.2 Jahresarbeitsentgeltgrenzen der Krankenversicherung

Die Jahresarbeitsentgeltgrenzen sind ausschließlich in der Krankenversicherung bei der Feststellung der Krankenversicherungspflicht des Arbeitnehmers zu berücksichtigen. Sie werden deshalb auch als Versicherungspflichtgrenzen bezeichnet. Krankenversicherungspflichtige Arbeitnehmer sind grundsätzlich gesetzlich krankenversichert. Überschreitet das regelmäßige Jahresarbeitsentgelt die Jahresarbeitsentgeltgrenze, tritt mit Ablauf des Kalenderjahres Krankenversicherungsfreiheit ein (§ 6 Abs. 4 SGB V).

Hinweis: Auswirkungen von Kurzarbeit auf eine bestehende Krankenversicherungsfreiheit

Kurzarbeit (mit Ausnahme des Bezugs von Transferkurzarbeitergeld) wirkt sich auf den Versicherungsstatus eines wegen Überschreitens der Jahresarbeitsentgeltgrenze krankenversicherungsfreien Arbeitnehmers nicht aus; eine vorliegende Krankenversicherungsfreiheit besteht fort.

Sofern aber die Kurzarbeit über den Jahreswechsel hinaus andauert und das ausgefallene regelmäßige Jahresarbeitsentgelt des Arbeitnehmers nicht auch die vom Beginn des nächsten Kalenderjahres an geltende Jahresarbeitsentgeltgrenze übersteigt, tritt zum 1. Januar des nächsten Jahres Krankenversicherungspflicht ein. In diesem Fall können sich privat krankenversicherte Arbeitnehmer von der Krankenversicherungspflicht befreien lassen (§ 8 Abs. 1 Satz 1 Nr. 1 SGB V).

Krankenversicherungsfreie Arbeitnehmer können wählen, ob sie die gesetzliche Krankenversicherung freiwillig fortsetzen oder zu einem privaten Krankenversicherungsunternehmen wechseln (s. Vor- und Nachteile der gesetzlichen und privaten Krankenversicherung).

1.2.1 Allgemeine Jahresarbeitsentgeltgrenze

Es sind 2 unterschiedliche Jahresarbeitsentgeltgrenzen zu berücksichtigen: Eine allgemeine sowie eine besondere Jahresarbeitsentgeltgrenze. Grundsätzlich gilt die **allgemeine Jahresarbeitsentgeltgrenze**. Sie beträgt im Jahr 2022 **64.350 EUR** (keine Änderung gegenüber dem Vorjahr).

1.2.2 Besondere Jahresarbeitsentgeltgrenze

Die besondere Jahresarbeitsentgeltgrenze gilt nur für Arbeitnehmer, die am 31.12.2002 wegen Überschreitens der Jahresarbeitsentgeltgrenze krankenversicherungsfrei und zum damaligen Zeitpunkt bei einer privaten Krankenversicherung in einer substitutiven Krankenversicherung versichert waren. Sie beträgt im Jahr 2022 **58.050 EUR** (keine Änderung gegenüber dem Vorjahr).

1.3 Bezugsgröße

Die Bezugsgröße ist z. B. von Bedeutung für die Höhe der Entgeltgrenze in der Familienversicherung und für die Bemessung der Mindestbeiträge von freiwillig Versicherten (z. B. Selbstständigen). Im Jahr 2022 beträgt die **Bezugsgröße 39.480 EUR/West** – monatlich **3.290 EUR** (keine Änderung gegenüber dem Vorjahr). Die **Bezugsgröße Ost** beträgt **37.380 EUR** – monatlich **3.150 EUR** (+ 35 EUR).

Hinweis: Bezugsgröße West und Ost
Die Bezugsgröße Ost ist nur für die Renten- und Arbeitslosenversicherung relevant. Sie wird – wie die Beitragsbemessungsgrenze Ost – vom 1.1.2019 bis 1.1.2025 schrittweise auf den West-Wert angehoben. In der Kranken- und Pflegeversicherung gilt bundeseinheitlich bereits nur die Bezugsgröße West.

1.4 Sachbezüge

Der Sachbezug für freie Verpflegung wurde zum 1.1.2022 auf **270 EUR** (+ 7 EUR) und der Sachbezug für freie Unterkunft auf **241 EUR** (+ 4 EUR) angehoben. Der monatliche Gesamtsachbezugswert beträgt demnach **511 EUR** (§ 2 Abs. 1 Satz 1 und Abs. 3 Satz 1 SvEV).

2 Arbeitgeberzuschuss

2.1 Gesetzlich krankenversicherte Arbeitnehmer

Arbeitnehmer, die wegen Überschreitens der Jahresarbeitsentgeltgrenze krankenversicherungsfrei und in der gesetzlichen Krankenversicherung (GKV) freiwillig versichert sind, erhalten von ihrem Arbeitgeber einen Zuschuss zu ihrem Krankenversicherungsbeitrag. Dieser ist in der Höhe zu zahlen, den der Arbeitgeber bei Versicherungspflicht des Beschäftigten zu tragen hätte. Für die Berechnung des Beitragszuschusses ist ein Beitragssatz in Höhe von **7,3 %** (mit Krankengeldanspruch) bzw. **7,0 %** (ohne Krankengeldanspruch) sowie der halbe Zusatzbeitragssatz der jeweiligen Krankenkasse zugrunde zu legen. Dabei ist der Zuschuss zum Zusatzbeitrag getrennt zu berechnen.

> **Wichtig: Arbeitgeberzuschuss zum Zusatzbeitrag**
>
> Die Wiedereinführung der paritätischen Finanzierung des Krankenversicherungsbeitrags durch Arbeitnehmer und Arbeitgeber hat zur Folge, dass die Arbeitgeber auch den Zusatzbeitrag zu bezuschussen haben. Der Zuschussberechnung ist bei gesetzlich versicherten Arbeitnehmern der halbe kassenindividuelle Zusatzbeitragssatz und bei privat krankenversicherten Arbeitnehmern der halbe durchschnittliche Zusatzbeitragssatz zugrunde zu legen.

Pflegeversicherung

In der Pflegeversicherung erhalten die wegen Überschreitens der Jahresarbeitsentgeltgrenze krankenversicherungsfreien Arbeitnehmer einen Beitragszuschuss in Höhe des Betrags, den der Arbeitgeber bei versicherungspflichtigen Mitgliedern zu tragen hat. Der **Beitragszuschuss** beträgt in 2022 wie im Vorjahr höchstens **73,77 EUR** (1,525 % aus 4.837,50 EUR) bzw. in **Sachsen 49,58 EUR** (1,025 % aus 4.837,50 EUR). Der Beitragszuschlag für Kinderlose wird nicht bezuschusst.

2.2 Privat krankenversicherte Arbeitnehmer

Privat krankenversicherte Arbeitnehmer, die wegen Überschreitens der Jahresarbeitsentgeltgrenze oder aufgrund des Ausschlusses von der Krankenversicherungspflicht für über 55-Jährige krankenversicherungsfrei oder von der Versicherungspflicht befreit sind, erhalten von ihrem Arbeitgeber einen Zuschuss zu ihrem Beitrag für die private Krankenversicherung (PKV). Allerdings muss die PKV dafür bestimmte Voraussetzungen erfüllen (§ 257 Abs. 2 bis 2a SGB V). Der Arbeitgeberzuschuss zum Krankenversicherungsbeitrag erstreckt sich auf die Hälfte des allgemeinen Beitragssatzes (7,3 %) zuzüglich des halben durchschnittlichen Zusatzbeitragssatzes (0,65 %) (§ 242a SGB V). Der Zuschuss ist jedoch begrenzt auf die Hälfte des tatsächlich zu zahlenden Beitrags. Unter Berücksichtigung der Beitragsbemessungsgrenze für 2022 ergibt sich ein **monatlicher Höchstzuschuss** in Höhe von **384,58 EUR** (7,3 % + 0,65 % aus 4.837,50 EUR).

Pflegeversicherung

Zum Pflegeversicherungsbeitrag erhalten die privat krankenversicherten Arbeitnehmer ebenfalls einen Zuschuss des Arbeitgebers. Der Zuschuss ist für privat Versicherte begrenzt auf den Betrag, der bei Versicherungspflicht in der sozialen Pflegeversicherung als Arbeitgeber-Beitragsanteil zu zahlen wäre (1,525 % aus 4.837,50 EUR = **73,77 EUR** bzw. in Sachsen 1,025 % aus 4.837,50 EUR = **49,58 EUR**), höchstens die Hälfte des tatsächlich zu zahlenden Betrags.

3 Weitere Änderungen

3.1 Neuerungen im Statusfeststellungsverfahren ab 1.4.2022

Im Rahmen des Statusfeststellungsverfahrens nach § 7a SGB IV kann bei der Clearingstelle der Deutschen Rentenversicherung Bund eine Entscheidung über den Status eines Erwerbstätigen beantragt werden. Hierdurch werden divergierende Entscheidungen unterschiedlicher Versicherungsträger in der Frage vermieden, ob der Erwerbstätige bzw. Auftragnehmer selbstständig tätig oder abhängig beschäftigt und aufgrund dessen sozialversicherungspflichtig ist.

Zum 1.4.2022 ändert sich das Verfahren zur Statusfeststellung durch die Clearingstelle, mit dem Ziel, es zu vereinfachen und zu beschleunigen. Manche dieser Neuerungen werden probeweise eingeführt und sind deshalb bis zum 30.6.2027 befristet. Die Kriterien zur Abgrenzung einer Beschäftigung von einer selbstständigen Tätigkeit bleiben dagegen unverändert.

- Clearingstelle entscheidet nicht mehr über die Versicherungspflicht

Die Feststellung der Clearingstelle beschränkt sich künftig darauf, ob die erwerbstätige Person eine abhängige Beschäftigung oder eine selbstständige Tätigkeit ausübt. Anders als bisher entscheidet die Clearingstellen nicht mehr über die Versicherungspflicht in den einzelnen Sozialversicherungszweigen. Ist ausnahmsweise eine Entscheidung über die konkrete Versicherungspflicht erforderlich, sind die Einzugsstellen (Krankenkassen und Minijob-Zentrale) bei der Beurteilung an die Entscheidung der Clearingstelle über den Erwerbsstatus gebunden (§ 7a Abs. 2 Satz 1 und 6 SGB IV).

- Statusfeststellung bereits vor Aufnahme der Erwerbstätigkeit möglich

Bisher wurde das Statusfeststellungsverfahren erst nach Aufnahme der Tätigkeit durchgeführt. Auf Grundlage der vertraglichen Vereinbarungen zwischen Auftraggeber und Auftragnehmer sowie deren beabsichtigte Durchführung kann künftig eine Statusfeststellung bereits vor Aufnahme der Tätigkeit beantragt und entschieden werden (Prognoseentscheidung) (§ 7a Abs. 4a SGB IV).

- Gutachterliche Äußerung zum Erwerbsstatus bei gleichen Tätigkeiten

Bisher ist es bei mehreren Auftragsverhältnissen auf Grundlage einheitlicher Vereinbarungen erforderlich, gegebenenfalls für jeden Auftrag eine Feststellung des sozialversicherungsrechtlichen Status zu beantragen. Künftig kann bei der Clearingstelle für gleiche Auftragsverhältnisse eine gutachterliche Äußerung eingeholt werden, die Sicherheit für alle gleichen Vertragsverhältnisse bietet (Gruppenfeststellung) (§ 7a Abs. 4b SGB IV).

- Vertragsverhältnisse mit mehreren Auftraggebern

Wird Fremdpersonal in einem Unternehmen eingesetzt, zum Beispiel, wenn ein Dienstleister (Auftraggeber) einem Unternehmen (Dritter) projektbezogen einen Spezialisten (Auftragnehmer) zur Verfügung stellt, klärt die Clearingstelle auf Antrag der beteiligten Parteien, ob und bei welchem Arbeitgeber eine Beschäftigung vorliegt (§ 7a Abs. 2 Satz 2 und 3 SGB IV).

- Einführung einer mündlichen Anhörung im Widerspruchsverfahren

Bisher erfolgte das Verfahren ausschließlich schriftlich. Die Einführung einer mündlichen Anhörung gibt den Beteiligten im Widerspruchsverfahren das Recht, eine mündliche Anhörung zu beantragen. Dadurch haben sie die Möglichkeit, in diesem Rahmen die entscheidungserheblichen Tatsachen gemeinsam mit der Clearingstelle herauszuarbeiten (§ 7a Abs. 6 Satz 2 SGB IV).

3.2 Meldeverfahren bei geringfügigen Beschäftigungen

3.2.1 Kurzfristige Beschäftigungen

Die Meldepflichten für Arbeitgeber von kurzfristig Beschäftigten (Personengruppe 110, § 8 Abs. 1 Nr. 2 SGB IV) wurden zum 1.1.2022 erweitert. Vom Arbeitgeber ist in der Anmeldung (Abgabegründe 10 und 40) anzugeben, wie der Arbeitnehmer für die Dauer der Beschäftigung krankenversichert ist. Der Nachweis des Krankenversicherungsschutzes ist zu den Entgeltunterlagen zu nehmen (§ 28b Abs. 1 Nr. 1–3 SGB IV).

Hierbei ist danach zu differenzieren, ob der Arbeitnehmer gesetzlich oder privat krankenversichert bzw. anderweitig im Krankheitsfall abgesichert ist (BE v. 24.6.2021: TOP 1). Die Minijob-Zentrale meldet dem Arbeitgeber seit dem 1.1.2022 nach Eingang der Anmeldung eines kurzfristig Beschäftigten zurück, ob zum Zeitpunkt der Anmeldung für den Beschäftigten weitere kurzfristige Beschäftigungen bestehen oder zuvor im selben Kalenderjahr bestanden haben (§ 13 Abs. 2 DEÜV).

3.2.2 Geringfügig entlohnte Beschäftigungen

Für geringfügige Beschäftigung ist die Minijob-Zentrale neben dem Einzug der Sozialversicherungsbeiträge und Umlagen auch für den Einzug der einheitlichen Pauschsteuer zuständig. Vom 1.1.2022 an sind in den Entgeltmeldungen für geringfügig entlohnte Beschäftigte (Personengruppe 109, § 8 Abs. 1 Nr. 1 SGB IV) zusätzlich die

- Steuernummer des Arbeitgebers
- Steuer-Identifikationsnummer des Arbeitnehmers (auch Steuer-ID oder IdNr genannt) und
- Art der Besteuerung (z. B. 2% Pauschsteuer)

anzugeben (§ 28a Abs. 3 Satz 2 Nr. 2 Buchstabe f SGB IV).

Die zusätzlichen Angaben sind auch in der Jahresmeldung für 2021 bei den über den 31.12.2021 hinaus bestehenden Beschäftigungsverhältnissen anzugeben. In den Anmeldungen sind diese Angaben nicht zu erfassen.

3.3 Arbeitslosenversicherungsbeiträge für beschäftigte Altersvollrentner

Arbeitgeber haben für Arbeitnehmer, die wegen des Erreichens der individuellen Regelaltersgrenze arbeitslosenversicherungsfrei sind, vom 1.1.2022 an wieder ihren Beitragsanteil zur Arbeitslosenversicherung zu entrichten. Die vorübergehende Regelung, nach der dieser Arbeitgeberbeitrag seit dem 1.1.2017 nicht zu zahlen war, endete nach 5 Jahren zum 31.12.2021 (§ 346 Abs. 3 Satz 3 i. V. m. Satz 1 und 2 SGB III). Für die hiervon betroffenen Arbeitnehmer ist ein Beitragsgruppenwechsel in der Arbeitslosenversicherung zu melden (Abmeldung der Beitragsgruppe „0“ zum 31.12.2021 und Anmeldung der Beitragsgruppe „2“ zum 1.1.2022).

3.4 Steuerfreie Vermögensbeteiligungen sind Arbeitsentgelt

Insbesondere für Arbeitnehmer von Startup-Unternehmen wurde zum 1.7.2021 in das Einkommensteuergesetz eine Regelung aufgenommen, nach der die Einkünfte aus der unentgeltlichen oder verbilligten Übertragung von Vermögensbeteiligungen am Unternehmen des Arbeitgebers zunächst nicht besteuert werden (§ 19a EStG). Durch eine Ergänzung der Sozialversicherungsentgeltverordnung (§ 1 Abs. 1 Satz 1

Nr. 1 SvEV) wurde sichergestellt, dass dieser nicht besteuerte Arbeitslohn aus der Übertragung einer Vermögensbeteiligung gleichwohl zum beitragspflichtigen Arbeitsentgelt in der Sozialversicherung gehört.

3.5 Zusätzlichkeitserfordernis für beitragsfreie Entgeltumwandlungen

Für die Beitragsfreiheit von „umgewandelten" Arbeitgeberleistungen reichte es bislang aus, wenn der Arbeitsentgeltverzicht ernsthaft gewollt und nicht nur vorübergehend sowie auf künftig fällig werdende Arbeitsentgeltbestandteile gerichtet und arbeitsrechtlich zulässig ist. Aufgrund eines Urteils des Bundessozialgerichts (BSG, Urteil v. 23.2.2021, B 12 R 21/18 R) ist das in § 1 Abs. 1 Satz 1 SvEV geforderte Zusätzlichkeitsmerkmal jedoch nicht erfüllt, wenn das umgewandelte Entgelt lediglich ein (teilweises) Surrogat für den vorherigen Entgeltverzicht bildet. Davon ist auszugehen, wenn derartige Arbeitgeberleistungen kausal mit der Beschäftigung verknüpft sind, indem sie fester Bestandteil der Entgeltvereinbarung und somit des aus der Beschäftigung resultierenden Entgeltanspruchs werden. Für das beitragsrechtliche Zusätzlichkeitserfordernis gelten grundsätzlich die Kriterien des steuerrechtlichen Zusätzlichkeitserfordernisses nach § 8 Abs. 4 EStG, auch wenn allein das Beitragsrecht der Sozialversicherung – nicht aber das Steuerrecht – ein Zusätzlichkeitserfordernis verlangt (z. B. bei privater Nutzung betrieblicher PC nach § 3 Nr. 45 EStG). Bei Entgeltumwandlungen durch einen vorherigen Entgeltverzicht und daraus resultierender neuer Zuwendungen des Arbeitgebers gilt, dass es an der Zusätzlichkeit fehlt, sodass die „umgewandelten" Arbeitgeberleistungen nicht beitragsfrei sind.

Nach den Spitzenorganisationen der Sozialversicherung soll – auch in Bestandsfällen – spätestens für Entgeltabrechnungszeiträume ab 1.1.2022 entsprechend verfahren werden (BE v. 11.11.2021).

3.6 Elektronische Arbeitsunfähigkeitsbescheinigung

Die Arbeitsunfähigkeitsbescheinigung dient gegenüber dem Arbeitgeber und der Krankenkasse als Nachweis einer ärztlich attestierten Arbeitsunfähigkeit. Seit dem 1.1.2021 werden die Arbeitsunfähigkeitsbescheinigungen schrittweise digitalisiert. Die Ärzte sind vom 1.1.2022 an verpflichtet, den Krankenkassen die Angaben zur Diagnose elektronisch zu übermitteln.

Auch die Arbeitgeber sollen künftig über die Arbeitsunfähigkeit ihrer Mitarbeiter nicht mehr mit dem – ehemals „gelben" heute aber „rosa Schein", sondern digital über den Beginn und die Dauer einer Arbeitsunfähigkeit informiert werden. Die elektronische Weiterleitung der Arbeitsunfähigkeitsdaten von den Krankenkassen an die Arbeitgeber wurde um ein halbes Jahr auf den **1.7.2022** verschoben. Vom 1.1.2022 an soll zunächst mit einem Pilotverfahren begonnen werden. Bis zum 30.6.2022 müssen die Arbeitnehmer daher wie bisher eine Papierbescheinigung an ihren Arbeitgeber weiterleiten.

3.7 Verlängerung von Sonderregelungen wegen der Corona-Pandemie

Im Laufe der Corona-Pandemie hat der Gesetzgeber zahlreiche Regelungen getroffen, um finanzielle Folgen der Pandemie abzumildern. Einige dieser Regelungen sind über den 31.12.2021 hinaus verlängert worden (Gesetz zur Änderung des Infektionsschutzgesetzes und weiterer Gesetze anlässlich der Aufhebung der Feststellung der epidemischen Lage von nationaler Tragweite v. 22.11.2021, BGBl 2021 1 S. 4906).

3.7.1 Familienpflegezeit

Für die Dauer der Freistellungen kann das Bundesamt für Familie und zivilgesellschaftliche Aufgaben Beschäftigten auf Antrag ein zinsloses Darlehen gewähren. Bis zum 31.3.2022 bleiben auf Antrag bei der Berechnung des durchschnittlichen Arbeitsentgelts weiterhin Kalendermonate außer Betracht, in denen das Einkommen, zum Beispiel infolge von Kurzarbeit, abgesenkt war (§ 3 Abs. 3 Satz 7 FPfZG).

Die auf 10 Tage verkürzte Ankündigungsfrist gegenüber dem Arbeitgeber gilt für Familienpflegezeiten, die spätestens am 1.3.2022 beginnen (§ 16 Abs. 2 FPfZG).

3.7.2 Hinzuverdienstgrenze bei vorzeitigen Altersrenten

Die zeitlich befristete Anhebung der Hinzuverdienstgrenze sowie die Aussetzung der Anwendung des Hinzuverdienstdeckels bei vorzeitigen Altersrenten wurde um ein weiteres Jahr bis zum 31.12.2022 verlängert (§ 302 Abs. 8 SGB VI). Damit gilt auch für das Jahr 2022 eine Hinzuverdienstgrenze in Höhe von 46.060 EUR. Bis zu diesem Betrag können Rentner im Kalenderjahr 2022 zu ihrer Rente hinzuverdienen, ohne dass diese gekürzt wird. Die erhöhte Verdienstgrenze gilt nicht für Erwerbsminderungs- und Hinterbliebenenrenten.

3.7.3 Mindesteinkommensgrenze im Künstlersozialversicherungsgesetz

Die bisherige Aussetzung der jährlichen Mindesteinkommensgrenze im Künstlersozialversicherungsgesetz (KSVG) wird auf das Jahr 2022 ausgeweitet (§ 3 Abs. 3

Satz 2 KSVG). Damit wird verhindert, dass in der Künstlersozialversicherung versicherte selbstständige Künstler und Publizisten ihre Pflichtversicherung nach dem KSVG verlieren, wenn sie im Jahr 2022 das notwendige Mindesteinkommen in Höhe von 3.900 EUR nicht erwirtschaften.

3.7.4 Kinderkrankengeld

Auch für das Jahr 2022 wird die Zahl der Kinderkrankentage ausgeweitet. Jeder gesetzlich versicherte Elternteil kann im Jahr 2022 pro Kind 30 Tage Kinderkrankengeld beantragen, insgesamt bei mehreren Kindern maximal 65 Tage. Für Alleinerziehende erhöht sich der Anspruch auf 60 Tage pro Kind, maximal bei mehreren Kindern auf 130 Tage. Darüber hinaus besteht der verlängerte Anspruch auf Kinderkrankengeld bis zum 19.3.2022 auch in den Fällen, in denen eine Kinderbetreuung zu Hause erforderlich wird, weil z. B. die Schule oder die Einrichtung zur Betreuung von Kindern geschlossen oder der Zugang zum Kinderbetreuungsangebot eingeschränkt worden ist (§ 45 Abs. 2a SGB V).

3.7.5 Kurzarbeitergeld

Die erleichterten Zugangsmöglichkeiten und die Möglichkeit, die maximale Bezugsdauer des Kurzarbeitergeldes von bis zu 24 Monaten nutzen zu können, wurden ebenso wie der Zugang für Leiharbeitnehmer bis zum 31.3.2022 verlängert.

Ab dem 1.1.2022 werden die vom Arbeitgeber allein zu tragenden Sozialversicherungsbeiträge auf Antrag in Höhe von 50 % pauschal erstattet.

Wird Kurzarbeitergeld länger als 4 Monate bezogen, beträgt der Leistungssatz bis Ende März 2022 70 % bzw. 77 % (mit Kind). Ab dem 7. Bezugsmonat erfolgt eine Erhöhung auf 80 % bzw. 87 % (mit Kind). Die erhöhten Bezüge gelten mit der Verlängerung auch für Personen, die seit April 2021 erstmals in Kurzarbeit gehen mussten.

Die bestehende befristete Hinzuverdienstregelung (Minijob während Kurzarbeit) wurde bis zum 31.3.2022 verlängert.

3.7.6 Pflegezeit

Das Recht, zur Bewältigung einer pandemiebedingten akuten Pflegesituation bis zu 20 Arbeitstage (statt 10 Arbeitstagen) fernzubleiben, bleibt bis zum 31.3.2022 bestehen (§ 9 Abs. 1 Satz 1 PflegeZG).

Ebenfalls bis zum 31.3.2022 kann das Pflegeunterstützungsgeld bei pandemiebedingten Versorgungsengpässen für bis zu 20 Arbeitstage (statt bis zu 10 Arbeitstage) in Anspruch genommen werden (§ 9 Abs. 2 PflegeZG).

4 Beitragssätze und Umlagesätze in 2022

4.1 Krankenversicherung

Allgemeiner und ermäßigter Beitragssatz

Für alle Krankenkassen gelten einheitliche Beitragssätze:

- Der **allgemeine Beitragssatz** beträgt unverändert **14,6 %**. Er gilt für Beschäftigte, die bei Arbeitsunfähigkeit Anspruch auf Fortzahlung des Arbeitsentgelts für mindestens 6 Wochen haben.
- Der **ermäßigte Beitragssatz** beträgt unverändert **14,0 %**. Er gilt für Beschäftigte, die keinen Anspruch auf Krankengeld haben. Dies sind z. B. unständig Beschäftigte, Arbeitnehmer, deren Beschäftigungsverhältnis im Voraus auf weniger als 10 Wochen befristet ist, beschäftigte Erwerbsunfähigkeits- oder Altersrentner sowie Vorruhestandsgeldbezieher und Beschäftigte, die sich im Rahmen einer flexiblen Arbeitszeitregelung in einer Freistellungsphase befinden.

Kassenindividueller und durchschnittlicher Zusatzbeitragssatz

Die Höhe dieses **kassenindividuellen Zusatzbeitragssatzes** legt jede Krankenkasse in ihrer Satzung fest. Er ist durch das Mitglied und durch den Arbeitgeber je zur Hälfte zu tragen. Für bestimmte Arbeitnehmer – z. B. Geringverdiener und Teilnehmer an Bundesfreiwilligendiensten – ist statt des kassenindividuellen Zusatzbeitragssatzes der **durchschnittliche Zusatzbeitragssatz** zugrunde zu legen. Er wird vom Bundesgesundheitsministerium jährlich festgelegt. Der durchschnittliche Zusatzbeitragssatz für das Jahr 2022 beträgt **1,3 %** (§ 242a Abs. 2 SGB V; BAnz AT v. 19.11.2021). Gegenüber dem Vorjahr bleibt er damit unverändert. Der sich daraus ergebende Zusatzbeitrag wird – wie der übrige Krankenversicherungsbeitrag – vom Arbeitgeber aufgebracht.

4.2 Pflegeversicherung

Der Beitragssatz zur Pflegeversicherung beträgt unverändert **3,05 %**. Die Beiträge werden von Arbeitgeber und Arbeitnehmer jeweils zur Hälfte aufgebracht, mit Ausnahme in Sachsen. Hier beträgt der Beitragsanteil des Arbeitgebers 1,025 % und der des Arbeitnehmers 2,025 %.

Wichtig: Anhebung des Beitragszuschlags für Kinderlose

Der Beitragszuschlag für Kinderlose wurde zum 1.1.2022 von 0,25 % auf **0,35 %** angehoben (§ 55 Abs. 3 Satz 1 SGB XI; Gesundheitsversorgungsweiterentwicklungsgesetz – GVWG v. 11.7.2021; BGBl 2021 I S. 2754).

Den Beitragszuschlag trägt der Arbeitnehmer alleine.

4.3 Arbeitslosenversicherung

Der Beitragssatz zur Arbeitslosenversicherung beträgt unverändert **2,4 %.** Die Beiträge werden von Arbeitgeber und Arbeitnehmer jeweils zur Hälfte aufgebracht.

4.4 Rentenversicherung

Der Beitragssatz zur Rentenversicherung beträgt unverändert **18,6 %.** Die Beiträge werden von Arbeitgeber und Arbeitnehmer jeweils zur Hälfte aufgebracht.

4.5 Insolvenzgeldumlage

Der Umlagesatz für das Jahr 2022 beträgt **0,09 %** (2021: 0,12 %) (Insolvenzgeldumlagesatzverordnung 2022). Die Insolvenzgeldumlage wird nach einem Prozentsatz des rentenversicherungspflichtigen Arbeitsentgelts (Umlagesatz) erhoben. Die U3-Umlage wird allein von den Arbeitgebern aufgebracht. Hiervon ausgenommen sind die Arbeitgeber der öffentlichen Hand und private Haushalte. Zuständig für den Einzug sind die Krankenkasse des jeweiligen Arbeitnehmers sowie die Minijob-Zentrale für die geringfügig Beschäftigten. Für privat krankenversicherte Arbeitnehmer zieht die zuständige Einzugsstelle für die Beiträge zur Renten- und/oder zur Arbeitslosenversicherung die Umlage ein. Fehlt es auch an einer solchen Einzugsstelle, ist die Umlage an die Krankenkasse zu entrichten, die der Arbeitgeber gewählt hat.

4.6 Umlagen für Ausgleichsverfahren U1 und U2

Arbeitgeber, die in der Regel nicht mehr als 30 Arbeitnehmer beschäftigen, nehmen am Ausgleichsverfahren der Arbeitgeberaufwendungen bei Arbeitsunfähigkeit (U1-Verfahren) teil. Die Teilnahme an dem Ausgleichsverfahren der Arbeitgeberaufwendungen für Mutterschaftsleistungen (U2-Verfahren) erfolgt hingegen unabhängig von der Betriebsgröße.

Die zur Finanzierung der Aufwendungen erhobenen U1- und U2-Umlagesätze und die jeweiligen Erstattungssätze werden von jeder Krankenkasse und der Minijob-Zentrale selbst festgelegt. Insofern gibt es **keine einheitlichen Umlagesätze**. Die Arbeitnehmer werden an den Umlagen nicht beteiligt, da sie ausschließlich von den Arbeitgebern getragen werden. Bemessungsgrundlage für die Umlage ist das rentenversicherungspflichtige Arbeitsentgelt; einmalig gezahltes Arbeitsentgelt bleibt unberücksichtigt.

Umlagen der Minijob-Zentrale

Zum 1.1.2022 hat die Minijob-Zentrale ihre Umlagesätze verändert. Die U1-Umlage wurde von 1,0 % auf **0,9 %** und die U2-Umlage von 0,39 % auf **0,29 %** gesenkt.

Wichtig: Umlagen im Corona-Entschädigungsfall

Für die Zeit der auftragsweisen Auszahlung einer Entschädigung nach dem Infektionsschutzgesetz (IfSG) sind vom Arbeitgeber die U1-, U2- und U3-Umlagen – wie bereits im Vorjahr – weiterhin zu leisten. Die zuständige Entschädigungsbehörde hat dem Arbeitgeber im Zusammenhang mit der Erfüllung des Entschädigungsanspruchs neben den verauslagten Sozialversicherungsbeiträgen auch die Umlagen zu erstatten (§ 57 Abs. 2 Satz 1 IfSG). Eine entsprechende gesetzliche Klarstellung wurde mit dem „Dritten Gesetz zum Schutz der Bevölkerung bei einer epidemischen Lage von nationaler Tragweite" v. 18.11.2020, BGBl. I S. 2397 (Artikel 1 Nr. 21) vorgenommen.

4.7 Fälligkeit der Beiträge und Umlagen

Drittletzter Bankarbeitstag

Der Gesamtsozialversicherungsbeitrag, die U1- und U2-Umlagen sowie die Insolvenzgeldumlage U3 sind spätestens **am drittletzten Bankarbeitstag des Monats der Arbeitsleistung fällig** (§ 23 Abs. 1 Satz 2 SGB IV).

Erfüllungsort ist der Sitz der Einzugsstelle (Krankenkasse und Minijob-Zentrale), weshalb für die tatsächliche Bestimmung des drittletzten Bankarbeitstags die Verhältnisse am Sitz der jeweiligen Einzugsstelle (Hauptverwaltung) maßgeblich sind. Dies gilt auch, wenn einer der 3 letzten Bankarbeitstage auf einen nicht bundeseinheitlichen Feiertag fällt. Ferner ist zu berücksichtigen, dass sowohl der 24. als auch der 31.12. eines Jahres nicht als banküblich Arbeitstage gelten (das gilt auch nach der Einführung des Euro-Zahlungsverkehrsraums SEPA).

Einreichungsfrist für den Beitragsnachweis

Der Beitragsnachweis muss der Einzugsstelle spätestens zu Beginn des 2. Arbeitstags vor Fälligkeit der Beiträge (00:00 Uhr) vorliegen. Ansonsten kann die Einzugsstelle die abzuführenden Beiträge schätzen (§ 28f Abs. 3 SGB IV).

Termine 2022

Für das Jahr 2022 gelten somit für die Einreichung der Beitragsnachweise und die Zahlung der Beiträge und Umlagen folgende Termine:

Monat	Jan.	Feb.	März	April	Mai	Juni	Juli	Aug.	Sept.	Okt.	Nov.	Dez.
Einreichung Beitragsnachweis (bis 0:00 Uhr)	25.	22.	25.	25.	24.	24.	25.	25.	26.	24.[1]/ 25.	24.	23.
Fälligkeit	27.	24.	29.	27.	27.	28.	27.	29.	28.	26.[1]/ 27.	28.	28.

[1] In Bundesländern, in denen der 31.10.2022 (Reformationstag) ein Feiertag ist.

5 Besondere Personengruppen

5.1 Künstler und Publizisten

Die nach dem Künstlersozialversicherungsgesetz abgabepflichtigen Unternehmen (z. B. Verlage, Galerien, Theater und Orchester) haben aus den Entgelten, die sie an selbstständige Künstler und Publizisten zahlen, eine Künstlersozialabgabe an die Künstlersozialkasse zu entrichten (§ 25 KSVG). Der **Abgabesatz zur Künstlersozialversicherung** beträgt unverändert **4,2 %** (Künstlersozialabgabe-Verordnung 2022, BGBl 2021 I S. 4243). Die Erfüllung der Melde- und Abgabepflichten der

Unternehmen wird im Rahmen der turnusmäßig stattfindenden Betriebsprüfungen durch die Rentenversicherungsträger überwacht (§ 28p Abs. 1a SGB IV).

Die **Mindesteinkommensgrenze** im KSVG von 3.900 EUR wird für das Jahr 2022 ausgesetzt (s. Abschn. 3.7).

5.2 Auszubildende und Praktikanten ohne Arbeitsentgelt

Auszubildende und Praktikanten ohne Arbeitsentgelt, die nicht familienversichert sind, haben Beiträge zur Kranken- und Pflegeversicherung an die Krankenkasse zu zahlen. Als beitragspflichtige Einnahme gelten monatlich 752 EUR (§ 236 Abs. 1 SGB V; § 57 Abs. 1 Satz 1 SGB XI; BAföGÄndG v. 8.7.2019). Bei einem Beitragssatz von 10,22 % (allgemeiner Beitragssatz 14,6 %, davon 7/10) ergibt sich ein monatlicher Beitrag zur Krankenversicherung von **76,85 EUR zuzüglich des Zusatzbeitrags der Krankenkasse**. Der Beitrag zur Pflegeversicherung beträgt **22,94 EUR bzw. 25,57 EUR** (ab 1.1.2022) für kinderlose Versicherte nach Vollendung des 23. Lebensjahres. Die Ausbildungsstätten werden an der Aufbringung und Abführung dieser Beiträge **nicht** beteiligt.

In der Renten- und Arbeitslosenversicherung ist als beitragspflichtige Einnahme für die Bemessung der Beiträge aus der Beschäftigung mindestens 1 % der Bezugsgröße zugrunde zu legen. Für 2022 ist dies im Rechtskreis West ein Betrag von 32,90 EUR und im Rechtskreis Ost von 31,50 EUR. Die Renten- und Arbeitslosenversicherungsbeiträge trägt der Arbeitgeber allein (§ 20 Abs. 3 Satz 1 SGB IV) und führt sie an die zuständige Krankenkasse ab.

5.3 Familienversicherte

Ehegatten, Lebenspartner und Kinder von Mitgliedern sowie die Kinder von familienversicherten Kindern sind in der Kranken- und Pflegeversicherung beitragsfrei mitversichert (§ 10 SGB V, § 25 SGB X), wenn diese u. a. kein eigenes Gesamteinkommen haben, das regelmäßig im Monat 1/7 der monatlichen Bezugsgröße überschreitet. Im Jahr 2022 beträgt diese Einkommensgrenze monatlich **470 EUR.** Gegenüber dem Vorjahr hat sich insofern keine Änderung ergeben.

Daten, Checklisten und Übersichten zur Personalarbeit

Arbeitnehmergruppen (schutzbedürftige)

In der folgenden Übersicht sind die wesentlichen arbeitsrechtlichen Besonderheiten zusammengestellt, die bei der Beschäftigung bestimmter, vom Gesetzgeber als besonders schutzwürdig anerkannter Arbeitnehmergruppen zu beachten sind.

Arbeitnehmergruppe	Urlaub	Kündigung	Arbeitszeit	Beschäftigungsverbot
Jugendliche zwischen 15 und 17 Jahren, die nicht mehr der Vollzeitschulpflicht unterliegen[1]	bis 16 Jahre: 30 Werktage bis 17 Jahre: 27 Werktage bis 18 Jahre: 25 Werktage	Außerhalb von § 113 BGB nur gegenüber gesetzlichem Vertreter möglich[2]	Grundsatz: 8 Stunden/Tag bzw. 40 Stunden/Woche (§ 8 JArbSchG) Ausnahmen vor allem in der Landwirtschaft[3]	§§ 22 ff. JArbSchG: bestimmte gefährliche Arbeiten Akkordarbeit, tempoabhängige Arbeit, Arbeit unter Tage
schwangere Arbeitnehmerinnen	kein erhöhter Mindesturlaub	während der Schwangerschaft und 4 Monate nach der Entbindung bzw. nach einer Fehlgeburt nach der 12. Schwangerschaftswoche grundsätzlich nicht möglich (§ 17 MuSchG)[4]	verboten ist: a) Mehrarbeit[5] b) Nachtarbeit[6] c) Sonn- und Feiertagsarbeit[7]	a) generelles Verbot: 6 Wochen vor und 8[8] Wochen nach der Entbindung (§ 3 MuSchG) b) bestimmte Beschäftigungsarten (vgl. § 11 MuSchG) wie: – schwere körperliche Arbeiten – Arbeiten, bei denen die Frau gesundheitsschädlichen Einflüssen ausgesetzt ist c) Verbot in Einzelfällen: bei Gefahren für Mutter und/oder Kind nach ärztlichem Zeugnis (§ 16 MuSchG)

Arbeitnehmergruppe	Urlaub	Kündigung	Arbeitszeit	Beschäftigungsverbot
schwerbehinderte Menschen	Zusatzurlaub von 5 (Arbeits-) Tagen	nur möglich nach vorheriger Zustimmung des Integrationsamts	schwerbehinderte Menschen sind auf ihr Verlangen von Mehrarbeit freizustellen	für schwerbehinderte Menschen bestehen keine Beschäftigungsverbote

1 In der Regel unterliegen Jugendliche in diesem Alter nicht mehr der Vollzeitschulpflicht.

2 § 113 BGB bestimmt, dass in den Fällen, in denen der gesetzliche Vertreter den Jugendlichen ermächtigt, in ein Dienst- oder Arbeitsverhältnis zu treten, der Minderjährige für solche Geschäfte unbeschränkt geschäftsfähig ist, die die Eingehung oder Aufhebung eines Dienst- oder Arbeitsverhältnisses der gestatteten Art betreffen. Daher kann ein Minderjähriger auch die Kündigungserklärung durch den Arbeitgeber entgegennehmen.

3 In der Erntezeit verlängert sich für Jugendliche über 16 Jahren die zulässige Arbeitszeit auf 9 Stunden täglich und 85 Stunden in der Doppelwoche, § 8 Abs. 3 JArbSchG.

4 Nach § 17 Abs. 2 MuSchG kann die zuständige oberste Landesbehörde in besonderen Fällen eine Kündigung ausnahmsweise für zulässig erklären.

5 Unter Mehrarbeit in diesem Sinne versteht man jede Arbeit über 8,5 Stunden täglich oder 90 Stunden in der Doppelwoche (bei Frauen unter 18 Jahren: 8 Stunden täglich/80 Stunden in der Doppelwoche), § 4 Abs. 1 MuSchG.

6 Die Nachtzeit ist die Zeit zwischen 20 und 6 Uhr, § 5 Abs. 1 MuSchG. Nachtarbeit bis 22 Uhr ist zulässig, wenn die Voraussetzungen des § 28 MuSchG erfüllt sind. Voraussetzung ist danach die Genehmigung der Nachtarbeit zwischen 20 und 22 Uhr durch die Aufsichtsbehörde nach einem entsprechenden Antrag des Arbeitgebers. Des Weiteren muss sich die Frau zu der Nachtarbeit zwischen 20 und 22 Uhr ausdrücklich bereit erklären, nach ärztlichem Zeugnis darf nichts gegen die Beschäftigung sprechen und eine unverantwortbare Gefährdung für die Frau oder ihr Kind durch Alleinarbeit muss ausgeschlossen sein.

7 Schwangere und stillende Frauen dürfen grundsätzlich nicht an Sonn- oder Feiertagen beschäftigt werden, § 6 Abs. 1 Satz 1 MuSchG. Eine Sonn- und Feiertagsarbeit ist zulässig, wenn sich die Frau dazu ausdrücklich bereit erklärt, eine Ausnahme vom allgemeinen Verbot der Arbeit an Sonn- und Feiertagen nach § 10 ArbZG zugelassen ist, der Frau in jeder Woche im Anschluss an eine ununterbrochene Nachtruhezeit von mindestens 11 Stunden ein Ersatzruhetag gewährt wird und eine unverantwortbare Gefährdung für die schwangere Frau oder ihr Kind durch Alleinarbeit ausgeschlossen ist.

8 Bei Früh- und/oder Mehrlingsgeburten und wenn beim Kind innerhalb von 8 Wochen nach der Entbindung eine Behinderung festgestellt wird (und die Mutter eine Verlängerung der Schutzfrist beantragt): 12 Wochen nach der Entbindung. Bei vorzeitiger Entbindung verlängern sich die Schutzfristen nach der Entbindung um den Zeitraum der Verkürzung der Schutzfrist vor der Entbindung, vgl. § 3 MuSchG.

Arbeitnehmerzahl: Arbeitsrechtliche Konsequenzen

Einige rechtliche Konsequenzen ergeben sich erst ab einer bestimmten Arbeitnehmerzahl im Betrieb bzw. Unternehmen. Arbeitgeber sollten die wichtigsten, im Folgenden dargestellten Schwellen kennen. Bei Unter- bzw. Überschreiten dieser Grenzwerte durch entsprechenden Personalabbau oder -aufbau können sich erhebliche wirtschaftliche Folgen ergeben.

Im Einzelfall ist zu prüfen, welche Arbeitnehmer zu berücksichtigen sind (Leiharbeitnehmer, Auszubildende etc.), ob Teilzeitbeschäftigte anteilig in die Berechnung einfließen und welcher jeweilige Zeitpunkt (Zeitraum) zur zahlenmäßigen Feststellung vorgesehen ist.

Anzahl Beschäftigte	Rechtliche Konsequenzen
ab 1 Arbeitnehmer	Betriebsärztliche und sicherheitstechnische Betreuung (§§ 2, 5 ASiG)
	Aushang des Arbeitszeitgesetzes (§ 16 ArbZG)
	Auslage des für den Betrieb maßgebenden Tarifvertrages (§ 8 TVG; § 9 DVO TVG)
	Gewährung von Kurzarbeitergeld (§§ 95, 96 SGB III)
	Bestellung eines Datenschutzbeauftragten bei geschäftsmäßiger Verarbeitung personenbezogener Daten zum Zweck der Übermittlung oder für die Markt- und Meinungsforschung oder wenn eine Datenschutz-Folgeabschätzung nach Art. 35 DSGVO erforderlich ist.
ab 1 schwerbehinderter Mensch	Anspruch auf Teilzeitarbeit, wenn die kürzere Arbeitszeit wegen der Schwere der Behinderung notwendig ist (§ 164 Abs. 5 Satz 3 SGB IX)
ab 1 Jugendlicher	Aushang des Jugendarbeitsschutzgesetzes (§ 47 JArbSchG)
ab 1 Versicherten	Meldung eines Arbeitsunfalls oder einer Berufskrankheit (§ 193 SGB VII)
bis 2 Arbeitnehmer oder Heimarbeiter	Hausgewerbetreibende können den Heimarbeitern gleichgestellt werden (§ 1 i. V. m. § 2 HAG)
3 wahlberechtigte Arbeitnehmer	Recht zur Einladung zu einer Betriebsversammlung und Vorschlagsrecht für Wahlvorstände (§ 17 Abs. 3 BetrVG)
3 wahlberechtigte schwerbehinderte Menschen	Einladung zu einer Versammlung zur Bestellung des Wahlvorstandes (§ 1 Abs. 2 SchwbWO)
ab 3 leitende Angestellte	Einreichung von Wahlvorschlägen (§ 6 Abs. 4 SprAuG)
3 Jugendliche	Aushang über Arbeitszeit und Pausen (§ 48 JArbSchG)

Anzahl Beschäftigte	Rechtliche Konsequenzen
mehr als 3 beschäftigte Frauen	Aushang des Mutterschutzgesetzes (§ 26 Abs. 1 MuSchG)
ab 5 Arbeitnehmer	Wahl eines Betriebsrats, wenn 3 von ihnen wählbar sind (§ 1 Abs. 1 BetrVG)
	Mitbestimmung des Betriebsrats in sozialen Angelegenheiten (§ 87 BetrVG) und Mitwirkung bei Kündigungen (§ 102 BetrVG)
	Mitwirkung des Betriebsrats bei der Berufsbildung (§§ 96 ff. BetrVG)
	Zustimmungserfordernis bei Versetzung und u. a. Kündigung von Mitgliedern des Betriebsrats der Jugendvertretung des Wahlvorstandes sowie von Wahlbewerbern (§ 103 BetrVG)
ab 5 wahlberechtigte Beschäftigte	Wahl eines Personalrats, wenn 3 von ihnen wählbar sind (§ 12 BPersVG)
ab 5 Jugendliche/ Auszubildende	Errichtung einer Jugend- und Auszubildendenvertretung (§ 60 Abs. 1 BetrVG; § 59 BPersVG; § 48 MAVO; § 49 Abs. 1 MVG)
5 Auszubildende	Errichtung einer besonderen Interessenvertretung in einer sonstigen Berufsbildungseinrichtung (§ 51 Abs. 1 BBiG)
5 schwerbehinderte Menschen	Wahl einer Schwerbehindertenvertretung (Vertrauensperson; § 177 Abs. 1 SGB IX; § 52 Abs. 1 MAVO; § 50 Abs. 1 MVG)
mehr als 5 Alt-Arbeitnehmer[1] bis zu 10 Arbeitnehmer	Kündigungsschutzgesetz gilt für Alt-Arbeitnehmer, deren Arbeitsverhältnis vor 2004 begonnen hat (§ 23 Abs. 1 Satz 2 KSchG)
5 – 20 wahlberechtigte Arbeitnehmer	Der Betriebsrat besteht aus einer Person (§ 9 Abs. 1 BetrVG; § 115 BetrVG)
5 – 20 Beschäftigte	Der Personalrat besteht aus einer Person (§ 16 Abs. 1 BPersVG)
5 – 20 Jugendliche/ Auszubildende	Ein Jugend- und Auszubildendenvertreter (§ 62 Abs. 1 BetrVG; § 59 Abs. 1 BPersVG)

[1] Für sog. Alt-Arbeitnehmer, deren Arbeitsverhältnis schon vor dem 1.1.2004 begonnen hat, gilt gem. § 23 Abs. 1 Satz 2 KSchG der Schwellenwert 5,25 für das sachliche Eingreifen des KSchG. Alt-Arbeitnehmer genießen auch in Betrieben mit nur 10 oder weniger Arbeitnehmern solange Kündigungsschutz, wie ihre Anzahl nicht auf 5 oder weniger fällt.

Anzahl Beschäftigte	Rechtliche Konsequenzen
5 – 100 wahlberechtigte Arbeitnehmer	Es findet ein vereinfachtes Wahlverfahren statt (§ 14a Abs. 1 BetrVG)
	Die Fristen für die Bildung eines Wahlvorstandes sind verkürzt (§ 17a BetrVG)
	In besonderen Fällen kann der Betriebsrat auf nur einer Wahlversammlung gewählt werden (§ 17a BetrVG)
5 – 100 Jugendliche/ Auszubildende	Die JAV wird in einem vereinfachten Wahlverfahren gewählt (§ 63 Abs. 4 i. V. m. § 14a BetrVG)
mehr als 5 Arbeitnehmer	Anzeigepflicht bei Entlassungen bei Betriebsgröße von mehr als 20 und weniger als 60 Arbeitnehmern (§ 17 Abs. 1 KSchG)
mehr als 5 leitende Angestellte	Auf die leitenden Angestellten entfällt mindestens ein Delegierter (§ 11 Abs. 3 MibestG)
weniger als 10 leitende Angestellte	Angestellte werden dem räumlich nächstgelegenen Betrieb zugerechnet (§ 1 Abs. 2 SprAuG)
ab 10 leitende Angestellte	Es kann ein Sprecherausschuss gebildet werden (§§ 1, 4 Abs. 1 SprAuG)
	Wahl eines Unternehmens- statt eines Betriebssprecherausschusses (§ 20 Abs. 1 SprAuG)
mehr als 10 Arbeitnehmer	Kündigungsschutzgesetz gilt für alle Arbeitnehmer, die länger als 6 Monate im Betrieb arbeiten (§ 23 Abs. 1 Satz 3 KSchG)
mehr als 10 Beschäftigte	Errichtung eines Pausenraums (ASR A4.2)
10 – 20 leitende Angestellte	Der Sprecherausschuss besteht aus einer Person (§ 4 SprAuG)
mehr als 15 Arbeitnehmer	Allgemeiner Anspruch auf Teilzeitarbeit (§ 8 Abs. 7 TzBfG)
	Anspruch auf Teilzeitarbeit während der Elternzeit (§ 15 Abs. 7 BEEG)
bis 20 Arbeitnehmer	Einzelvertraglich kann eine kürzere Kündigungsfrist vereinbart werden (§ 622 Abs. 5 BGB)
bis 20 wahlberechtigte Arbeitnehmer	Keine Unterzeichnung von Wahlvorschlägen (§ 14 Abs. 4 BetrVG)
ab 20 Personen	Bestellung eines Datenschutzbeauftragten, wenn automatisierte personenbezogene Daten erhoben, verarbeitet oder genutzt werden (§§ 37 ff. DSGVO, 38 BDSG)

Anzahl Beschäftigte	Rechtliche Konsequenzen
ab 20 Arbeitsplätzen	Beginn der Pflicht zur Beschäftigung schwerbehinderter Menschen (§ 154 Abs. 1 SGB IX); ersatzweise Ausgleichspflicht[2]
20 – weniger als 40 Arbeitsplätze	Es muss ein schwerbehinderter Mensch beschäftigt werden; wenn dieser Pflichtplatz nicht besetzt wird, ist eine Ausgleichsabgabe zu zahlen (§§ 154 Abs. 1, 160 Abs. 2 SGB IX)
mehr als 20 Beschäftigte	Arbeitsschutz: Bestellung von Sicherheitsbeauftragten (§ 22 SGB VII)
	Bildung eines Arbeitsschutzausschusses (§ 11 ASiG)
mehr als 20 wahlberechtigte Arbeitnehmer	Mitbestimmung des Betriebsrats bei personellen Einzelmaßnahmen (§ 99 BetrVG) und Betriebsänderungen (§§ 111, 112 BetrVG)
mehr als 20 und weniger als 60 Arbeitnehmer	Anzeigepflicht bei mehr als 5 Entlassungen innerhalb von 30 Kalendertagen (§ 17 KSchG)
mehr als 20 wahlberechtigte – 1.000 Arbeitnehmer	Unterrichtung der Arbeitnehmer über die wirtschaftliche Lage und Entwicklung des Unternehmens mindestens einmal vierteljährlich (§ 110 Abs. 2 BetrVG)
21 – 50 wahlberechtigte Arbeitnehmer	3 Betriebsratsmitglieder (§ 9 Abs. 1 BetrVG)
21 – 50 Jugendliche/ Auszubildende	3 Jugend- und Auszubildendenvertreter (§ 62 BetrVG; § 59 Abs. 1 BPersVG)
21 wahlberechtigte – 50 Beschäftigte	3 Personalratsmitglieder (§ 16 BPersVG)
21 – 50 nicht ständig Beschäftigte	Die nicht ständig Beschäftigten wählen eine eigene Vertretung mit einem Vertreter (§ 65 Abs. 1 BPersVG)
21 – 59 Arbeitnehmer	Entlassung von mehr als 5 Arbeitnehmern innerhalb von 30 Kalendertagen muss angezeigt werden (§ 17 Abs. 1 KSchG)
21 – 100 leitende Angestellte	Sprecherausschuss besteht aus 3 Personen (§ 4 SprAuG)
21 – 100 wahlberechtigte Arbeitnehmer	Mindestens 2 wahlberechtigte Arbeitnehmer müssen einen Wahlvorschlag unterzeichnen (§ 14 Abs. 4 BetrVG)
mehr als 25 Arbeitnehmer	Anzeigepflicht bei Entlassungen bei Betriebsgröße von 60–499 Arbeitnehmern (§ 17 Abs. 1 KSchG)

[2] Arbeitgeber, die mindestens 20 Mitarbeiter beschäftigen, sind verpflichtet, mindestens 5 % ihrer Arbeitsplätze mit schwerbehinderten Menschen zu besetzen (§ 154 Abs. 1 SGB IX), darunter in angemessenem Umfang auch besonders schwer Betroffene (§ 155 SGB IX).

Anzahl Beschäftigte	Rechtliche Konsequenzen
bis 30 Arbeitnehmer	Ausgleich der Arbeitgeberaufwendungen für Entgeltfortzahlung, Mutterschaftsgeld und Entgelt während der Beschäftigungsverbote (§§ 1, 3 AAG)
mindestens 30 Arbeitnehmer	Anzeigepflicht bei Entlassungen bei Betriebsgröße ab 500 Arbeitnehmern (§ 17 Abs. 1 KSchG)
mehr als 45 Arbeitnehmer	Es gilt eine Zumutbarkeitsgrenze, wonach ein Anspruch auf Brückenteilzeit nur pro angefangene 50 Arbeitnehmer besteht (§ 9a Abs. 2 TzBfG)
46 – 60 Arbeitnehmer	Der Anspruch auf Brückenteilzeit kann abgelehnt werden, wenn bereits 4 Arbeitnehmer ihre Arbeitszeit nach § 9a Abs. 2 TzBfG verringert haben
weniger als 50 wahlberechtigte schwerbehinderte Menschen	Es findet ein vereinfachtes Wahlverfahren statt (§ 177 Abs. 6 Satz 3 SGB IX)
50 Arbeitnehmer	Ein Betriebsrat ist zu wählen, wenn mit Ablauf von 24 Monaten, vom Tage der Wahl angerechnet, die Zahl der regelmäßig beschäftigten Arbeitnehmer um die Hälfte, mindestens aber um 50, gestiegen oder gesunken ist (§ 13 Abs. 2 BetrVG)
50 wahlberechtigte Arbeitnehmer	In jedem Fall ist die Unterzeichnung von Wahlvorschlägen ausreichend (§ 14 Abs. 4 BetrVG)
50 Beschäftigte	Ein Personalrat ist zu wählen, wenn mit Ablauf von 24 Monaten, vom Tage der Wahl angerechnet, die Zahl der regelmäßig beschäftigten Arbeitnehmer um die Hälfte, mindestens aber um 50, gestiegen oder gesunken ist (§ 27 Abs. 2 BPersVG)
weniger als 51 Gruppenangehörige	Im Personalrat ist jede Gruppe mindestens mit einem Beschäftigten vertreten (§ 17 Abs. 3 BPersVG)
51 wahlberechtigte Arbeitnehmer – 100 Arbeitnehmer	Die Zahl der Betriebsratsmitglieder beträgt 5 Mitglieder (§ 9 Abs. 1 BetrVG)
51 – 100 wahlberechtigte Mitarbeiter	5 Mitarbeitervertreter (§ 6 Abs. 2 MAVO)
51 – 150 Jugendliche/Auszubildende	5 Jugend- und Auszubildendenvertreter (§ 62 Abs. 1 BetrVG)
51 – 150 Beschäftigte	5 Personalratsmitglieder (§ 16 Abs. 1 BPersVG)
51 – 200 Gruppenangehörige	Im Personalrat ist jede Gruppe mindestens mit 2 Beschäftigten vertreten (§ 17 Abs. 3 BPersVG)
51 – 200 Jugendliche/Auszubildende	5 Jugend- und Auszubildendenvertreter (§ 59 Abs. 1 BPersVG)

Anzahl Beschäftigte	Rechtliche Konsequenzen
weniger als 60 Arbeitnehmer	Sozialplan erzwingbar, wenn 20 %, mindestens 6 Arbeitnehmer entlassen werden (§ 112a BetrVG)
weniger als 60 Arbeitsplätze	Es müssen 2 schwerbehinderte Menschen beschäftigt werden; wenn diese Pflichtplätze nicht besetzt werden, ist eine Ausgleichsabgabe zu zahlen (§§ 154 Abs. 1, 160 Abs. 2 SGB IX)
60 – 249 Arbeitnehmer	Sozialplan erzwingbar, wenn 20 %, mindestens 37 Arbeitnehmer entlassen werden (§ 112a BetrVG)
mehr als 60 und weniger als 500 Arbeitnehmer	Arbeitgeber muss Entlassungen von 10 % der Belegschaft oder mehr als 25 Arbeitnehmern bei der Arbeitsagentur anzeigen (§ 17 KSchG)
61 – 75 Arbeitnehmer	Der Anspruch auf Brückenteilzeit kann abgelehnt werden, wenn bereits 5 Arbeitnehmer ihre Arbeitszeit nach § 9a Abs. 2 TzBfG verringert haben
76 – 90 Arbeitnehmer	Der Anspruch auf Brückenteilzeit kann abgelehnt werden, wenn bereits 6 Arbeitnehmer ihre Arbeitszeit nach § 9a Abs. 2 TzBfG verringert haben
je 90 wahlberechtigte Arbeitnehmer	Ein Delegierter (§ 9 MitbestErgG; § 11 MitbestG)
91 – 105 Arbeitnehmer	Der Anspruch auf Brückenteilzeit kann abgelehnt werden, wenn bereits 7 Arbeitnehmer ihre Arbeitszeit nach § 9a Abs. 2 TzBfG verringert haben
100 Arbeitnehmer aus verschiedenen Mitgliedstaaten	Antrag auf Bildung des besonderen Verhandlungsgremiums (§ 9 Abs. 2 EBRG)
ab 100 schwerbehinderten Menschen	Die Vertrauensperson ist auf Wunsch von der Arbeit freizustellen (§ 179 Abs. 4 SGB IX)
mehr als 100 Arbeitnehmer	Bildung eines Wirtschaftsausschusses (§ 106 Abs. 1 BetrVG)
	Betriebsrat kann Ausschüsse bilden (§ 28 Abs. 1 BetrVG)
	Betriebsrat kann bestimmte Aufgaben auf Arbeitsgruppen übertragen (§ 28a Abs. 1 BetrVG)
	Vorschläge des Betriebsrats zur Sicherung und Förderung müssen vom Arbeitgeber schriftlich und begründet abgelehnt werden (§ 92a Abs. 2 BetrVG)
mehr als 100 wahlberechtigte Arbeitnehmer	Wahlvorschläge müssen von mindestens einem Zwanzigstel der wahlberechtigten Arbeitnehmer unterzeichnet sein (§ 14 Abs. 4 BetrVG)

Anzahl Beschäftigte	Rechtliche Konsequenzen
mehr als 100 nicht ständig Beschäftigte	Die nicht ständig Beschäftigten wählen eine eigene Vertretung mit 3 Vertretern (§ 65 Abs. 1 BPersVG)
mehr als 100 Jugendliche/ Auszubildende	Die Jugend- und Auszubildendenvertretung kann eigene Ausschüsse bilden (§ 65 i. V. m. § 28 BetrVG)
mehr als 100 schwerbehinderte Menschen	Das mit der höchsten Stimmenzahl gewählte stellvertretende Mitglied kann zu bestimmten Aufgaben herangezogen werden (§ 178 Abs. 1 Satz 4 SGB IX)
ab jeweils 100 weiteren schwerbehinderten Menschen	Es kann jeweils auch das mit der nächst höheren Stimmenzahl gewählte stellvertretende Mitglied herangezogen werden (§ 178 Abs. 1 Satz 5 SGB IX)
101 – 200 wahlberechtigte Arbeitnehmer	Der Wahlvorstand und der Arbeitgeber können die Anwendung des vereinfachten Wahlverfahrens vereinbaren (§ 14a Abs. 5 BetrVG)
101 – 200 Jugendliche/ Auszubildende	Der Wahlvorstand und der Arbeitgeber können die Anwendung des vereinfachten Wahlverfahrens vereinbaren (§ 63 Abs. 5, § 14a Abs. 5 BetrVG)
101 – 200 Arbeitnehmer	7 Betriebsratsmitglieder (§ 9 BetrVG)
101 – 300 leitende Angestellte	Sprecherausschuss besteht aus 5 Mitgliedern (§ 4 SprAuG)
106 – 120 Arbeitnehmer	Der Anspruch auf Brückenteilzeit kann abgelehnt werden, wenn bereits 8 Arbeitnehmer ihre Arbeitszeit nach § 9a Abs. 2 TzBfG verringert haben
121 – 135 Arbeitnehmer	Der Anspruch auf Brückenteilzeit kann abgelehnt werden, wenn bereits 9 Arbeitnehmer ihre Arbeitszeit nach § 9a Abs. 2 TzBfG verringert haben
136 – 150 Arbeitnehmer	Der Anspruch auf Brückenteilzeit kann abgelehnt werden, wenn bereits 10 Arbeitnehmer ihre Arbeitszeit nach § 9a Abs. 2 TzBfG verringert haben
151 – 300 Jugendliche/ Auszubildende	7 Jugend- und Auszubildendenvertreter (§ 62 Abs. 1 BetrVG)
151 – 300 Mitarbeiter	7 Personalratsmitglieder (§ 16 Abs. 1 BPersVG)
151 – 165 Arbeitnehmer	Der Anspruch auf Brückenteilzeit kann abgelehnt werden, wenn bereits 11 Arbeitnehmer ihre Arbeitszeit nach § 9a Abs. 2 TzBfG verringert haben
166 – 180 Arbeitnehmer	Der Anspruch auf Brückenteilzeit kann abgelehnt werden, wenn bereits 12 Arbeitnehmer ihre Arbeitszeit nach § 9a Abs. 2 TzBfG verringert haben

Anzahl Beschäftigte	Rechtliche Konsequenzen
181 – 195 Arbeitnehmer	Der Anspruch auf Brückenteilzeit kann abgelehnt werden, wenn bereits 13 Arbeitnehmer ihre Arbeitszeit nach § 9a Abs. 2 TzBfG verringert haben
196 – 200 Arbeitnehmer	Der Anspruch auf Brückenteilzeit kann abgelehnt werden, wenn bereits 14 Arbeitnehmer ihre Arbeitszeit nach § 9a Abs. 2 TzBfG verringert haben
200 – 500 Arbeitnehmer	1 freigestelltes Betriebsratsmitglied (§ 38 Abs. 1 BetrVG)
mehr als 200 Beschäftigte	Es kann ein Auskunftsanspruch geltend gemacht werden (§ 12 EntgTranspG)
	Der individuelle Auskunftsanspruch gilt auch für Beschäftigte gegenüber den Dienststellen (§ 16 EntgTranspG)
ab 201 Arbeitnehmer	Die laufenden Geschäfte können auf den Vorsitzenden oder andere Betriebsratsmitglieder übertragen werden (§ 27 BetrVG)
201 – 300 Jugendliche/ Auszubildende	7 Jugend- und Auszubildendenvertreter (§ 59 Abs. 1 BPersVG)
201 – 400 Arbeitnehmer	9 Betriebsratsmitglieder (§ 9 Abs. 1 BetrVG)
201 – 600 Gruppenangehörige	Im Personalrat ist jede Gruppe mindestens mit 3 Beschäftigten vertreten (§ 17 Abs. 3 BPersVG)
201 – 1.500 Arbeitnehmer	5 Mitglieder Betriebsausschuss (§§ 27 Abs. 1, 9 BetrVG)
250 – 499 Arbeitnehmer	Sozialplan erzwingbar, wenn 15 %, mindestens 60 Arbeitnehmer entlassen werden (§ 112a BetrVG)
300 – 600 Beschäftigte	Ein Personalratsmitglied wird freigestellt (§ 46 Abs. 4 BPersVG)
mehr als 300 – 600 wahlberechtigte Mitarbeiter	2 Mitarbeitervertreter werden hälftig freigestellt (§ 15 Abs. 3 MAVO)
mehr als 300 Arbeitnehmer	Betriebsrat kann zu seiner Unterstützung einen Berater hinzuziehen (§ 111 BetrVG)
ab 301 leitende Angestellte	Sprecherausschuss besteht aus 7 Mitgliedern (§ 4 SprAuG)
301 – 500 Jugendliche/ Auszubildende	9 Jugend- und Auszubildendenvertreter (§ 62 Abs. 1 BetrVG)
301 – 600 Beschäftigte	9 Personalratsmitglieder (§ 16 Abs. 1 BPersVG)
301 – 1.000 Jugendliche/ Auszubildende	11 Jugend- und Auszubildendenvertreter (§ 59 Abs. 1 BPersVG)
401 – 700 Arbeitnehmer	11 Betriebsratsmitglieder (§ 9 Abs. 1 BetrVG)

Anzahl Beschäftigte	Rechtliche Konsequenzen
weniger als 500 Arbeitnehmer	Unternehmensmitbestimmung nach dem Mitbestimmungsgesetz entfällt (§ 325 UmwG; § 2 MitbestBeiG)
ab 500 Arbeitnehmer	Sozialplan erzwingbar, wenn 10 %, mindestens 60 Arbeitnehmer entlassen werden (§ 112a BetrVG)
	Arbeitgeber muss Entlassungen von 30 oder mehr Arbeitnehmern bei der Arbeitsagentur anzeigen (§ 17 Abs. 1 KSchG)
mehr als 500 Arbeitnehmer	Betriebsrat kann Aufstellung von Auswahlrichtlinien verlangen (§ 95 BetrVG)
	Mitbestimmung nach dem Drittelbeteiligungsgesetz (§ 1 Abs. 1 DrittelbG)
	Ein gemäß § 21 KSchG bei der Bundesagentur für Arbeit zu bildender Ausschuss trifft die Entscheidungen (§ 21 KSchG)
mehr als 500 Beschäftigte	Arbeitgeber sind verpflichtet, in ihren Lageberichten über den Stand der Gleichstellung zu informieren (§ 21 EntgTranspG)
	Durchführung eines betrieblichen Prüfungsverfahrens (freiwillig) (§ 17 Abs. 1 EntgTranspG)
	Ein betriebliches Prüfverfahren ist unter Beteiligung der betrieblichen Interessenvertretung durchzuführen (§§ 17 Abs. 2, 20 EntgTranspG)
501 – 700 Jugendliche/ Auszubildende	11 Jugend- und Auszubildendenvertreter (§ 62 Abs. 1 BetrVG)
501 – 900 Arbeitnehmer	2 freigestellte Betriebsratsmitglieder (§ 38 Abs. 1 BetrVG)
601 – 1.000 Beschäftigte	11 Personalratsmitglieder (§ 16 Abs. 1 BPersVG)[3]
	2 Personalratsmitglieder werden freigestellt (§ 46 Abs. 4 BPersVG)
601 – 1.000 Gruppenangehörige	Im Personalrat ist jede Gruppe mindestens mit 4 Beschäftigten vertreten (§ 17 Abs. 3 BPersVG)
701 – 1.000 Arbeitnehmer	13 Betriebsratsmitglieder (§ 9 Abs. 1 BetrVG)
701 – 1.000 Jugendliche/ Auszubildende	13 Jugend- und Auszubildendenvertreter (§ 62 Abs. 1 BetrVG)

[3] Die Zahl der Mitglieder der Personalvertretung erhöht sich in Dienststellen mit 1.001 bis 5.000 Beschäftigten um je 2 für je weitere angefangene 1.000, mit 5.001 und mehr Beschäftigten um je 2 für je weitere angefangene 2.000. Die Höchstzahl der Mitglieder beträgt 31.

Anzahl Beschäftigte	Rechtliche Konsequenzen
901 – 1.500 Arbeitnehmer	3 freigestellte Betriebsratsmitglieder (§ 38 Abs. 1 BetrVG)
mehr als 1.000 Jugendliche/ Auszubildende	15 Jugend- und Auszubildendenvertreter (§ 62 Abs. 1 BetrVG; § 59 Abs. 1 BPersVG)
mehr als 1.000 Arbeitnehmer	Belegschaft muss einmal im Kalendervierteljahr schriftlich über die wirtschaftliche Lage des Unternehmens unterrichtet werden (§ 110 Abs. 1 BetrVG)
1.001 – 1.500 Arbeitnehmer	15 Betriebsratsmitglieder (§ 9 Abs. 1 BetrVG)
1.001 – 1.500 wahlberechtigte Mitarbeiter	13 Mitarbeitervertreter (§ 8 Abs. 1 MVG)
1.001 – 2.000 Beschäftigte	3 Personalratsmitglieder werden freigestellt (§ 46 Abs. 4 BPersVG)
1.001 – 3.000 Gruppenangehörige	Im Personalrat ist jede Gruppe mit mindestens 5 Beschäftigten vertreten (§ 17 Abs. 3 BPersVG)
1.501 – 2.000 Arbeitnehmer	17 Betriebsratsmitglieder (§ 9 Abs. 1 BetrVG)
	4 Betriebsratsmitglieder werden freigestellt (§ 38 Abs. 1 BetrVG)
1.501 – 3.500 Arbeitnehmer	7 Mitglieder Betriebsausschuss (§§ 27 Abs. 1, 9 BetrVG)
mehr als 2.000 Arbeitnehmer	Geltungsbereich des Mitbestimmungsgesetzes (§ 1 MitbestG)
mehr als 2.000 – 8.000 Arbeitnehmer	Wahl der Aufsichtsratsmitglieder in unmittelbarer Wahl (§§ 9, 10–17 MitbestG; § 7 MontanMitbestG)
2.001 – 2.500 Arbeitnehmer	19 Betriebsratsmitglieder (§ 9 Abs. 1 BetrVG)
2.001 – 3.000 Arbeitnehmer	5 freigestellte Betriebsratsmitglieder (§ 38 Abs. 1 BetrVG)
2.001 – 3.000 Beschäftigte	4 freigestellte Personalratsmitglieder (§ 46 Abs. 4 BPersVG)
2.001 – 10.000 Arbeitnehmer	6 Aufsichtsratsmitglieder der Arbeitnehmer (§ 7 Abs. 1 MitbestG)
mehr als 2.250 Arbeitnehmer	Die Zahl der zu wählenden Delegierten vermindert sich auf ein Viertel (§ 9 MitbestErgG; § 11 MitbestG; § 52 – 1. WOMitbestG; § 56 – 2. + 3. WOMitbestG)
2.501 – 3.000 Arbeitnehmer	21 Betriebsratsmitglieder (§ 9 Abs. 1 BetrVG)
3.001 und mehr Gruppenangehörige	Im Personalrat ist jede Gruppe mindestens mit 6 Beschäftigten vertreten (§ 17 Abs. 3 BPersVG)
3.001 – 3.000 Arbeitnehmer	23 Betriebsratsmitglieder (§ 9 Abs. 1 BetrVG)

Anzahl Beschäftigte	Rechtliche Konsequenzen
3.001 – 4.000 Beschäftigte	5 freigestellte Personalratsmitglieder (§ 46 Abs. 4 BPersVG)
3.501 – 4.000 Arbeitnehmer	25 Betriebsratsmitglieder (§ 9 Abs. 1 BetrVG)
	6 freigestellte Betriebsratsmitglieder (§ 38 Abs. 1 BetrVG)
3.501 – 9.000 Arbeitnehmer	Betriebsausschuss: 9 Mitglieder (§§ 27 Abs. 1, 9 BetrVG)
4.001 – 4.500 Arbeitnehmer	27 Betriebsratsmitglieder (§ 9 Abs. 1 BetrVG)
4.001 – 5.000 Beschäftigte	6 freigestellte Personalratsmitglieder (§ 46 Abs. 4 BPersVG)
4.001 – 5.000 Arbeitnehmer	7 freigestellte Betriebsratsmitglieder (§ 38 Abs. 1 BetrVG)
mehr als 4.500 Arbeitnehmer	Die Zahl der zu wählenden Delegierten vermindert sich auf ein Viertel (§ 9 MitbestErgG; § 11 MitbestG; § 52 – 1. WOMitbestG; § 56 – 2. + 3. WOMitbestG)
4.501 – 5.000 Arbeitnehmer	29 Betriebsratsmitglieder (§ 9 Abs. 1 BetrVG)
ab 5.000 versicherungspflichtige Arbeitnehmer	Es kann eine Betriebskrankenkasse errichtet werden (§ 149 Abs. 1 SGB V)
5.001 – 6.000 Arbeitnehmer	31 Betriebsratsmitglieder (§ 9 Abs. 1 BetrVG)
	8 freigestellte Betriebsratsmitglieder (§ 38 Abs. 1 BetrVG)
5.001 – 6.000 Beschäftigte	7 freigestellte Personalratsmitglieder (§ 46 Abs. 4 BPersVG)
mehr als 5.400 wahlberechtigte Arbeitnehmer	Die Zahl der zu wählenden Delegierten vermindert sich auf ein Viertel (§ 9 MitbestErgG; § 11 MitbestG; § 52 – 1. WOMitbestG; § 56 – 2. + 3. WOMitbestG)
6.001 – 7.000 Arbeitnehmer	33 Betriebsratsmitglieder (§ 9 Abs. 1 BetrVG)
	9 freigestellte Betriebsratsmitglieder (§ 38 Abs. 1 BetrVG)
6.001 – 7.000 Beschäftigte	8 freigestellte Personalratsmitglieder (§ 46 Abs. 4 BPersVG)
mehr als 6.750 Arbeitnehmer	Die Zahl der zu wählenden Delegierten vermindert sich auf ein Viertel (§ 9 MitbestErgG; § 11 MitbestG; § 52 – 1. WOMitbestG; § 56 – 2. + 3. WOMitbestG)
7.001 – 8.000 Arbeitnehmer	10 freigestellte Betriebsratsmitglieder (§ 38 Abs. 1 BetrVG)
7.001 – 8.000 Beschäftigte	9 freigestellte Personalratsmitglieder (§ 46 Abs. 4 BPersVG)

Anzahl Beschäftigte	Rechtliche Konsequenzen
7.001 – 9.000 Arbeitnehmer	35 Betriebsratsmitglieder (§ 9 Abs. 1 BetrVG)[4]
bis 8.000 Arbeitnehmer	Die Wahl der Aufsichtsratsmitglieder erfolgt in unmittelbarer Wahl (§ 9 Abs. 1 MitbestG; § 7 Abs. 2 MitbestErgG)
ab 8.001 Arbeitnehmer	Die Zahl der zu wählenden Delegierten vermindert sich auf ein Viertel (§ 9 MitbestErgG; § 11 MitbestG; § 52 – 1. WOMitbestG; § 56 – 2. + 3. WOMitbestG)
8.001 – 9.000 Arbeitnehmer	11 freigestellte Betriebsratsmitglieder (§ 38 Abs. 1 BetrVG)
8.001 – 9.000 Beschäftigte	10 freigestellte Personalratsmitglieder (§ 46 Abs. 4 BPersVG)
mehr als 9.000 Arbeitnehmer	Die Zahl der zu wählenden Delegierten vermindert sich auf ein Viertel (§ 9 MitbestErgG; § 11 MitbestG; § 52 – 1. WOMitbestG; § 56 – 2. + 3. WOMitbestG)
ab 9.001 Arbeitnehmer	Betriebsausschuss 11 Mitglieder (§§ 27 Abs. 1, 9 BetrVG)
9.001 – 10.000 Arbeitnehmer	12 freigestellte Betriebsratsmitglieder (§ 38 Abs. 1 BetrVG)[5]
9.001 – 10.000 Beschäftigte	11 freigestellte Personalratsmitglieder (§ 46 Abs. 4 BPersVG)[6]
bis 10.000 Arbeitnehmer	6 Aufsichtsratsmitglieder der Arbeitnehmer (§ 7 Abs. 1 MitbestG)
10.001 – 20.000 Arbeitnehmer	8 Aufsichtsratsmitglieder der Arbeitnehmer (§ 7 Abs. 1 MitbestG)
mehr als 11.250 Arbeitnehmer	Die Zahl der zu wählenden Delegierten vermindert sich auf ein Viertel (§ 9 MitbestErgG; § 11 MitbestG; § 52 – 1. WOMitbestG; § 56 – 2. + 3. WOMitbestG)
bis 20.000 Arbeitnehmer	8 Aufsichtsratsmitglieder der Arbeitnehmer (§ 7 Abs. 1 MitbestG)
mehr als 20.000 Arbeitnehmer	10 Aufsichtsratsmitglieder der Arbeitnehmer (§ 7 Abs. 1 MitbestG)

[4] In Betrieben mit mehr als 9.000 Arbeitnehmern erhöht sich die Zahl der Mitglieder des Betriebsrats für je angefangene weitere 3.000 Arbeitnehmer um 2 Mitglieder (§ 9 BetrVG).

[5] In Betrieben mit über 10.000 Arbeitnehmern ist für je angefangene weitere 2.000 Arbeitnehmer ein weiteres Betriebsratsmitglied freizustellen (§ 38 Abs. 1 BetrVG).

[6] In Dienststellen mit mehr als 10.000 Beschäftigten ist für je angefangene weitere 2.000 Beschäftigte ein weiteres Mitglied freizustellen (§ 46 Abs. 4 BPersVG).

bAV: Steuer- und Sozialversicherungspflicht aller Durchführungswege

Die verschiedenen Durchführungswege innerhalb der betrieblichen Altersversorgung (bAV) wirken sich steuer- und sozialversicherungsrechtlich unterschiedlich aus. In tabellarischer Form werden alle Durchführungswege und die jeweiligen Konsequenzen in Anspar- und Leistungsphasen für das aktuelle Kalenderjahr dargestellt.

Steuer- und sozialversicherungsrechtliche Bewertung in Anspar- und Leistungsphase

Führt der Arbeitgeber betriebliche Altersversorgung für den Arbeitnehmer durch, ist eine Vielzahl von Besonderheiten zu beachten. Die Steuer- und Beitragspflicht hängt entscheidend davon ab, welcher Versorgungsweg zum Aufbau der betrieblichen Altersversorgung verwendet wird.

Direktversicherung		
Ansparphase	**Leistungsphase**	
	Lebenslange Rentenzahlungen, Berufsunfähigkeits-/Erwerbsminderungs- und Hinterbliebenenrenten	**Kapitalzahlungen**
Steuerbefreiung nach § 3 Nr. 63 EStG		
Steuerliche Beurteilung: Steuerbefreiung bis zu 8 % der BBG-RV/West (**2022: 6.768 EUR jährlich/564 EUR mtl.**) **Achtung:** Minderung des steuerfreien Volumens soweit im gleichen Kalenderjahr irgendein Beitrag an kapitalgedeckte Pensionskassen oder für Direktversicherungen pauschaliert wurde (§ 40b EStG a. F.).[1]	**Steuerliche Beurteilung:** Sonstige Einkünfte nach § 22 Nr. 5 Satz 1 EStG: Besteuerung in vollem Umfang.	**Steuerliche Beurteilung:** Sonstige Einkünfte nach § 22 Nr. 5 Satz 1 EStG: Besteuerung in vollem Umfang.

[1] § 52 Abs. 4 Satz 18 EStG.

Direktversicherung		
Ansparphase	**Leistungsphase**	
	Lebenslange Rentenzahlungen, Berufsunfähigkeits-/Erwerbsminderungs- und Hinterbliebenenrenten	**Kapitalzahlungen**
Sozialversicherung: Bei Steuerfreiheit kein beitragspflichtiges Arbeitsentgelt bis zu 4 % der BBG-RV/West (**2022: 3.384 EUR jährlich/282 EUR mtl.**).[2] **Hinweis:** Keine Minderung des Freibetrags um beitragsfreie Bezüge, die nach § 40b EStG a. F. pauschaliert werden.	**Sozialversicherung:** – Versorgungsbezüge nach § 229 Abs. 1 Nr. 5 SGB V. Pflichtmitglieder der GKV: Betrag **über 164,50 EUR** beitragspflichtig. PV: Gesamtbetrag beitragspflichtig, wenn Versorgungsbezüge über 164,50 EUR liegen. – Freiwillige Mitglieder zur KV und PV: Volle Beitragspflicht, unabhängig davon, ob die Mindestgrenze überschritten wird. – Alleinige Beitragstragung. – Für KV-Beiträge wird allgemeiner Beitragssatz + kassenindividueller Zusatzbeitragssatz zugrunde gelegt. – PKV: Kein Beitrag **Hinweis:** Mindesteinnahmegrenze gilt für alle Versorgungsbezüge und Arbeitseinkommen insgesamt.	**Sozialversicherung:** – Beitragspflicht als Versorgungsbezug zur KV und PV in Höhe von 1/120 des Zahlbetrags für längstens 10 Jahre. Pflichtmitglieder der GKV: Betrag von 1/120 **über 164,50 EUR** (Gesamtbetrag Kapitalzahlung: 19.740 EUR) beitragspflichtig. PV: Gesamtbetrag von 1/120 beitragspflichtig, wenn Versorgungsbezüge über 164,50 EUR (Gesamtbetrag Kapitalzahlung: 19.740 EUR) liegen. – Freiwillige Mitglieder zur KV und PV: 1/120 der Kapitalleistung sind immer beitragspflichtig, unabhängig von der Höhe des Auszahlungsbetrags. – PKV: Kein Beitrag – Alleinige Beitragstragung. Für KV-Beiträge wird allgemeiner Beitragssatz + kassenindividueller Zusatzbeitragssatz zugrunde gelegt. **Hinweis:** Mindesteinnahmegrenze gilt für alle Versorgungsbezüge und Arbeitseinkommen insgesamt.

[2] § 1 Abs. 1 Satz 1 Nr. 9 SvEV.

<table>
<tr><th colspan="3">Direktversicherung</th></tr>
<tr><th rowspan="2">Ansparphase</th><th colspan="2">Leistungsphase</th></tr>
<tr><th>Lebenslange Rentenzahlungen, Berufsunfähigkeits-/ Erwerbsminderungs- und Hinterbliebenenrenten</th><th>Kapitalzahlungen</th></tr>
<tr><td colspan="3">Steuerbefreiung nach § 100 Abs. 6 EStG bei Begünstigung durch BAV-Förderbetrag</td></tr>
<tr><td>Steuerliche Beurteilung:
Steuerbefreiung für Beiträge zwischen 240 EUR und 960 EUR bei Arbeitnehmern mit geringem Einkommen (= laufender Arbeitslohn bis 2.575 EUR monatlich).</td><td>Steuerliche Beurteilung:
Sonstige Einkünfte nach § 22 Nr. 5 Satz 1 EStG: Besteuerung in vollem Umfang.</td><td>Steuerliche Beurteilung:
Sonstige Einkünfte nach § 22 Nr. 5 Satz 1 EStG: Besteuerung in vollem Umfang.</td></tr>
<tr><td>Sozialversicherung:
Kein beitragspflichtiges Arbeitsentgelt. Anrechnung auf Freigrenze in Höhe von 4 % der BBG-RV/West (2022: 3.384 EUR jährlich/ 282 EUR mtl.).</td><td>Sozialversicherung:
– Versorgungsbezüge nach § 229 Abs. 1 Nr. 5 SGB V. Pflichtmitglieder der GKV: Betrag über 164,50 EUR beitragspflichtig.
PV: Gesamtbetrag beitragspflichtig, wenn Versorgungsbezüge über 164,50 EUR liegen.
– Freiwillige Mitglieder zur KV und PV: Volle Beitragspflicht, unabhängig davon, ob die Mindestgrenze überschritten wird.
– Alleinige Beitragstragung.
– Für KV-Beiträge wird allgemeiner Beitragssatz + kassenindividueller Zusatzbeitragssatz zugrunde gelegt.
Hinweis: Mindesteinnahmegrenze gilt für alle Versorgungsbezüge und Arbeitseinkommen insgesamt.</td><td>Sozialversicherung:
– Beitragspflicht als Versorgungsbezug zur KV und PV in Höhe von 1/120 des Zahlbetrags für längstens 10 Jahre. Pflichtmitglieder der GKV: Betrag von 1/120 über 164,50 EUR (Gesamtbetrag Kapitalzahlung: 19.740 EUR) beitragspflichtig.
PV: Gesamtbetrag von 1/120 beitragspflichtig, wenn Versorgungsbezüge über 164,50 EUR (Gesamtbetrag Kapitalzahlung: 19.740 EUR) liegen.
– Freiwillige Mitglieder zur KV und PV: 1/120 der Kapitalleistung sind immer beitragspflichtig, unabhängig von der Höhe des Auszahlungsbetrags.
– PKV: Kein Beitrag
– Alleinige Beitragstragung. Für KV-Beiträge wird allgemeiner Beitragssatz + kassenindividueller Zusatzbeitragssatz zugrunde gelegt.
Hinweis: Mindesteinnahmegrenze gilt für alle Versorgungs-</td></tr>
</table>

Direktversicherung		
Ansparphase	**Leistungsphase**	
	Lebenslange Rentenzahlungen, Berufsunfähigkeits-/Erwerbsminderungs- und Hinterbliebenenrenten	**Kapitalzahlungen**
		bezüge und Arbeitseinkommen insgesamt.
Pauschalierung nach § 40b EStG a. F.		
Steuerliche Beurteilung: Pauschalierung **bis zu 1.752 EUR** mit 20 %[3] möglich, wenn mindestens ein Beitrag an kapitalgedeckte Pensionskassen oder für Direktversicherungen bereits vor dem 1.1.2018 nach § 40b EStG in einer vor dem 1.1.2005 geltenden Fassung pauschaliert wurde.	**Steuerliche Beurteilung:** Sonstige Einkünfte nach § 22 Nr. 1 Satz 3 Buchst. a Doppelbuchst. bb EStG: Besteuerung i. H. d. Ertragsanteils (z. B. 18 % bei Rentenbeginn mit 65 Jahren).	**Steuerliche Beurteilung:** Sonstige Einkünfte nach § 22 Nr. 5 Satz 2 EStG i. V. m. § 20 Abs. 1 Nr. 6 EStG: – Kapitalzahlung bei Vertragsabschluss bis 2004 und bei 12-jähriger Laufzeit regelmäßig steuerfrei.[4] – Bei Vertragsabschluss ab 2005 = Einkünfte i. H. d. Unterschiedsbetrags zwischen Versicherungsleistung und Summe der Versicherungsbeiträge (bei Auszahlung nach 12 Jahren seit Vertragsabschluss und vollendetem 62. Lebensjahr[5] nur 50 % des Unterschiedsbetrags) im Erlebensfall oder bei Rückkauf des Vertrags.
Sozialversicherung: Kein beitragspflichtiges Arbeitsentgelt bei Pauschalierung nach § 40b EStG a. F. – bei zusätzlicher Leistung des Arbeitgebers oder	**Sozialversicherung:** – Versorgungsbezüge nach § 229 Abs. 1 Nr. 5 SGB V. Pflichtmitglieder der GKV: Betrag **über 164,50 EUR** beitragspflichtig.	**Sozialversicherung:** – Beitragspflicht als Versorgungsbezug zur KV und PV in Höhe von 1/120 des Zahlbetrags für längstens 10 Jahre.

[3] § 52 Abs. 40 EStG.
[4] § 52 Abs. 28 Satz 5 EStG.
[5] Für vor dem 1.1.2012 abgeschlossene Verträge gilt das 60. Lebensjahr.

Direktversicherung		
Ansparphase	**Leistungsphase**	
	Lebenslange Rentenzahlungen, Berufsunfähigkeits-/ Erwerbsminderungs- und Hinterbliebenenrenten	**Kapitalzahlungen**
– bei Finanzierung aus Einmalzahlungen.[6]	PV: Gesamtbetrag beitragspflichtig, wenn Versorgungsbezüge über 164,50 EUR liegen. – Freiwillige Mitglieder zur KV und PV: Volle Beitragspflicht, unabhängig davon, ob die Mindestgrenze überschritten wird. – Alleinige Beitragstragung. – Für KV-Beiträge wird allgemeiner Beitragssatz + kassenindividueller Zusatzbeitragssatz zugrunde gelegt. – PKV: Kein Beitrag **Hinweis:** Mindesteinnahmegrenze gilt für alle Versorgungsbezüge und Arbeitseinkommen insgesamt.	Pflichtmitglieder der GKV: Betrag von 1/120 **über 164,50 EUR** (Gesamtbetrag Kapitalzahlung: 19.740 EUR) beitragspflichtig. PV: Gesamtbetrag von 1/120 beitragspflichtig, wenn Versorgungsbezüge über 164,50 EUR (Gesamtbetrag Kapitalzahlung: 19.740 EUR) liegen. – Freiwillige Mitglieder zur KV und PV: 1/120 der Kapitalleistung sind immer beitragspflichtig, unabhängig von der Höhe des Auszahlungsbetrags. – PKV: Kein Beitrag – Alleinige Beitragstragung. Für KV-Beiträge wird allgemeiner Beitragssatz + kassenindividueller Zusatzbeitragssatz zugrunde gelegt. **Hinweis:** Mindesteinnahmegrenze gilt für alle Versorgungsbezüge und Arbeitseinkommen insgesamt.

[6] § 1 Abs. 1 Satz 1 Nr. 4 SvEV.

Direktversicherung		
Ansparphase	**Leistungsphase**	
	Lebenslange Rentenzahlungen, Berufsunfähigkeits-/ Erwerbsminderungs- und Hinterbliebenenrenten	**Kapitalzahlungen**
Lohnsteuerabzug nach ELStAM und „Riester-Förderung“		
Steuerliche Beurteilung: Altersvorsorgezulage (§§ 79 bis 99 EStG) bzw. zusätzlicher Sonderausgabenabzug (§ 10a EStG) bei Lohnsteuerabzug nach den ELStAM.	**Steuerliche Beurteilung:** Sonstige Einkünfte nach § 22 Nr. 5 Satz 1 EStG: Besteuerung in vollem Umfang.	**Steuerliche Beurteilung:** Kapitalauszahlung (100 %) = schädliche Verwendung: – Rückforderung von Altersvorsorgezulage/zusätzlicher Steuerermäßigung. Sonstige Einkünfte nach § 22 Nr. 5 Satz 2 EStG i. V. m. § 20 Abs. 1 Nr. 6 EStG: – Kapitalzahlung bei Vertragsabschluss bis 2004 und bei 12-jähriger Laufzeit regelmäßig steuerfrei[4] – Bei Vertragsabschluss ab 2005 = Einkünfte i. H. d. Unterschiedsbetrags zwischen Versicherungsleistung und Summe der Versicherungsbeiträge (bei Auszahlung nach 12 Jahren seit Vertragsabschluss und vollendetem 62. Lebensjahr[5] nur 50 % des Unterschiedsbetrags) im Erlebensfall oder bei Rückkauf des Vertrags.
Sozialversicherung: Finanzierung erfolgt aus verbeitragtem Arbeitsentgelt.	**Sozialversicherung:** Beitragspflichtig zur KV und PV nur bei freiwillig gesetzlich Versicherten. Keine Beitragspflicht bei pflichtversicherten Mitgliedern.[7]	**Sozialversicherung:** Beitragspflichtig zur KV und PV nur bei freiwillig gesetzlich Versicherten. Keine Beitragspflicht bei pflichtversicherten Mitgliedern.[7]

---

7 § 229 Abs. 1 Satz 1 Nr. 5 SGB V.

Direktversicherung		
Ansparphase	**Leistungsphase**	
	Lebenslange Rentenzahlungen, Berufsunfähigkeits-/Erwerbsminderungs- und Hinterbliebenenrenten	**Kapitalzahlungen**
Lohnsteuerabzug nach den ELStAM und Basisversorgung („Rürup-Verträge“)		
Steuerliche Beurteilung: Sonderausgabenabzug als Basisversorgung (§ 10 Abs. 1 Nr. 2b EStG; „Rürup-Verträge“) bei Lohnsteuerabzug nach den ELStAM.	**Steuerliche Beurteilung:** Sonstige Einkünfte nach § 22 Nr. 1 Satz 3 Buchst. a Doppelbuchst. aa EStG: Stufenweise Anhebung des Besteuerungsanteils von 50 % (bei Rentenbeginn in 2005) auf 100 % (bei Rentenbeginn in 2040) = Kohortenprinzip.	
Lohnsteuerabzug nach den ELStAM, keine „Riester-Förderung“, keine Basisversorgung („Rürup-Verträge“)		
Steuerliche Beurteilung: Lohnsteuerabzug nach den ELStAM	**Steuerliche Beurteilung:** Sonstige Einkünfte nach § 22 Nr. 1 Satz 3 Buchst. a Doppelbuchst. bb EStG: Besteuerung i. H. d. Ertragsanteils (z. B. 18 % bei Rentenbeginn mit 65 Jahren).	**Steuerliche Beurteilung:** Sonstige Einkünfte nach § 22 Nr. 5 Satz 2 EStG i. V. m. § 20 Abs. 1 Nr. 6 EStG: – Kapitalzahlung bei Vertragsabschluss bis 2004 und bei 12-jähriger Laufzeit regelmäßig steuerfrei.[4] – Bei Vertragsabschluss ab 2005 = Einkünfte i. H. d. Unterschiedsbetrags zwischen Versicherungsleistung und Summe der Versicherungsbeiträge (bei Auszahlung nach 12 Jahren seit Vertragsabschluss und vollendetem 62. Lebensjahr[5] nur 50 % des Unterschiedsbetrags) im Erlebensfall oder bei Rückkauf des Vertrags.

Direktversicherung		
Ansparphase	**Leistungsphase**	
	Lebenslange Rentenzahlungen, Berufsunfähigkeits-/Erwerbsminderungs- und Hinterbliebenenrenten	**Kapitalzahlungen**
Sozialversicherung: Finanzierung erfolgt aus verbeitragtem Arbeitsentgelt.	**Sozialversicherung:** – Versorgungsbezüge nach § 229 Abs. 1 Nr. 5 SGB V. Pflichtmitglieder der GKV: Betrag **über 164,50 EUR** beitragspflichtig. PV: Gesamtbetrag beitragspflichtig, wenn Versorgungsbezüge über 164,50 EUR liegen. – Freiwillige Mitglieder zur KV und PV: Volle Beitragspflicht, unabhängig davon, ob die Mindestgrenze überschritten wird.[8] – Alleinige Beitragstragung. – Für KV-Beiträge wird allgemeiner Beitragssatz + kassenindividueller Zusatzbeitragssatz zugrunde gelegt. **Hinweis:** Mindesteinnahmegrenze gilt für alle Versorgungsbezüge und Arbeitseinkommen insgesamt.	**Sozialversicherung:** – Beitragspflicht als Versorgungsbezug zur KV und PV in Höhe von 1/120 des Zahlbetrags für längstens 10 Jahre.[8] Pflichtmitglieder der GKV: Betrag von 1/120 **über 164,50 EUR** (Gesamtbetrag Kapitalzahlung: 19.740 EUR) beitragspflichtig. PV: Gesamtbetrag von 1/120 beitragspflichtig, wenn Versorgungsbezüge über 164,50 EUR (Gesamtbetrag Kapitalzahlung: 19.740 EUR) liegen. – Freiwillige Mitglieder zur KV und PV: 1/120 der Kapitalleistung sind immer beitragspflichtig, unabhängig von der Höhe des Auszahlungsbetrags. – PKV: Kein Beitrag – Alleinige Beitragstragung. Für KV-Beiträge wird allgemeiner Beitragssatz + kassenindividueller Zusatzbeitragssatz zugrunde gelegt. **Hinweis:** Mindesteinnahmegrenze gilt für alle Versorgungsbezüge und Arbeitseinkommen insgesamt.

[8] Bei privat abgeschlossenen Altersvorsorgeverträgen entfällt die Verbeitragung bei Pflichtversicherten.

Pensionsfonds		
Ansparphase	**Leistungsphase**	
	Lebenslange Rentenzahlungen, Berufsunfähigkeits-/Erwerbsminderungs- und Hinterbliebenenrenten	**Kapitalzahlungen**
Steuerbefreiung nach § 3 Nr. 63 EStG		
Steuerliche Beurteilung: Steuerbefreiung bis zu 8 % der BBG-RV/West (**2022: 6.768 EUR jährlich/ 564 EUR mtl.**). **Achtung:** Minderung des steuerfreien Volumens soweit im gleichen Kalenderjahr irgendein Beitrag an kapitalgedeckte Pensionskassen oder für Direktversicherungen pauschaliert wurde (§ 40b EStG a. F.).[1]	**Steuerliche Beurteilung:** Sonstige Einkünfte nach § 22 Nr. 5 Satz 1 EStG: Besteuerung in vollem Umfang.	**Steuerliche Beurteilung:** Sonstige Einkünfte nach § 22 Nr. 5 Satz 1 EStG: Besteuerung in vollem Umfang.
Sozialversicherung: Bei Steuerfreiheit kein beitragspflichtiges Arbeitsentgelt bis zu 4 % der BBG-RV/West (**2022: 3.384 EUR jährlich/282 EUR mtl.**).[2]	**Sozialversicherung:** – Versorgungsbezüge nach § 229 Abs. 1 Nr. 5 SGB V. Pflichtmitglieder der GKV: Betrag **über 164,50 EUR** beitragspflichtig. PV: Gesamtbetrag beitragspflichtig, wenn Versorgungsbezüge über 164,50 EUR liegen. – Freiwillige Mitglieder zur KV und PV: Volle Beitragspflicht, unabhängig davon, ob die Mindestgrenze überschritten wird.[8] – Alleinige Beitragstragung. – Für KV-Beiträge wird allgemeiner Beitragssatz + kassenindividueller Zusatzbeitragssatz zugrunde gelegt.	**Sozialversicherung:** – Beitragspflicht als Versorgungsbezug zur KV und PV in Höhe von 1/120 des Zahlbetrags für längstens 10 Jahre. Pflichtmitglieder der GKV: Betrag von 1/120 **über 164,50 EUR** (Gesamtbetrag Kapitalzahlung: 19.740 EUR) beitragspflichtig. PV: Gesamtbetrag von 1/120 beitragspflichtig, wenn Versorgungsbezüge über 164,50 EUR (Gesamtbetrag Kapitalzahlung: 19.740 EUR) liegen. – Freiwillige Mitglieder zur KV und PV: 1/120 der Kapitalleistung sind immer beitragspflichtig, unabhängig von der Höhe des Auszahlungsbetrags.

Pensionsfonds		
Ansparphase	**Leistungsphase**	
	Lebenslange Rentenzahlungen, Berufsunfähigkeits-/Erwerbsminderungs- und Hinterbliebenenrenten	**Kapitalzahlungen**
	Hinweis: Mindesteinnahmegrenze gilt für alle Versorgungsbezüge und Arbeitseinkommen insgesamt.	– PKV: Kein Beitrag – Alleinige Beitragstragung. Für KV-Beiträge wird allgemeiner Beitragssatz + kassenindividueller Zusatzbeitragssatz zugrunde gelegt. **Hinweis:** Mindesteinnahmegrenze gilt für alle Versorgungsbezüge und Arbeitseinkommen insgesamt.
Steuerbefreiung nach § 100 Abs. 6 EStG bei Begünstigung durch BAV-Förderbetrag		
Steuerliche Beurteilung: Steuerbefreiung für Beiträge **zwischen 240 EUR und 960 EUR** bei Arbeitnehmern mit geringem Einkommen (= laufender Arbeitslohn bis 2.575 EUR monatlich).	**Steuerliche Beurteilung:** Sonstige Einkünfte nach § 22 Nr. 5 Satz 1 EStG: Besteuerung in vollem Umfang.	**Steuerliche Beurteilung:** Sonstige Einkünfte nach § 22 Nr. 5 Satz 1 EStG: Besteuerung in vollem Umfang.
Sozialversicherung: Kein beitragspflichtiges Arbeitsentgelt. Anrechnung auf Freigrenze in Höhe von 4 % der BBG-RV/West (**2022: 3.384 EUR jährlich/ 282 EUR mtl.**).	**Sozialversicherung:** – Versorgungsbezüge nach § 229 Abs. 1 Nr. 5 SGB V. Pflichtmitglieder der GKV: Betrag über **164,50 EUR** beitragspflichtig. PV: Gesamtbetrag beitragspflichtig, wenn Versorgungsbezüge über 164,50 EUR liegen. – Freiwillige Mitglieder zur KV und PV: Volle Beitragspflicht, unabhängig davon, ob die Mindestgrenze überschritten wird.[8] – Alleinige Beitragstragung.	**Sozialversicherung:** – Beitragspflicht als Versorgungsbezug zur KV und PV in Höhe von 1/120 des Zahlbetrags für längstens 10 Jahre.[8] Pflichtmitglieder der GKV: Betrag von 1/120 **über 164,50 EUR** (Gesamtbetrag Kapitalzahlung: 19.740 EUR) beitragspflichtig. PV: Gesamtbetrag von 1/120 beitragspflichtig, wenn Versorgungsbezüge über 164,50 EUR (Gesamtbetrag Kapitalzahlung: 19.740 EUR) liegen.

Pensionsfonds		
Ansparphase	**Leistungsphase**	
	Lebenslange Rentenzahlungen, Berufsunfähigkeits-/Erwerbsminderungs- und Hinterbliebenenrenten	**Kapitalzahlungen**
	– Für KV-Beiträge wird allgemeiner Beitragssatz + kassenindividueller Zusatzbeitragssatz zugrunde gelegt. **Hinweis:** Mindesteinnahmegrenze gilt für alle Versorgungsbezüge und Arbeitseinkommen insgesamt.	– Freiwillige Mitglieder zur KV und PV: 1/120 der Kapitalleistung sind immer beitragspflichtig, unabhängig von der Höhe des Auszahlungsbetrags. – PKV: Kein Beitrag – Alleinige Beitragstragung. Für KV-Beiträge wird allgemeiner Beitragssatz + kassenindividueller Zusatzbeitragssatz zugrunde gelegt. **Hinweis:** Mindesteinnahmegrenze gilt für alle Versorgungsbezüge und Arbeitseinkommen insgesamt.
Lohnsteuerabzug nach den ELStAM und „Riester-Förderung"		
Steuerliche Beurteilung: Altersvorsorgezulage (§§ 79 bis 99 EStG) bzw. zusätzlicher Sonderausgabenabzug (§10a EStG) bei Lohnsteuerabzug nach den ELStAM.	**Steuerliche Beurteilung:** Sonstige Einkünfte nach § 22 Nr. 5 Satz 1 EStG: Besteuerung in vollem Umfang.	**Steuerliche Beurteilung:** Kapitalauszahlung (100 %) = schädliche Verwendung – Rückforderung von Altersvorsorgezulage/zusätzlicher Steuerermäßigung. Sonstige Einkünfte nach § 22 Nr. 5 Satz 2 EStG i. V. m. § 20 Abs. 1 Nr. 6 EStG: – Kapitalzahlung bei Vertragsabschluss bis 2004 und bei 12-jähriger Laufzeit regelmäßig steuerfrei.[4]

Pensionsfonds		
Ansparphase	**Leistungsphase**	
	Lebenslange Rentenzahlungen, Berufsunfähigkeits-/Erwerbsminderungs- und Hinterbliebenenrenten	**Kapitalzahlungen**
		– Bei Vertragsabschluss ab 2005 = Einkünfte i. H. d. Unterschiedsbetrags zwischen Versicherungsleistung und Summe der Versicherungsbeiträge (bei Auszahlung nach 12 Jahren seit Vertragsabschluss und vollendetem 62. Lebensjahr[5] nur 50 % des Unterschiedsbetrags) im Erlebensfall oder bei Rückkauf des Vertrags.
Sozialversicherung: Finanzierung erfolgt aus verbeitragtem Arbeitsentgelt.	**Sozialversicherung:** Beitragspflichtig zur KV und PV nur bei freiwillig gesetzlich Versicherten. Keine Beitragspflicht bei pflichtversicherten Mitgliedern.[7]	**Sozialversicherung:** Beitragspflichtig zur KV und PV nur bei freiwillig gesetzlich Versicherten. Keine Beitragspflicht bei pflichtversicherten Mitgliedern.[7]
Lohnsteuerabzug nach den ELStAM und Basisversorgung („Rürup-Verträge“)		
Steuerliche Beurteilung: Sonderausgabenabzug als Basisversorgung (§ 10 Abs. 1 Nr. 2b EStG; „Rürup-Verträge“) bei Lohnsteuerabzug nach den ELStAM.	**Steuerliche Beurteilung:** Sonstige Einkünfte nach § 22 Nr. 1 Satz 3 Buchst. a Doppelbuchst. aa EStG: Stufenweise Anhebung des Besteuerungsanteils von 50 % (bei Rentenbeginn in 2005) auf 100 % (bei Rentenbeginn in 2040) = Kohortenprinzip.	

Pensionsfonds		
Ansparphase	**Leistungsphase**	
	Lebenslange Rentenzahlungen, Berufsunfähigkeits-/Erwerbsminderungs- und Hinterbliebenenrenten	**Kapitalzahlungen**
Lohnsteuerabzug nach den ELStAM, keine „Riester-Förderung“, keine Basisversorgung („Rürup-Verträge“)		
Steuerliche Beurteilung: Lohnsteuerabzug nach ELStAM.	**Steuerliche Beurteilung:** Sonstige Einkünfte nach § 22 Nr. 1 Satz 3 Buchst. a Doppelbuchst. bb EStG: Besteuerung i. H. d. Ertragsanteils (z. B. 18 % bei Rentenbeginn mit 65 Jahren).	**Steuerliche Beurteilung:** Sonstige Einkünfte nach § 22 Nr. 5 Satz 2 EStG i. V. m. § 20 Abs. 1 Nr. 6 EStG: – Kapitalzahlung bei Vertragsabschluss bis 2004 und bei 12-jähriger Laufzeit regelmäßig steuerfrei.[4] – Bei Vertragsabschluss ab 2005 = Einkünfte i. H. d. Unterschiedsbetrags zwischen Versicherungsleistung und Summe der Versicherungsbeiträge (bei Auszahlung nach 12 Jahren seit Vertragsabschluss und vollendetem 62. Lebensjahr[5] nur 50 % des Unterschiedsbetrags) im Erlebensfall oder bei Rückkauf des Vertrags.
Sozialversicherung: Finanzierung erfolgt aus verbeitragtem Arbeitsentgelt.	**Sozialversicherung:** – Versorgungsbezüge nach § 229 Abs. 1 Nr. 5 SGB V. Pflichtmitglieder der GKV: Betrag **über 164,50 EUR** beitragspflichtig. PV: Gesamtbetrag beitragspflichtig, wenn Versorgungsbezüge über 164,50 EUR liegen.	**Sozialversicherung:** – Beitragspflicht als Versorgungsbezug zur KV und PV in Höhe von 1/120 des Zahlbetrags für längstens 10 Jahre.[8] Pflichtmitglieder der GKV: Betrag von 1/120 **über 164,50 EUR** (Gesamtbetrag Kapitalzahlung:

Pensionsfonds		
Ansparphase	**Leistungsphase**	
	Lebenslange Rentenzahlungen, Berufsunfähigkeits-/Erwerbsminderungs- und Hinterbliebenenrenten	**Kapitalzahlungen**
	– Freiwillige Mitglieder zur KV und PV: Volle Beitragspflicht, unabhängig davon, ob die Mindestgrenze überschritten wird.[8] – Alleinige Beitragstragung. – Für KV-Beiträge wird allgemeiner Beitragssatz + kassenindividueller Zusatzbeitragssatz zugrunde gelegt. **Hinweis:** Mindesteinnahmegrenze gilt für alle Versorgungsbezüge und Arbeitseinkommen insgesamt.	19.740 EUR) beitragspflichtig. PV: Gesamtbetrag von 1/120 beitragspflichtig, wenn Versorgungsbezüge über 164,50 EUR (Gesamtbetrag Kapitalzahlung: 19.740 EUR) liegen. – Freiwillige Mitglieder zur KV und PV: 1/120 der Kapitalleistung sind immer beitragspflichtig, unabhängig von der Höhe des Auszahlungsbetrags. – PKV: Kein Beitrag – Alleinige Beitragstragung. Für KV-Beiträge wird allgemeiner Beitragssatz + kassenindividueller Zusatzbeitragssatz zugrunde gelegt. **Hinweis:** Mindesteinnahmegrenze gilt für alle Versorgungsbezüge und Arbeitseinkommen insgesamt.

Kapitalgedeckte Pensionskasse		
Ansparphase	**Leistungsphase**	
	Lebenslange Rentenzahlungen, Berufsunfähigkeits-/Erwerbsminderungs- und Hinterbliebenenrenten	**Kapitalzahlungen**
Steuerbefreiung nach § 3 Nr. 63 EStG		
Steuerliche Beurteilung: Steuerbefreiung bis zu 8 % der BBG-RV/West (**2022: 6.768 EUR jährlich/ 564 EUR mtl.**). **Achtung:** Minderung des steuerfreien Volumens soweit im gleichen Kalenderjahr irgendein Beitrag an kapitalgedeckte Pensionskassen oder für Direktversicherungen pauschaliert wurde (§ 40b EStG a. F.).[1]	**Steuerliche Beurteilung:** Sonstige Einkünfte nach § 22 Nr. 5 Satz 1 EStG: Besteuerung in vollem Umfang.	**Steuerliche Beurteilung:** Sonstige Einkünfte nach § 22 Nr. 5 Satz 1 EStG: Besteuerung in vollem Umfang.
Sozialversicherung: Bei Steuerfreiheit kein beitragspflichtiges Arbeitsentgelt bis zu 4 % der BBG-RV/West (**2022: 3.384 EUR jährlich/282 EUR mtl.**).[2] **Hinweis:** Keine Minderung des Freibetrags um beitragsfreie Bezüge, die nach § 40b EStG a. F. pauschaliert werden.	**Sozialversicherung:** – Versorgungsbezüge nach § 229 Abs. 1 Nr. 5 SGB V. Pflichtmitglieder der GKV: Betrag **über 164,50 EUR** beitragspflichtig. PV: Gesamtbetrag beitragspflichtig, wenn Versorgungsbezüge über 164,50 EUR liegen. – Freiwillige Mitglieder zur KV und PV: Volle Beitragspflicht, unabhängig davon, ob die Mindestgrenze überschritten wird. – Alleinige Beitragstragung. – Für KV-Beiträge wird allgemeiner Beitragssatz + kassenindividueller Zusatzbeitragssatz zugrunde gelegt.	**Sozialversicherung:** – Beitragspflicht als Versorgungsbezug zur KV und PV in Höhe von 1/120 des Zahlbetrags für längstens 10 Jahre. – Pflichtmitglieder der GKV: Betrag von 1/120 **über 164,50 EUR** (Gesamtbetrag Kapitalzahlung: 19.740 EUR) beitragspflichtig. PV: Gesamtbetrag von 1/120 beitragspflichtig, wenn Versorgungsbezüge über 164,50 EUR (Gesamtbetrag Kapitalzahlung: 19.740 EUR) liegen. – Freiwillige Mitglieder zur KV und PV: 1/120 der Kapitalleistung sind immer beitragspflichtig, unabhängig von der Höhe des Auszahlungsbetrags.

Kapitalgedeckte Pensionskasse		
Ansparphase	**Leistungsphase**	
	Lebenslange Rentenzahlungen, Berufsunfähigkeits-/ Erwerbsminderungs- und Hinterbliebenenrenten	**Kapitalzahlungen**
	Hinweis: Mindesteinnahmegrenze gilt für alle Versorgungsbezüge und Arbeitseinkommen insgesamt.	– PKV: Kein Beitrag – Alleinige Beitragstragung. Für KV-Beiträge wird allgemeiner Beitragssatz + kassenindividueller Zusatzbeitragssatz zugrunde gelegt. **Hinweis:** Mindesteinnahmegrenze gilt für alle Versorgungsbezüge und Arbeitseinkommen insgesamt.
Steuerbefreiung nach § 100 Abs. 6 EStG bei Begünstigung durch BAV-Förderbetrag		
Steuerliche Beurteilung: Steuerbefreiung für Beiträge **zwischen 240 EUR und 960 EUR** bei Arbeitnehmern mit geringem Einkommen (= laufender Arbeitslohn bis 2.575 EUR monatlich).	**Steuerliche Beurteilung:** Sonstige Einkünfte nach § 22 Nr. 5 Satz 1 EStG: Besteuerung in vollem Umfang.	**Steuerliche Beurteilung:** Sonstige Einkünfte nach § 22 Nr. 5 Satz 1 EStG: Besteuerung in vollem Umfang.
Sozialversicherung: Kein beitragspflichtiges Arbeitsentgelt. Anrechnung auf Freigrenze in Höhe von 4 % der BBG-RV/West (**2022: 3.384 EUR jährlich/ 282 EUR mtl.**).	**Sozialversicherung:** – Versorgungsbezüge nach § 229 Abs. 1 Nr. 5 SGB V. Pflichtmitglieder der GKV: Betrag **über 164,50 EUR** beitragspflichtig. PV: Gesamtbetrag beitragspflichtig, wenn Versorgungsbezüge über 164,50 EUR liegen. – Freiwillige Mitglieder zur KV und PV: Volle Beitragspflicht, unabhängig davon, ob die Mindestgrenze überschritten wird.	**Sozialversicherung:** – Beitragspflicht als Versorgungsbezug zur KV und PV in Höhe von 1/120 des Zahlbetrags für längstens 10 Jahre. Pflichtmitglieder der GKV: Betrag von 1/120 **über 164,50 EUR** (Gesamtbetrag Kapitalzahlung: 19.740 EUR) beitragspflichtig. PV: Gesamtbetrag von 1/120 beitragspflichtig, wenn Versorgungsbezüge

Kapitalgedeckte Pensionskasse		
Ansparphase	**Leistungsphase**	
	Lebenslange Rentenzahlungen, Berufsunfähigkeits-/Erwerbsminderungs- und Hinterbliebenenrenten	**Kapitalzahlungen**
	– Alleinige Beitragstragung. – Für KV-Beiträge wird allgemeiner Beitragssatz + kassenindividueller Zusatzbeitragssatz zugrunde gelegt. **Hinweis:** Mindesteinnahmegrenze gilt für alle Versorgungsbezüge und Arbeitseinkommen insgesamt.	über 164,50 EUR (Gesamtbetrag Kapitalzahlung: 19.740 EUR) liegen. – Freiwillige Mitglieder zur KV und PV: 1/120 der Kapitalleistung sind immer beitragspflichtig, unabhängig von der Höhe des Auszahlungsbetrags. – PKV: Kein Beitrag – Alleinige Beitragstragung. Für KV-Beiträge wird allgemeiner Beitragssatz + kassenindividueller Zusatzbeitragssatz zugrunde gelegt. **Hinweis:** Mindesteinnahmegrenze gilt für alle Versorgungsbezüge und Arbeitseinkommen insgesamt.
Pauschalierung nach § 40b EStG a. F.		
Steuerliche Beurteilung: Pauschalierung **bis zu 1.752 EUR** mit 20 % möglich, wenn mindestens ein Beitrag an kapitalgedeckte Pensionskassen oder für Direktversicherungen bereits vor dem 1.1.2018 nach § 40b EStG a.F. in einer vor dem 1.1.2005 geltenden Fassung pauschaliert wurde.[9]	**Steuerliche Beurteilung:** Sonstige Einkünfte nach § 22 Nr. 1 Satz 3 Buchst. a Doppelbuchst. bb EStG: Besteuerung i. H. d. Ertragsanteils (z. B. 18 % bei Rentenbeginn mit 65 Jahren).	**Steuerliche Beurteilung:** Sonstige Einkünfte nach § 22 Nr. 5 Satz 2 EStG i. V. m. § 20 Abs. 1 Nr. 6 EStG: – Kapitalzahlung bei Vertragsabschluss bis 2004 und bei 12-jähriger Laufzeit regelmäßig steuerfrei.[4] – Bei Vertragsabschluss ab 2005 = Einkünfte i. H. d. Unterschiedsbetrags zwischen Versicherungsleistung und Summe der Versicherungsbeiträge (bei Auszahlung nach 12 Jahren

[9] § 52 Abs. 40 EStG.

Kapitalgedeckte Pensionskasse		
Ansparphase	**Leistungsphase**	
	Lebenslange Rentenzahlungen, Berufsunfähigkeits-/ Erwerbsminderungs- und Hinterbliebenenrenten	**Kapitalzahlungen**
		seit Vertragsabschluss und vollendetem 62. Lebensjahr[5] nur 50 % des Unterschiedsbetrags) im Erlebensfall oder bei Rückkauf des Vertrags.
Sozialversicherung: Kein beitragspflichtiges Arbeitsentgelt bei Pauschalierung nach § 40b EStG a. F. – bei zusätzlicher Leistung des Arbeitgebers oder – bei Finanzierung aus Einmalzahlungen.[6]	**Sozialversicherung:** – Versorgungsbezüge nach § 229 Abs. 1 Nr. 5 SGB V. Pflichtmitglieder der GKV: Betrag **über 164,50 EUR** beitragspflichtig. PV: Gesamtbetrag beitragspflichtig, wenn Versorgungsbezüge über 164,50 EUR liegen. – Freiwillige Mitglieder zur KV und PV: Volle Beitragspflicht, unabhängig davon, ob die Mindestgrenze überschritten wird. – Alleinige Beitragstragung. – Für KV-Beiträge wird allgemeiner Beitragssatz + kassenindividueller Zusatzbeitragssatz zugrunde gelegt. **Hinweis:** Mindesteinnahmegrenze gilt für alle Versorgungsbezüge und Arbeitseinkommen insgesamt.	**Sozialversicherung:** – Beitragspflicht als Versorgungsbezug zur KV und PV in Höhe von 1/120 des Zahlbetrags für längstens 10 Jahre. Pflichtmitglieder der GKV: Betrag von 1/120 **über 164,50 EUR** (Gesamtbetrag Kapitalzahlung: 19.740 EUR) beitragspflichtig. PV: Gesamtbetrag von 1/120 beitragspflichtig, wenn Versorgungsbezüge über 164,50 EUR (Gesamtbetrag Kapitalzahlung: 19.740 EUR) liegen. – Freiwillige Mitglieder zur KV und PV: 1/120 der Kapitalleistung sind immer beitragspflichtig, unabhängig von der Höhe des Auszahlungsbetrags. – PKV: Kein Beitrag – Alleinige Beitragstragung. Für KV-Beiträge wird allgemeiner Beitragssatz + kassenindividueller Zusatzbeitragssatz zugrunde gelegt.

Kapitalgedeckte Pensionskasse		
Ansparphase	**Leistungsphase**	
	Lebenslange Rentenzahlungen, Berufsunfähigkeits-/ Erwerbsminderungs- und Hinterbliebenenrenten	**Kapitalzahlungen**
		Hinweis: Mindesteinnahmegrenze gilt für alle Versorgungsbezüge und Arbeitseinkommen insgesamt.
Lohnsteuerabzug nach den ELStAM und „Riester-Förderung"		
Steuerliche Beurteilung: Altersvorsorgezulage (§§ 79 bis 99 EStG) bzw. zusätzlicher Sonderausgabenabzug (§ 10a EStG) bei Lohnsteuerabzug nach den ELStAM.	**Steuerliche Beurteilung:** Sonstige Einkünfte nach § 22 Nr. 5 Satz 1 EStG: Besteuerung in vollem Umfang.	**Steuerliche Beurteilung:** Kapitalauszahlung (100 %) = schädliche Verwendung: – Rückforderung von Altersvorsorgezulage/zusätzlicher Steuerermäßigung. Sonstige Einkünfte nach § 22 Nr. 5 Satz 2 EStG i. V. m. § 20 Abs. 1 Nr. 6 EStG: – Kapitalzahlung bei Vertragsabschluss bis 2004 und bei 12-jähriger Laufzeit regelmäßig steuerfrei.[4] – Bei Vertragsabschluss ab 2005 = Einkünfte i. H. d. Unterschiedsbetrags zwischen Versicherungsleistung und Summe der Versicherungsbeiträge (bei Auszahlung nach 12 Jahren seit Vertragsabschluss und vollendetem 62. Lebensjahr[5] nur 50 % des Unterschiedsbetrags) im Erlebensfall oder bei Rückkauf des Vertrags.
Sozialversicherung: Finanzierung erfolgt aus verbeitragtem Arbeitsentgelt.	**Sozialversicherung:** Beitragspflichtig zur KV und PV nur bei freiwillig gesetzlich Versicherten. Keine Beitragspflicht bei pflichtversicherten Mitgliedern.[7]	**Sozialversicherung:** Beitragspflichtig zur KV und PV nur bei freiwillig gesetzlich Versicherten. Keine Beitragspflicht bei pflichtversicherten Mitgliedern.[7]

Kapitalgedeckte Pensionskasse		
Ansparphase	**Leistungsphase**	
	Lebenslange Rentenzahlungen, Berufsunfähigkeits-/ Erwerbsminderungs- und Hinterbliebenenrenten	**Kapitalzahlungen**
Lohnsteuerabzug nach den ELStAM und Basisversorgung („Rürup-Verträge“)		
Steuerliche Beurteilung: Sonderausgabenabzug als Basisversorgung (§ 10 Abs. 1 Nr. 2b EStG; „Rürup-Verträge“) bei Lohnsteuerabzug nach den ELStAM.	**Steuerliche Beurteilung:** Sonstige Einkünfte nach § 22 Nr. 1 Satz 3 Buchst. a Doppelbuchst. aa EStG: Stufenweise Anhebung des Besteuerungsanteils von 50 % (bei Rentenbeginn in 2005) auf 100 % (bei Rentenbeginn in 2040) = Kohortenprinzip.	
Lohnsteuerabzug nach den ELStAM, keine „Riester-Förderung“, keine Basisversorgung („Rürup-Verträge“)		
Steuerliche Beurteilung: Lohnsteuerabzug nach den ELStAM.	**Steuerliche Beurteilung:** Sonstige Einkünfte nach § 22 Nr. 1 Satz 3 Buchst. a Doppelbuchst. bb EStG: Besteuerung i. H. d. Ertragsanteils (z. B. 18 % bei Rentenbeginn mit 65 Jahren).	**Steuerliche Beurteilung:** Sonstige Einkünfte nach § 22 Nr. 5 Satz 2 EStG i. V. m. § 20 Abs. 1 Nr. 6 EStG: – Kapitalzahlung bei Vertragsabschluss bis 2004 und bei 12-jähriger Laufzeit regelmäßig steuerfrei.[4] – Bei Vertragsabschluss ab 2005 = Einkünfte i. H. d. Unterschiedsbetrags zwischen Versicherungsleistung und Summe der Versicherungsbeiträge (bei Auszahlung nach 12 Jahren seit Vertragsabschluss und vollendetem 62. Lebensjahr[5] nur 50 % des Unterschiedsbetrags) im Erlebensfall oder bei Rückkauf des Vertrags.

Kapitalgedeckte Pensionskasse		
Ansparphase	**Leistungsphase**	
	Lebenslange Rentenzahlungen, Berufsunfähigkeits-/ Erwerbsminderungs- und Hinterbliebenenrenten	**Kapitalzahlungen**
Sozialversicherung: Finanzierung erfolgt aus verbeitragtem Arbeitsentgelt.	**Sozialversicherung:** – Versorgungsbezüge nach § 229 Abs. 1 Nr. 5 SGB V. Pflichtmitglieder der GKV: Betrag **über 164,50 EUR** beitragspflichtig. PV: Gesamtbetrag beitragspflichtig, wenn Versorgungsbezüge über 164,50 EUR liegen. – Freiwillige Mitglieder zur KV und PV: Volle Beitragspflicht, unabhängig davon, ob die Mindestgrenze überschritten wird.[8] – Alleinige Beitragstragung. – Für KV-Beiträge wird allgemeiner Beitragssatz + kassenindividueller Zusatzbeitragssatz zugrunde gelegt. **Hinweis:** Mindesteinnahmegrenze gilt für alle Versorgungsbezüge und Arbeitseinkommen insgesamt.	**Sozialversicherung:** – Beitragspflicht als Versorgungsbezug zur KV und PV in Höhe von 1/120 des Zahlbetrags für längstens 10 Jahre.[8] Pflichtmitglieder der GKV: Betrag von 1/120 **über 164,50 EUR** (Gesamtbetrag Kapitalzahlung: 19.740 EUR) beitragspflichtig. PV: Gesamtbetrag von 1/120 beitragspflichtig, wenn Versorgungsbezüge über 164,50 EUR (Gesamtbetrag Kapitalzahlung: 19.740 EUR) liegen. – Freiwillige Mitglieder zur KV und PV: 1/120 der Kapitalleistung sind immer beitragspflichtig, unabhängig von der Höhe des Auszahlungsbetrags. – PKV: Kein Beitrag – Alleinige Beitragstragung. Für KV-Beiträge wird allgemeiner Beitragssatz + kassenindividueller Zusatzbeitragssatz zugrunde gelegt. **Hinweis:** Mindesteinnahmegrenze gilt für alle Versorgungsbezüge und Arbeitseinkommen insgesamt.

Umlagefinanzierte Pensionskasse		
Ansparphase	**Leistungsphase**	
	Lebenslange Rentenzahlungen, Berufsunfähigkeits-/Erwerbsminderungs- und Hinterbliebenenrenten	**Kapitalzahlungen**
Steuerbefreiung nach § 3 Nr. 56 EStG		
Steuerliche Beurteilung: Steuerbefreiung bis zu 3 % der BBG-RV/West (**2022: 2.538 EUR**).	**Steuerliche Beurteilung:** Sonstige Einkünfte nach § 22 Nr. 5 Satz 1 EStG: Besteuerung in vollem Umfang.	**Steuerliche Beurteilung:** Sonstige Einkünfte nach § 22 Nr. 5 Satz 1 EStG: Besteuerung in vollem Umfang.
Sozialversicherung: – Kein Arbeitsentgelt soweit Steuerfreiheit besteht und es sich um eine zusätzliche Zahlung zum Lohn/Gehalt handelt. – Für Zuwendungen zu Pensionskassen mit einer besonderen Versorgungsregelung ist die Beitragsfreiheit auf 100 EUR mtl., abzüglich eines Hinzurechnungsbetrags beschränkt.	**Sozialversicherung:** – Versorgungsbezüge nach § 229 Abs. 1 Nr. 5 SGB V. Pflichtmitglieder der GKV: Betrag **über 164,50 EUR** beitragspflichtig. PV: Gesamtbetrag beitragspflichtig, wenn Versorgungsbezüge über 164,50 EUR liegen. – Freiwillige Mitglieder zur KV und PV: Volle Beitragspflicht, unabhängig davon, ob die Mindestgrenze überschritten wird.[8] – Alleinige Beitragstragung. – Für KV-Beiträge wird allgemeiner Beitragssatz + kassenindividueller Zusatzbeitragssatz zugrunde gelegt. **Hinweis:** Mindesteinnahmegrenze gilt für alle Versorgungsbezüge und Arbeitseinkommen insgesamt.	**Sozialversicherung:** – Beitragspflicht als Versorgungsbezug zur KV und PV in Höhe von 1/120 des Zahlbetrags für längstens 10 Jahre.[8] Pflichtmitglieder der GKV: Betrag von 1/120 **über 164,50 EUR** (Gesamtbetrag Kapitalzahlung: 19.740 EUR) beitragspflichtig. PV: Gesamtbetrag von 1/120 beitragspflichtig, wenn Versorgungsbezüge über 164,50 EUR (Gesamtbetrag Kapitalzahlung: 19.740 EUR) liegen. – Freiwillige Mitglieder zur KV und PV: 1/120 der Kapitalleistung sind immer beitragspflichtig, unabhängig von der Höhe des Auszahlungsbetrags. – PKV: Kein Beitrag – Alleinige Beitragstragung. Für KV-Beiträge wird allgemeiner Beitragssatz + kassenindividueller Zusatzbeitragssatz zugrunde gelegt. **Hinweis:** Mindesteinnahmegrenze gilt für alle Versorgungsbezüge und Arbeitseinkommen insgesamt.

Umlagefinanzierte Pensionskasse		
Ansparphase	**Leistungsphase**	
	Lebenslange Rentenzahlungen, Berufsunfähigkeits-/Erwerbsminderungs- und Hinterbliebenenrenten	**Kapitalzahlungen**
Pauschalierung nach § 40b EStG in der geltenden Fassung oder Lohnsteuerabzug nach ELStAM		
Steuerliche Beurteilung: **Laufende Zuwendungen:** Pauschalierung **bis zu 1.752 EUR** mit 20 % oder Lohnsteuerabzug nach den ELStAM bei Überschreiten des steuerfreien Höchstbetrags. **Sonderzahlungen:** Pflichtpauschalierung mit 15 %.	**Steuerliche Beurteilung:** Sonstige Einkünfte nach § 22 Nr. 1 Satz 3 Buchst. a Doppelbuchst. bb EStG: Besteuerung i. H. d. Ertragsanteils (z. B. 18 % bei Rentenbeginn mit 65 Jahren).	**Steuerliche Beurteilung:** Sonstige Einkünfte nach § 22 Nr. 5 Satz 2 EStG i. V. m. § 20 Abs. 1 Nr. 6 EStG: – Kapitalzahlung bei Vertragsabschluss bis 2004 und bei 12-jähriger Laufzeit regelmäßig steuerfrei.[4] – Bei Vertragsabschluss ab 2005 = Einkünfte i. H. d. Unterschiedsbetrags zwischen Versicherungsleistung und Summe der Versicherungsbeiträge (bei Auszahlung nach 12 Jahren seit Vertragsabschluss und vollendetem 62. Lebensjahr[5] nur 50 % des Unterschiedsbetrags) im Erlebensfall oder bei Rückkauf des Vertrags.

<table>
<tr><th colspan="3">Umlagefinanzierte Pensionskasse</th></tr>
<tr><th rowspan="2">Ansparphase</th><th colspan="2">Leistungsphase</th></tr>
<tr><th>Lebenslange Rentenzahlungen, Berufsunfähigkeits-/Erwerbsminderungs- und Hinterbliebenenrenten</th><th>Kapitalzahlungen</th></tr>
<tr><td>Sozialversicherung:
Kein Arbeitsentgelt soweit Pauschalversteuerung erfolgt und es sich um eine zusätzliche Zahlung zum Lohn/Gehalt handelt.
Für Zuwendungen zu Pensionskassen mit einer besonderen Versorgungsregelung besteht keine Beitragsfreiheit.[10]</td><td>Sozialversicherung:
– Versorgungsbezüge nach § 229 Abs. 1 Nr. 5 SGB V. Pflichtmitglieder der GKV: Betrag über 164,50 EUR beitragspflichtig. PV: Gesamtbetrag beitragspflichtig, wenn Versorgungsbezüge über 164,50 EUR liegen.
– Freiwillige Mitglieder zur KV und PV: Volle Beitragspflicht, unabhängig davon, ob die Mindestgrenze überschritten wird.[8]
– Alleinige Beitragstragung.
– Für KV-Beiträge wird allgemeiner Beitragssatz + kassenindividueller Zusatzbeitragssatz zugrunde gelegt.
Hinweis: Mindesteinnahmegrenze gilt für alle Versorgungsbezüge und Arbeitseinkommen insgesamt.</td><td>Sozialversicherung:
– Beitragspflicht als Versorgungsbezug zur KV und PV in Höhe von 1/120 des Zahlbetrags für längstens 10 Jahre.[8] Pflichtmitglieder der GKV: Betrag von 1/120 über 164,50 EUR (Gesamtbetrag Kapitalzahlung: 19.740 EUR) beitragspflichtig. PV: Gesamtbetrag von 1/120 beitragspflichtig, wenn Versorgungsbezüge über 164,50 EUR (Gesamtbetrag Kapitalzahlung: 19.740 EUR) liegen.
– Freiwillige Mitglieder zur KV und PV: 1/120 der Kapitalleistung sind immer beitragspflichtig, unabhängig von der Höhe des Auszahlungsbetrags.
– PKV: Kein Beitrag
– Alleinige Beitragstragung. Für KV-Beiträge wird allgemeiner Beitragssatz + kassenindividueller Zusatzbeitragssatz zugrunde gelegt.
Hinweis: Mindesteinnahmegrenze gilt für alle Versorgungsbezüge und Arbeitseinkommen insgesamt.</td></tr>
</table>

[10] Grundsätzlich gilt die gleiche Regelung wie bei der Steuerfreiheit. Der Maximalbetrag von 100 EUR wird jedoch durch die steuerfreien Bezüge aufgebraucht.

Unterstützungskasse	
Ansparphase	**Leistungsphase (lebenslange Rentenzahlungen, Berufsunfähigkeits-/Erwerbsminderungs- und Hinterbliebenenrenten, Kapitalzahlungen)**
Steuerliche Beurteilung: Versorgungszusage führt nicht zu einem Lohnzufluss (auch nicht bei Rückdeckung).	**Steuerliche Beurteilung:** Einkünfte aus nichtselbstständiger Tätigkeit nach § 19 EStG: Lohnsteuerabzug durch den Arbeitgeber nach den ELStAM unter Berücksichtigung der Freibeträge für Versorgungsbezüge (§ 19 Abs. 2 EStG).
Sozialversicherung: – Arbeitgeberfinanzierung unbegrenzt beitragsfrei. – Bei Entgeltumwandlung beitragsfrei bis max. 4 % der BBG RV West (**2022 = 3.384 EUR jährlich/282 EUR mtl.**).	**Sozialversicherung:** – Versorgungsbezüge nach § 229 Abs. 1 Nr. 5 SGB V. Pflichtmitglieder der GKV: Betrag **über 164,50 EUR** beitragspflichtig. PV: Gesamtbetrag beitragspflichtig, wenn Versorgungsbezüge über 164,50 EUR liegen. – Freiwillige Mitglieder zur KV und PV: Volle Beitragspflicht, unabhängig davon, ob die Mindestgrenze überschritten wird.[8] – Alleinige Beitragstragung. – Für KV-Beiträge wird allgemeiner Beitragssatz + kassenindividueller Zusatzbeitragssatz zugrunde gelegt. **Hinweis:** Mindesteinnahmegrenze gilt für alle Versorgungsbezüge und Arbeitseinkommen insgesamt.

Direktzusage/Pensionszusage	
Ansparphase	**Leistungsphase (lebenslange Rentenzahlungen, Berufsunfähigkeits-/Erwerbsminderungs- und Hinterbliebenenrenten, Kapitalzahlungen)**
Steuerliche Beurteilung: Versorgungszusage führt nicht zu einem Lohnzufluss (auch nicht bei Rückdeckung).	**Steuerliche Beurteilung:** Einkünfte aus nichtselbstständiger Tätigkeit nach § 19 EStG: Lohnsteuerabzug durch den Arbeitgeber nach den ELStAM unter Berücksichtigung der Freibeträge für Versorgungsbezüge (§ 19 Abs. 2 EStG).

Direktzusage/Pensionszusage	
Ansparphase	**Leistungsphase (lebenslange Rentenzahlungen, Berufsunfähigkeits-/Erwerbsminderungs- und Hinterbliebenenrenten, Kapitalzahlungen)**
Sozialversicherung: – Arbeitgeberfinanzierung unbegrenzt beitragsfrei. – Bei Entgeltumwandlung beitragsfrei bis max. 4 % der BBG RV West (**2022 = 3.384 EUR jährlich/282 EUR mtl.**).	**Sozialversicherung:** – Versorgungsbezüge nach § 229 Abs. 1 Nr. 5 SGB V. Pflichtmitglieder der GKV: Betrag **über 164,50 EUR** beitragspflichtig. PV: Gesamtbetrag beitragspflichtig, wenn Versorgungsbezüge über 164,50 EUR liegen. – Freiwillige Mitglieder zur KV und PV: Volle Beitragspflicht, unabhängig davon, ob die Mindestgrenze überschritten wird.[8] – Alleinige Beitragstragung. – Für KV-Beiträge wird allgemeiner Beitragssatz + kassenindividueller Zusatzbeitragssatz zugrunde gelegt. **Hinweis:** Mindesteinnahmegrenze gilt für alle Versorgungsbezüge und Arbeitseinkommen insgesamt.

bAV AG-Pflichtzuschuss, FAQ

Durch das Betriebsrentenstärkungsgesetz wurde ein Arbeitgeberpflichtzuschuss in der betrieblichen Altersversorgung bis zu 15 % der Entgeltumwandlung des Arbeitnehmers vorgesehen, sofern der Arbeitgeber dadurch SV-Beiträge erspart. Hier finden Sie Antworten auf die häufigsten Fragen zu diesem Thema.

1. Arbeitsrechtlicher Anspruch

1.1 Wie verhält es sich mit dem AG-Pflichtzuschuss, wenn dieser durch einen Tarifvertrag ausgeschlossen wird, wenn der Tarifvertrag einen niedrigeren Zuschuss vorsieht oder wenn lt. Tarifvertrag bereits altersvorsorgewirksame Leistungen (AVWL) als Zuschuss bezahlt werden? Muss dieser trotzdem (in voller Höhe) geleistet werden?
Dies ist arbeitsrechtlich noch nicht abschließend geklärt.

1.2 Wenn der Arbeitgeber bereits zuvor einen freiwilligen Zuschuss zusätzlich zu den Beiträgen des Arbeitnehmers in den bAV-Vertrag eingezahlt hat, muss dann trotzdem der AG-Pflichtzuschuss i. H. v. 15 % gezahlt werden?
Entscheidend ist hierbei die arbeitsrechtliche Grundlage. Grundsätzlich war Ziel des Gesetzes, dass bereits bestehende AG-Zuschüsse nicht angerechnet werden sollen – es sei denn, es bestehen aktuelle tarifliche Regelungen zur bAV (dies befindet sich aktuell in Klärung) oder der Arbeitgeber begründet seinen bisher freiwillig geleisteten Zuschuss bereits mit seiner SV-Ersparnis durch die Entgeltumwandlung des Arbeitnehmers.

1.3 Wie ist es zu bewerten, wenn der Arbeitgeber bereits in den Vorjahren einen Zuschuss gezahlt hat (z.B. i. H. v. 10 %)? Muss er dann ab 2022 nur noch die Differenz auf 15 % zahlen?
Ja, sofern der Arbeitgeber seinen Beitrag von 10 % mit seiner SV-Ersparnis durch die Entgeltumwandlung des Arbeitnehmers begründet hat. Ansonsten fallen die vollen 15 % an.

1.4 Wenn neben einer komplett AG-finanzierten Jahres-Direktversicherung zusätzlich eine monatliche Direktversicherung durch Entgeltumwandlung besteht, kann die AG-finanzierte Direktversicherung dann als geleisteter AG-Pflichtzuschuss gewertet werden?
Nein, der AG-finanzierte Vertrag befreit den Arbeitgeber nicht von der Zuschusspflicht für die durch Entgeltumwandlung finanzierte Direktversicherung. Die Umwandlung des Arbeitnehmers führt zu einer SV-Ersparnis des Arbeitgebers, somit muss die monatliche Direktversicherung mit 15 % bezuschusst werden, sofern in dieser Höhe SV-Beiträge gespart werden.

1.5 Muss bei Übernahme eines bestehenden Vertrags durch den neuen Arbeitgeber auch erst ab 2022 der AG-Pflichtzuschuss für Altverträge bezahlt werden oder sofort mit der neuen Entgeltumwandlungsvereinbarung bei dem neuen Arbeitgeber?
Sofern es mit der Übernahme nicht zu einer Neuzusage kommt, handelt es sich um einen Altvertrag und die Zuschusspflicht beginnt erst ab 1.1.2022.

1.6 Ein Minijobber bringt über eine Entgeltumwandlung Beiträge in eine bAV ein. Muss auch hier der AG-Pflichtzuschuss gezahlt werden?
Ja, sofern eine RV-Pflicht vorliegt, da hierdurch SV-Abgaben gespart werden.

1.7 Gilt der AG-Pflichtzuschuss auch für Geschäftsführer (kein Gesellschafter)?
Grundsätzlich muss für jeden Arbeitnehmer ein AG-Pflichtzuschuss gezahlt werden, dessen Entgeltumwandung zu einer SV-Ersparnis beim Arbeitgeber führt. Sofern aber keine Sozialversicherungspflicht vorliegt oder das Arbeitsentgelt über der BBG RV/West liegt (= keine SV-Einsparung), entfällt die Verpflichtung einen Zuschuss zu zahlen.

2. Ausgestaltung

2.1 Müssen die 15 % AG-Pflichtzuschuss auf den Entgeltumwandlungsbetrag aufgeschlagen werden (= Aufstockung) oder kann dieser vom Arbeitnehmer-Anteil abgezogen werden (= Insich-Berechnung)?
Dies ist abhängig von der Versicherung. Wenn eine Aufstockung des Vertrags möglich ist, dann muss der Vertrag aufgestockt werden; jedoch wird dies bei Bestandsverträgen nicht so häufig möglich sein. Demzufolge kann über eine einvernehmliche Vereinbarung mit dem Arbeitnehmer eine „Insich-Berechnung“ erfolgen.

2.2 Wie verhält es sich bei mehreren Verträgen und dem 15 % AG-Pflichtzuschuss? Muss der Arbeitgeber diesen für jeden Vertrag zahlen?
Jeder Vertrag über einen externen Durchführungsweg muss bezuschusst werden, solange eine AG-SV-Ersparnis vorliegt (Abgleich 4 % der BBG RV/West).

2.3 Muss der AG-Pflichtzuschuss von 15 % monatlich geleistet werden oder kann er auch einmalig jeweils am Jahresende gewährt werden?
Wenn der Betrag monatlich umgewandelt wird, dann ist auch der AG-Pflichtzuschuss monatlich zu zahlen.

3. Berechnung und SV-Ersparnis

3.1 Wie berechnet sich die SV-Einsparung und somit der AG-Pflichtzuschuss?
• Bei Arbeitnehmern mit einem Gehalt unterhalb der BBG KV/PV beträgt der AG-Pflichtzuschuss 15 % der vom Arbeitnehmer umgewandelten Summe. • Bei Arbeitnehmern mit einem Gehalt zwischen der BBG RV/West und der BBG KV/PV wäre eine sog. „Spitzabrechnung“ (Ersparnis RV- und AV-Beitrag) ausreichend. • Bei Arbeitnehmern mit einem Gehalt über allen BBG entsteht kein AG-Pflichtzuschuss, da es für den Arbeitgeber zu keiner SV-Ersparnis mehr kommt.

3.2 Muss auch die Ersparnis U1/U2/Insolvenzgeldumlage weitergegeben werden?
Nein, es wird nur die Ersparnis aus den SV-Zweigen KV/RV/AV/PV betrachtet.

3.3 Wie werden vermögenswirksame Leistungen, die in eine bAV eingezahlt werden bzgl. des AG-Pflichtzuschusses behandelt? Müssen sie als Umwandlung bezuschusst werden?
Die 15 % fallen auf den Arbeitnehmer-Anteil an, nicht auf den VWL-AG-Zuschuss (hieraus ergibt sich keine zusätzliche SV-Ersparnis für den AG).

3.4 Wie handhabe ich einen Gehaltsverzicht von über 4 % der BBG RV/West bezüglich des AG-Pflichtzuschusses?
Die Beträge oberhalb des Freibetrags von 4 % der BBG RV/West führen zu keiner weiteren SV-Ersparnis und lösen somit keinen AG-Pflichtzuschuss aus.

3.5 Wie berechnet sich der AG-Pflichtzuschuss, wenn die bAV als Gehaltsumwandlung vom Urlaubsgeld und vom Weihnachtsgeld mit Mischfinanzierung gezahlt wird? Muss dieser bei beiden Zahlungen berücksichtigt werden oder nur einmal im Jahr?
Dies ist abhängig von der gesamten SV-Ersparnis – diese greift lediglich bis 4 % der BBG RV/West.

3.6 Wie ist der AG-Pflichtzuschuss zu berechnen, wenn ein Arbeitnehmer in einem Monat aufgrund einer Prämienzahlung über der BBG für KV/PV liegt?
Entscheidend ist immer die AG-SV-Ersparnis des Monats, in dem eine Entgeltumwandlung für einen externen Durchführungsweg erfolgt. In diesem Fall reduziert sich die SV-Ersparnis und somit der zu leistende AG-Pflichtzuschuss für diesen Monat.

4. Abrechnung

4.1 Müssen alle Arbeitnehmer gleich behandelt werden oder dürfen Höherverdienende „spitz" und andere mit 15 % AG-Pflichtzuschuss abgerechnet werden?
Es kann unterschiedlich abgerechnet werden.

4.2 Muss die Spitzabrechnung jedes Jahr bzw. bei Entgeltänderung überprüft und geändert werden?
Ja, sofern sich auch die SV-Ersparnis ändert.

4.3 Wird der AG-Pflichtzuschuss zu einer Direktversicherung (§ 3 Nr. 63 EStG) steuer- und sozialversicherungsfrei ausgezahlt?
Ja, sofern die 4 % bzw. 8 % der BBG RV/West nicht überschritten werden.

4.4 Was passiert, wenn die Sozialversicherungsfreiheit (4 % der BBG RV/West) für den umgewandelten Betrag im Laufe des Jahres aufgebraucht wird, z. B. bei Verwendung des Aufzehrmodells oder wenn der Arbeitnehmer in die SV-Freiheit gerät? Muss in den Folgemonaten der AG-Pflichtzuschuss trotzdem gezahlt werden?
Nein, sobald es keine SV-Ersparnis mehr gibt, ist auch kein AG-Pflichtzuschuss mehr zu leisten.

4.5 Wie wird mit einem Einmalbezug umgegangen, der rückwirkend die SV-Luft füllt und der Arbeitgeber damit keine SV mehr spart?
Dies bleibt unberücksichtigt. Es wird immer der aktuelle Monat der Einsparung betrachtet.[1]

5. Pauschalierung nach § 40b EStG a. F.

5.1 Muss bei einer alten bAV-Entgeltumwandlung, die nach § 40b EStG a. F. pauschaliert wird, auch ein AG-Pflichtzuschuss ab 1.1.2022 gezahlt werden?
Wenn ein Vertrag nach § 40b EStG a. F. pauschal versteuert und vom monatlichen (= laufenden) Entgelt eingespart wird, dann kommt es zu keiner SV-Ersparnis und in diesen Fällen ergibt sich seitens des Arbeitgebers keine Zuschussverpflichtung. Im Rahmen einer Umwandlung mit einer regelmäßigen Einmalzahlung kann hingegen auch für den Arbeitgeber eine SV-Ersparnis und somit eine Zuschusspflicht entstehen.

5.2 Wenn der AG-Pflichtzuschuss fällig wird, wie erfolgt dann die Pauschalversteuerung nach § 40b EStG a. F.? Nur noch vom reduzierten AN-Anteil oder auf den vollen Betrag (inkl. AG-Pflichtzuschuss)?
Der volle Betrag, der an die Versicherung eingezahlt wird, muss weiterhin pauschal versteuert werden (max. 1.752 EUR).

5.3 Ist der AG-Pflichtzuschuss durch die SV-Ersparnis auch dann erfüllt, wenn der Arbeitgeber die Pauschalsteuer übernimmt?
Nein, die Übernahme der Pauschalsteuer seitens des Arbeitgebers führt nicht zur Befreiung des AG-Pflichtzuschusses.

6. Dokumentation

6.1 Wie beweist/dokumentiert man, dass es sich bereits vor 2022 um einen AG-Zuschuss handelt, der an die SV-Einsparung gekoppelt wurde?
Über eine vorliegende arbeitsrechtliche Vereinbarung.

[1] GR v. 21.11.2018-II: Beitragsrechtliche Beurteilung von Beiträgen und Zuwendungen zum Aufbau betrieblicher Altersversorgung, Abschn. 4.4

6.2 Wenn bei einer Direktversicherung schon immer ein AG-Zuschuss i. H. v. 20 % der Entgeltumwandlung gezahlt wurde, muss das auf der Verdienstbescheinigung/im Lohnkonto nun anders dargestellt werden (als AG-Pflichtzuschuss)?
Vorab ist zu klären, ob die 20 % überhaupt auf den AG-Pflichtzuschuss angerechnet werden können; dies ist lediglich möglich, sofern die 20 % AG-Zuschuss gezahlt werden, weil SV-Beiträge seitens des Arbeitgebers eingespart werden. Sofern eine solche Regelung besteht, kann es sinnvoll sein, den AG-Pflichtzuschuss getrennt auszuweisen, jedoch ist es gesetzlich nicht zwingend erforderlich.

Befristete Arbeitsverhältnisse: Was müssen Arbeitgeber beachten?

Für Arbeitsverträge, die auf bestimmte Zeit geschlossen werden, gilt das Teilzeit- und Befristungsgesetz (TzBfG). Der Gesetzgeber sieht vor, dass befristete Arbeitsverhältnisse grundsätzlich nur dann wirksam zustande kommen, wenn ein sachlicher Grund die Befristung rechtfertigt. Unter sehr engen Voraussetzungen können befristete Arbeitsverhältnisse ausnahmsweise aber auch ohne Sachgrund wirksam vereinbart werden. Darüber hinaus unterscheidet man Zeitbefristungen, die zu einem vertraglich vorgesehen Zeitpunkt enden, und Zweckbefristungen, die dann enden, wenn ein bestimmter Zweck erreicht wird. Vom Abschluss eines befristeten Arbeitsverhältnisses bis zu seinem Ende sollten die folgenden Punkte beachtet werden:

Bei Abschluss des befristeten Arbeitsverhältnisses	ok?
Liegt der befristete Arbeitsvertrag **zum Zeitpunkt der vereinbarten Arbeitsaufnahme in schriftlicher Form** vor (§ 14 Abs. 4 TzBfG)?[1]	
Ist **im Fall einer Zweckbefristung** der **Vertragszweck** im Arbeitsvertrag **schriftlich fixiert**?	

[1] Der Rechtfertigungsgrund für die Befristung muss nicht im Arbeitsvertrag angegeben werden.

Bei Abschluss des befristeten Arbeitsverhältnisses	ok?
Liegt einer der folgenden beispielhaften **sachlichen Gründe** für eine Befristung vor (§ 14 Abs. 1 TzBfG)? – Der betriebliche Bedarf an der Arbeitsleistung besteht nur vorübergehend, – die Befristung erfolgt einmalig im Anschluss an eine Ausbildung oder ein Studium, um den Übergang des Arbeitnehmers in eine Anschlussbeschäftigung zu erleichtern, – der Arbeitnehmer wird zur Vertretung eines anderen Arbeitnehmers beschäftigt, – die Eigenart der Arbeitsleistung rechtfertigt die Befristung, – die Befristung erfolgt zur Erprobung, – in der Person des Arbeitnehmers liegende Gründe, die die Befristung rechtfertigen, – der Arbeitnehmer wird aus Haushaltsmitteln vergütet, die haushaltsrechtlich für eine befristete Beschäftigung bestimmt sind, und er wird entsprechend beschäftigt oder – die Befristung beruht auf einem gerichtlichen Vergleich. Liegt ein anderer sachlicher Grund vor, der den zuvor genannten in § 14 Abs. 1 TzBfG zum Ausdruck kommenden Wertungsmaßstäben entspricht?	
Liegen die folgenden Voraussetzungen für eine **kalendermäßige Befristung** des Arbeitsverhältnisses **ohne Sachgrund** vor (§ 14 Abs. 2 TzBfG)? – Es handelt sich um eine Neueinstellung, d. h. mit demselben Arbeitgeber bestand zu keinem vorherigen Zeitpunkt ein befristetes oder unbefristetes Arbeitsverhältnis.[2] – Die Gesamtdauer der Befristung beträgt (inklusive Verlängerungen) höchstens 2 Jahre. – Der einmal befristete Arbeitsvertrag wurde während dieser Zeit höchstens 3-mal verlängert.	

[2] Das Bundesverfassungsgericht hat klargestellt, dass eine – vom Bundesarbeitsgericht vorgenommene – Auslegung des § 14 Abs. 2 Satz 2 TzBfG, die eine wiederholte sachgrundlose Befristung zwischen denselben Vertragsparteien immer dann gestattet, wenn zwischen den Arbeitsverhältnissen ein Zeitraum von mehr als 3 Jahren liegt (BAG, Urteil v. 6.4.2011, 7 AZR 716/09, mit dem Grundgesetz nicht zu vereinbaren ist (BVerfG, Beschluss v. 6.6.2018, 1 BvL 7/14).
Das Vorbeschäftigungsverbot wirkt hiernach grundsätzlich unbeschränkt lange. Ähnlich den Grundsätzen der Verwirkung kann allerdings das Vorbeschäftigungsverbot **verfassungskonform einschränkend ausgelegt** werden, wenn:
- **die Vorbeschäftigung sehr lange zurückliegt,**
- **die Tätigkeit ganz anders geartet ist oder**
- **die Vorbeschäftigung von sehr kurzer Dauer ist.**

Das BAG hat in mehreren Entscheidungen 2019 zum Vorbeschäftigungsverbot Stellung genommen. Konkret reichen 8 Jahre und erst recht 5,5 Jahre (BAG, Urteil vom 23.1.2019, 7 AZR 13/17 Zwischenraum nicht aus. Auch 15 Jahre waren noch nicht sehr lang (BAG, Urteil vom 17.4.2019, 7 AZR 323/17). Sehr lang zurückliegend ist dagegen eine Vorbeschäftigung, die bereits 22 Jahre zurückliegt (BAG, Urteil vom 21.8.2019, 7 AZR 452/17).

Bei Abschluss des befristeten Arbeitsverhältnisses	**ok?**
Liegen die folgenden Voraussetzungen für eine **Befristung** des Arbeitsverhältnisses **ohne Sachgrund** mit einem **älteren Arbeitnehmer** vor (§ 14 Abs. 3 TzBfG)? – Der Arbeitnehmer hat bei Beginn des Arbeitsverhältnisses das 52. Lebensjahr vollendet. – Der Arbeitnehmer war unmittelbar vor Beginn des befristeten Arbeitsverhältnisses mindestens 4 Monate beschäftigungslos oder er hat Transferkurzarbeitergeld bezogen oder er hat an einer öffentlich geförderten Beschäftigungsmaßnahme teilgenommen. – Die Gesamtdauer der Befristung beträgt (inklusive Verlängerungen) höchstens 5 Jahre.	
Liegen die Voraussetzungen für eine **kalendermäßige Befristung** des Arbeitsverhältnisses **ohne Sachgrund** nach einer **Existenzgründung** vor (§ 14 Abs. 2a TzBfG)? – Es handelt sich um die Neugründung eines Unternehmens, nicht um die bloße Gründung eines weiteren Betriebs innerhalb eines bestehenden Unternehmens oder die bloße Verlegung eines Betriebs. – Der Zeitpunkt der vereinbarten Arbeitsaufnahme liegt in den ersten 4 Jahren nach Aufnahme der Erwerbstätigkeit. – Es handelt sich um eine Neueinstellung, d. h. mit demselben Arbeitgeber bestand zu keinem vorherigen Zeitpunkt ein befristetes oder unbefristetes Arbeitsverhältnis.[2] – Die Gesamtdauer der Befristung beträgt (inklusive Verlängerungen) höchsten 4 Jahre.	
Soll die Laufzeit des befristeten Arbeitsvertrags verlängert werden: – Falls die Anzahl der zulässigen Vertragsverlängerungen begrenzt ist, wurde diese nicht überschritten. – Die Verlängerung der Befristung schließt sich unmittelbar an die vorangegangene Befristung an. – Die Verlängerung der Befristung wurde vor Ablauf des zu verlängernden Vertrags vereinbart.[3] – Im Rahmen der Verlängerung wurde ausschließlich der Beendigungszeitpunkt verändert, nicht jedoch die übrigen Vertragsbedingungen. – Die Verlängerung wurde schriftlich vereinbart. – Der Betriebsrat wurde nach § 99 BetrVG beteiligt.	

[3] Eine Verlängerung muss innerhalb der laufenden Befristung schriftlich vereinbart werden. Eine erneut befristete Anstellung nach Ablauf der ersten Befristung ist wegen eines vorher bestehenden Arbeitsverhältnisses unwirksam (LAG Hamm, Urteil v. 19.4.2012, 8 Sa 63/12).

Bei Abschluss des befristeten Arbeitsverhältnisses	ok?
Wurden die im Unternehmen **anwendbaren Tarifverträge** dahingehend geprüft, ob sie besondere Regelungen für befristete Arbeitsverhältnisse enthalten wie z. B. eine andere Höchstdauer für Befristungen oder eine abweichende Anzahl der zulässigen Vertragsverlängerungen?	
Wurde der **Betriebsrat** nach § 99 BetrVG **beteiligt**?	
Ist die **Möglichkeit einer ordentlichen Kündigung** vereinbart worden (§ 15 Abs. 3 TzBfG)?	

Während des befristeten Arbeitsverhältnisses	ok?
Werden die befristet Beschäftigten regelmäßig **über unbefristete Arbeitsplätze informiert**, die besetzt werden sollen?	
Wird dafür Sorge getragen, dass auch befristet Beschäftigte an angemessenen Aus- und Weiterbildungsmaßnahmen zur Förderung der beruflichen Entwicklung und Mobilität teilnehmen können?	
Wird die Arbeitnehmervertretung regelmäßig über die Anzahl der befristet Beschäftigten und ihren Anteil an der Gesamtbelegschaft des Betriebs und des Unternehmens informiert?	

Soll das befristete Arbeitsverhältnis gekündigt werden:
– Liegen die Voraussetzungen für eine **außerordentliche Kündigung** vor?
– Liegen die Voraussetzungen für eine nur ausnahmsweise zulässige **ordentliche Kündigung** vor?
  – Die Möglichkeit einer ordentlichen Kündigung wurde einzelvertraglich oder im anwendbaren Tarifvertrag vereinbart.
  – Der Betriebsrat wurde nach § 102 BetrVG beteiligt.	

Kurz vor und nach vereinbartem Befristungsende	ok?
Ist im Fall einer Zweckbefristung der Arbeitnehmer 2 Wochen vor Zweckerreichung **schriftlich über die Zweckerreichung unterrichtet** worden (§ 15 Abs. 2 TzBfG)?	
Ist im Fall einer Zeitbefristung **bei Tätigkeit des Arbeitnehmers über das vereinbarte Befristungsende hinaus** unverzüglich **widersprochen** worden (§ 15 Abs. 5 TzBfG)?[4]	
Ist im Falle einer Zweckbefristung **bei Tätigkeit des Arbeitnehmers nach Zweckerreichung die Zweckerreichung** unverzüglich **mitgeteilt** worden?[4]	
Wurde der Arbeitnehmer frühzeitig darüber **informiert**, dass er sich spätestens 3 Monate vor Beendigung des Arbeitsverhältnisses persönlich bei der **Agentur für Arbeit** als arbeitsuchend melden muss?	

[4] Die Schriftform ist nicht zwingend erforderlich, aber aus Beweisgründen empfehlenswert.

Beitragsbemessungsgrenzen: Teilmonate

Die Beitragsbemessungsgrenze (BBG) ist nur anteilig anzusetzen, wenn nicht im ganzen Monat Beitragspflicht besteht. Die Tabelle enthält die für 2022 in Teilmonaten geltenden Beitragsbemessungsgrenzen. Geordnet nach SV-Tagen sind die in der Kranken- und Pflegeversicherung bundeseinheitlich gültige Teilmonats-BBG sowie die in Ost und West abweichenden Teilmonats-BBGen in der Renten- und Arbeitslosenversicherung aufgelistet.

SV-Tage	Kranken- und Pflegeversicherung bundeseinheitlich[1]	Renten- und Arbeitslosenversicherung[1]	
		West	Ost
1	161,25	235,00	225,00
2	322,50	470,00	450,00
3	483,75	705,00	675,00
4	645,00	940,00	900,00
5	806,25	1.175,00	1.125,00
6	967,50	1.410,00	1.350,00
7	1.128,75	1.645,00	1.575,00
8	1.290,00	1.880,00	1.800,00
9	1.451,25	2.115,00	2.025,00
10	1.612,50	2.350,00	2.250,00
11	1.773,75	2.585,00	2.475,00
12	1.935,00	2.820,00	2.700,00
13	2.096,25	3.055,00	2.925,00
14	2.257,50	3.290,00	3.150,00
15	2.418,75	3.525,00	3.375,00
16	2.580,00	3.760,00	3.600,00
17	2.741,25	3.995,00	3.825,00
18	2.902,50	4.230,00	4.050,00
19	3.063,75	4.465,00	4.275,00
20	3.225,00	4.700,00	4.500,00
21	3.386,25	4.935,00	4.725,00
22	3.547,50	5.170,00	4.950,00
23	3.708,75	5.405,00	5.175,00
24	3.870,00	5.640,00	5.400,00

[1] Alle Werte in EUR.

SV-Tage	Kranken- und Pflegeversicherung bundeseinheitlich[1]	Renten- und Arbeitslosenversicherung[1]	
		West	Ost
25	4.031,25	5.875,00	5.625,00
26	4.192,50	6.110,00	5.850,00
27	4.353,75	6.345,00	6.075,00
28	4.515,00	6.580,00	6.300,00
29	4.676,25	6.815,00	6.525,00
30	4.837,50	7.050,00	6.750,00

Beitragstragung zur Sozialversicherung (KV, PV, RV, ALV)

Die Tabelle enthält die zulässigen Konstellationen der Beitragstragung bzw. Aufteilung der Beitragslast zwischen Arbeitgeber und Arbeitnehmer zur gesetzlichen Kranken-, Pflege-, Renten- und Arbeitslosenversicherung. Der Beitragszuschlag für Kinderlose zur Pflegeversicherung muss grds. vom Mitglied allein getragen werden. Für Geringverdiener ist der durchschnittliche Zusatzbeitragssatz in der Krankenversicherung maßgebend.

Krankenversicherung: Beitragstragung			
Versicherungszweig/ Beitragssatz	Gilt für Arbeitnehmer	Tragung	
		Arbeitnehmer	Arbeitgeber
KV: allgemeiner Beitragssatz (14,6 %)	mit mindestens 6 Wochen Entgeltfortzahlungsanspruch	7,3 %	7,3 %
Kassenindividueller Zusatzbeitragssatz	–	50 % des kassenindividuellen Beitragssatzes	50 % des kassenindividuellen Beitragssatzes
KV: allgemeiner Beitragssatz (14,6 %)	die zur Berufsausbildung beschäftigt sind und deren Arbeitsentgelt nicht mehr als 325 EUR im Monat beträgt (Geringverdiener)[1]	–	14,6 %
Durchschnittlicher Zusatzbeitragssatz[2] (2022: 1,3 %)		0,65 %	0,65 %
KV: ermäßigter Beitragssatz (14,0 %)	ohne Krankengeldanspruch und Arbeitnehmer in Altersteilzeit während der Freistellungsphase[3]	7,0 %	7,0 %

1 Die Regelung gilt auch für einen Freiwilligendienst leistende Versicherte.
2 § 242a SGB V.
3 BSG, Urteil v. 25.8.2004, B 12 KR 22/02 R.

Krankenversicherung: Beitragstragung			
Versicherungszweig/ Beitragssatz	Gilt für Arbeitnehmer	Tragung	
		Arbeitnehmer	Arbeitgeber
KV: pauschale Beiträge (13,0 %)	in einer versicherungsfreien geringfügig entlohnten Beschäftigung (nur GKV-Versicherte)	–	13,0 %
KV: pauschale Beiträge (5,0 %)	in einer versicherungsfreien geringfügig entlohnten Beschäftigung im Privathaushalt (nur GKV-Versicherte)	–	5,0 %

Pflegeversicherung: Beitragstragung			
Versicherungszweig/ Beitragssatz	Gilt für Arbeitnehmer, die	Tragung	
		Arbeitnehmer	Arbeitgeber
Alle Länder außer Sachsen:			
PV: voller Beitragssatz (3,05 %)	gesetzlich krankenversichert sind und nicht befreit wurden	1,525 %	1,525 %
PV: voller Beitragssatz (3,05 %)	zur Berufsausbildung beschäftigt sind, der gesetzlichen Pflegeversicherung angehören und deren Arbeitsentgelt nicht mehr als 325 EUR im Monat beträgt[1]	–	3,05 %
PV: halber Beitragssatz (1,525 %)	die Anspruch auf Beihilfe nach dem Beamtenrecht haben und deshalb nur Beiträge aufgrund des halben Beitragssatzes zahlen müssen	0,7625 %	0,7625 %
Freistaat Sachsen:			
PV: voller Beitragssatz (3,05 %)	im Freistaat Sachsen beschäftigt sind	2,025 %	1,025 %
PV: voller Beitragssatz (3,05 %)	als Auszubildende tätig sind und der gesetzl. Pflegeversicherung angehören, wobei das Arbeitsentgelt nicht mehr als 325 EUR im Monat beträgt[1]	–	3,05 %

Pflegeversicherung: Beitragstragung			
Versicherungszweig/ Beitragssatz	**Gilt für Arbeitnehmer, die**	**Tragung**	
		Arbeitnehmer	**Arbeitgeber**
PV: halber Beitragssatz (1,525 %)	die Anspruch auf Beihilfe nach dem Beamtenrecht haben und deshalb nur Beiträge aufgrund des halben Beitragssatzes zahlen müssen	1,0125 %	0,5125 %
PV-Beitragszuschlag für Kinderlose (bundesweit)			
PV: Beitragszuschlag für Kinderlose (0,35 %)	nach dem 31.12.1939 geboren wurden und kinderlos sind (zahlbar ab Ablauf des Monats in dem das 23. Lebensjahr vollendet wird)	0,35 %	–
PV: Beitragszuschlag für Kinderlose (0,35 %)	zur Berufsausbildung beschäftigt sind, der gesetzlichen Pflegeversicherung angehören, das 23. Lebensjahr vollendet und keine Kinder haben, und deren Arbeitsentgelt nicht mehr als 325 EUR im Monat beträgt[1]	–	0,35 %

Rentenversicherung: Beitragstragung			
Versicherungszweig/ Beitragssatz	**Gilt für Arbeitnehmer, die**	**Tragung**	
		Arbeitnehmer	**Arbeitgeber**
RV: allgemein (18,6 %)	rentenversicherungspflichtig sind	9,3 %	9,3 %
RV: knappschaftlich (24,7 %)	rentenversicherungspflichtig in einem knappschaftlichen Betrieb beschäftigt sind	9,3 %	15,4 %
RV: allgemein (18,6 %)	zur Berufsausbildung beschäftigt sind und deren Arbeitsentgelt nicht mehr als 325 EUR im Monat beträgt[1]	–	18,6 %
RV: pauschale Beiträge (15,0 %)	eine geringfügig entlohnte versicherungsfreie Beschäftigung ausüben	–	15,0 %
RV: pauschale Beiträge (5,0 %)	eine geringfügig entlohnte versicherungsfreie Beschäftigung im Privathaushalt ausüben	–	5 %

Rentenversicherung: Beitragstragung			
Versicherungszweig/ Beitragssatz	**Gilt für Arbeitnehmer, die**	**Tragung**	
		Arbeitnehmer	**Arbeitgeber**
RV: allgemein (18,6 %)	eine geringfügig entlohnte rentenversicherungspflichtige Beschäftigung ausüben[4]	3,6 %	15,0 %
RV: allgemein (18,6 %)	eine geringfügig entlohnte rentenversicherungspflichtige Beschäftigung im Privathaushalt ausüben[5]	13,6 %	5,0 %

Arbeitslosenversicherung: Beitragstragung			
Versicherungszweig/ Beitragssatz	**Gilt für Arbeitnehmer, die**	**Tragung**	
		Arbeitnehmer	**Arbeitgeber**
AV: allgemein (2,4 %)	arbeitslosenversicherungspflichtig sind	1,2 %	1,2 %
AV: allgemein (2,4 %)	zur Berufsausbildung beschäftigt sind und deren Arbeitsentgelt nicht mehr als 325 EUR im Monat beträgt[1]	–	2,4 %

[4] Regelung gilt auch für auf Antrag rentenversicherungspflichtige geringfügig entlohnte Beschäftigte.

[5] Regelung gilt auch für auf Antrag rentenversicherungspflichtige geringfügig entlohnte Beschäftigte im Privathaushalt.

Betriebsrat: Größe und Freistellung

Aus dieser tabellarischen Übersicht können die Größe des Betriebsrats und die Anzahl der freizustellenden Betriebsratsmitglieder entnommen werden. Die Anzahl der zu wählenden Betriebsratsmitglieder richtet sich nach der Anzahl der (wahlberechtigten) Arbeitnehmer zum Zeitpunkt des Erlasses des Wahlausschreibens (§ 9 BetrVG). Die Zahl der freizustellenden Mitglieder des Betriebsratsgremiums basiert auf der Anzahl der im Betrieb „in der Regel“ beschäftigten Arbeitnehmer zum Zeitpunkt der Freistellungswahl (§ 38 BetrVG). Maßgeblich ist damit der „regelmäßige Personalbestand“ des Betriebs. Leiharbeitnehmer sind mitzurechnen, wenn sie diese Voraussetzung erfüllen.

Anzahl der zu wählenden Betriebsratsmitglieder, § 9 BetrVG	
Betriebsgröße	**Betriebsratsmitglied/er**
5 bis 20 wahlberechtigte Arbeitnehmer (AN)	1
21 bis 50 wahlberechtigte AN	3
51 wahlberechtigte AN bis 100 AN	5
101 bis 200 AN	7
201 bis 400 AN	9
401 bis 700 AN	11
701 bis 1 000 AN	13
1 001 bis 1.500 AN	15
1.501 bis 2.000 AN	17
2.001 bis 2.500 AN	19
2.501 bis 3.000 AN	21
3.001 bis 3.500 AN	23
3.501 bis 4.000 AN	25
4.001 bis 4.500 AN	27
4.501 bis 5.000 AN	29
5.001 bis 6.000 AN	31
6.001 bis 7.000 AN	33
7.001 bis 9.000 AN	35

In Betrieben mit mehr als 9.000 Arbeitnehmern erhöht sich die Zahl der Mitglieder des Betriebsrats für je angefangene weitere 3.000 Arbeitnehmer um je 2 Mitglieder.

Berufliche Freistellung von Betriebsratsmitgliedern, § 38 BetrVG	
Betriebsgröße	**Anzahl der freizustellenden Betriebsratsmitglieder**
200 bis 500 AN	1
501 bis 900 AN	2
901 bis 1.500 AN	3
1.501 bis 2.000 AN	4
2.001 bis 3.000 AN	5
3.001 bis 4.000 AN	6
4.001 bis 5.000 AN	7
5.001 bis 6.000 AN	8
6.001 bis 7.000 AN	9

Berufliche Freistellung von Betriebsratsmitgliedern, § 38 BetrVG	
Betriebsgröße	**Anzahl der freizustellenden Betriebsratsmitglieder**
7.001 bis 8.000 AN	10
8.001 bis 9.000 AN	11
9.001 bis 10.000 AN	12

In Betrieben mit mehr als 10.000 Arbeitnehmern ist für je angefangene weitere 2.000 Arbeitnehmer ein weiteres Betriebsratsmitglied von der beruflichen Tätigkeit freizustellen. Freistellungen können auch in Form von Teilfreistellungen erfolgen, § 38 Abs. 1 Satz 3 BetrVG.

Betriebsrat: Wahlberechtigung und Wählbarkeit

Die **Wahlberechtigung** ist in § 7 BetrVG geregelt. Danach waren bisher alle Arbeitnehmer eines Betriebs wahlberechtigt, **die das 18. Lebensjahr vollendet** haben. Mit Inkrafttreten des Betriebsrätemodernisierungsgesetzes[1] wurde § 7 BetrVG geändert und diese Altersgrenze herabgesetzt. Wahlberechtigt sind nun **alle Arbeitnehmer eines Betriebs**, die das **16. Lebensjahr** vollendet haben.

Regelungen zur **Wählbarkeit** enthält § 8 BetrVG. Danach sind im Grundsatz **alle wahlberechtigten Arbeitnehmer wählbar**, die **dem Betrieb 6 Monate angehören** und das 18. Lebensjahr vollendet haben. Anders als bei der Wahlberechtigung nach § 7 wurde die Altersgrenze für die Wählbarkeit durch das Betriebsrätemodernisierungsgesetz nicht abgesenkt, es bleibt bei der bisherigen Altersgrenze von 18 vollendeten Lebensjahren (weitere Sonderregelungen s. in § 8 Abs. 1 und 2 BetrVG).

Beschäftigter	Wahlberechtigung	Wählbarkeit
Altersteilzeit während der Freistellungsphase	**nein**[2]	**nein**
Aufhebungsvertrag nach Anfechtung	**nein**	umstritten[3]

[1] BGBl. 2021 I S. 1762.

[2] Vgl. BAG, Beschluss v. 23.7.2014, 7 ABR 23/12.

[3] Da auch gekündigte Arbeitnehmer nach Ablauf der Kündigungsfrist noch wählbar sind (BAG, Beschluss v. 10.11.2004, 7 ABR 12/04), wird empfohlen, die Wählbarkeit in diesem Falle anzuerkennen.

Beschäftigter	Wahlberechtigung	Wählbarkeit
Aushilfskraft	**ja** wenn sie am Wahltag in einem Arbeitsverhältnis steht[4]	**nein** es sei denn, die Aushilfskraft wird für mehr als 6 Monate eingestellt
Arbeitnehmer des öffentlichen Dienstes in Betrieben privatrechtlich organisierter Unternehmen tätig[5]	**ja**	**ja**
Arbeitnehmer kurz vor der Verrentung (aber am letzten Wahltag noch im Arbeitsverhältnis)	**ja**	**ja**
Arbeitnehmer während der Arbeitsunfähigkeit	**ja**	**ja**
Außendienstmitarbeiter	**ja**	**ja**
außerordentlich gekündigter Arbeitnehmer	**nein** ab Zugang der Kündigungserklärung, es liegen die Voraussetzungen des allgemeinen Anspruchs auf Weiterbeschäftigung vor[6]	**ja** sofern Kündigungsschutzklage erhoben ist und noch keine rechtskräftige Entscheidung vorliegt
Ausländer/ Staatenlose	**ja**	**ja**
Auslandsentsendung wenn dem inländischen Betrieb noch zuzuordnen[7]	**ja**	**ja**
Auszubildender	**ja** wenn nicht in reinen Ausbildungsbetrieben zur Berufsausbildung tätig	**ja** wenn nicht in reinen Ausbildungsbetrieben zur Berufsausbildung tätig

---

4 Unerheblich ist, ob die Aushilfskraft einmalig, hin und wieder oder immer herangezogen wird.

5 BAG, Beschluss v. 15.8.2012, 7 ABR 24/11; Ergänzung des § 5 Abs. 1 BetrVG durch Art. 9 des Gesetzes zur Errichtung eines Bundesaufsichtsamts für Flugsicherung und zur Änderung und Anpassung weiterer Vorschriften vom 29.7.2009, in Kraft seit 4.8.2009, BGBl. I 2009, 2424 (2429), auch für Beamte, Soldaten und in solchen Betrieben zur Berufsausbildung Beschäftigte.

6 Vgl. BAG, Beschluss v. 25.10.2017, 7 ABR 10/16.

7 Ein ins Ausland entsandter Arbeitnehmer ist noch dem inländischen Betrieb zuzuordnen, wenn er dem inländischen Betrieb gegenüber noch weisungsgebunden ist. Dies ist dann der Fall, wenn er nicht in eine im Ausland bestehende betriebliche Organisation eingegliedert wird, z. B. bei Montagearbeiten. Die Umstände des Einzelfalls sind entscheidend: Dauer des Auslandseinsatzes, das Bestehen und die Voraussetzungen eines Rückrufrechts zu einem Inlandseinsatz sowie sonstige Weisungsbefugnisse.

Beschäftigter	Wahlberechtigung	Wählbarkeit
Auszubildende des öffentlichen Dienstes, die zu ihrer Berufsausbildung in Betrieben privatrechtlich organisierter Unternehmen tätig sind	**ja**	**ja**
Beamte, die in Betrieben privatrechtlich organisierter Unternehmen tätig sind	**ja**	**ja**
Beamte oder Arbeitnehmer in ARGE-SGB II, soweit die ARGE-SGB II privatrechtlich organisiert ist	**ja** soweit länger als 3 Monate eingesetzt	**ja**[8]
befristet beschäftigte Arbeitnehmer	**ja**	**ja**
Beschäftigungsverbote z. B. während der Schwangerschaft	**ja**	**ja**
Dienstverpflichtete für den Katastrophenschutz	**ja**	**ja**
Ein-Euro-Jobber	**nein**	**nein**
Elternzeit	**ja**	**ja**
Erwerbsminderungsrente § 43 SGB VI	**ja**	**ja**
fehlerhaftes Arbeitsverhältnis	**ja**	**ja**
Freie Mitarbeiter	**nein** es sei denn, dass scheinselbstständig	**nein** es sei denn, dass scheinselbstständig
Geringfügig Beschäftigte, sog. „450-Euro-Jobs" § 8 SGB IV	**ja**	**ja**
Heimarbeit	**ja**	**ja**
Homeoffice	**ja**	**ja**
In Beschäftigungs- und Qualifizierungsgesellschaften tätige Personen	**nein** es sei denn, dass als Stammpersonal dort tätig	**nein**

[8] Vgl. BAG, Beschl. v. 16.1.2008, 7 ABR 66/06; LAG Schleswig-Holstein, Beschl. v. 5.4.2001, 2 TaBV 35/10.

Beschäftigter	Wahlberechtigung	Wählbarkeit
Kurzarbeit Null	**ja**	**ja**
Leiharbeitnehmer[9] (Arbeitnehmerüberlassung nach AÜG)	**ja** wenn der Leiharbeitnehmer nach der Prognose des Wahlvorstandes länger als 3 Monate im Betrieb eingesetzt werden wird.[10] **ACHTUNG**: Es kommt nicht darauf an, dass der Leiharbeitnehmer am Wahltag bereits 3 Monate im Betrieb beschäftigt ist	**nein**[11]
Konzernleihe (mobiler Einsatz von Arbeitnehmern im Konzern)	**ja** wenn der Konzernarbeitnehmer im Betrieb des anderen Konzernunternehmens voraussichtlich länger als 3 Monate eingesetzt wird, ist er dort wahlberechtigt	**nein**
Leitende Angestellte[12]	**nein**	**nein**
Mitglieder des Wahlvorstandes	**ja**	**ja**
Mobile Worker	**ja** in dem Betrieb, in dem er tatsächlich eingegliedert ist (= organisatorische Einbindung)	**ja** in dem Betrieb, in dem er tatsächlich eingegliedert ist (= organisatorische Einbindung)
Mutterschutz	**ja**	**ja**
neu eingestellte Arbeitnehmer	**ja** wenn am Wahltag bereits in den Betrieb eingegliedert, der bloße Abschluss des Arbeitsvertrages reicht nicht aus	**nein** es sei denn, sie gehören am Wahltag schon mindestens 6 Monate dem Betrieb an

---

9 Leiharbeitnehmer zählen nach § 14 Abs. 2 Satz 3 AÜG bei der Berechnung der Betriebsgröße mit. Bei einem fehlerhaften Arbeitsverhältnis ist der Arbeitsvertrag anfechtbar oder nichtig, aber in Vollzug gesetzt.

10 Die Wahlberechtigung ist aber nicht gegeben, wenn vorhersehbar ist, dass die Zeitarbeitsfirma den Leiharbeitnehmer während des Überlassungszeitraumes austauschen wird.

11 S. § 14 Abs. 2 AÜG.

12 Ebenso Beamte und Soldaten, soweit sie als leitende Angestellte anzusehen sind.

Beschäftigter	Wahlberechtigung	Wählbarkeit
ordentlich gekündigte Arbeitnehmer	bis zum Ablauf der Kündigungsfrist **ja**[13] danach nur, bei tatsächlicher Weiterbeschäftigung, ein bloßer Weiterbeschäftigungsanspruch reicht aber nicht aus, ebenso wenig wie eine Kündigungsschutzklage[14]	**ja** wenn Kündigungsschutzklage erhoben und eine rechtskräftige Entscheidung noch nicht ergangen ist
Personalgestellung	**ja** wenn Arbeitnehmer in den Betrieb eingegliedert ist	**ja** wenn Arbeitnehmer in den Betrieb eingegliedert ist
Pflegezeit, § 3 PflegezeitG	**ja**	**ja**
Praktikanten	**ja** **AUSNAHME:** Praktikanten erhalten nur einen „allgemeinen Einblick in das Arbeitsleben", z. B. bei einem schulischen Betriebspraktikum	**ja** wenn am Wahltag mindestens 6 Monate im Betrieb tätig
Sabbatjahr Pflichten aus dem Arbeitsverhältnis sind nur für eine bestimmte Zeit suspendiert	**ja**	**ja**
Soldaten in Betrieben privatrechtlich organisierter Unternehmen	**ja**	**ja**
strafgerichtliche Verurteilung	**ja**	**nein** wenn der Arbeitnehmer infolge einer strafgerichtlichen Verurteilung nicht die Fähigkeit besitzt, Rechte aus öffentlichen Wahlen zu erlangen, § 8 Abs. 1 Satz 3 BetrVG

[13] Gilt auch, wenn der Arbeitnehmer von seiner Arbeitsverpflichtung freigestellt ist.

[14] Nach Ablauf der Kündigungsfrist steht dem gekündigten Arbeitnehmer ohne Weiterbeschäftigung auch dann das aktive Wahlrecht nicht mehr zu, wenn er Kündigungsschutzklage erhoben hat.

Beschäftigter	Wahlberechtigung	Wählbarkeit
teilzeitbeschäftigte Arbeitnehmer[15]	**ja**	**ja**
Telearbeit/Homeoffice	**ja**	**ja**
Telearbeit	**ja**	**ja**
vorübergehende Erwerbsunfähigkeit	**ja**	**ja**
Wehrdienst bzw. **freiwilliger Wehrdienst**	**ja**	**ja**
Zivildienst[16]	**ja**	**ja**

---

[15] Einschließlich Arbeitnehmer mit Arbeit auf Abruf oder Jobsharing.

[16] S. § 9 ZivilschutzG, wonach das Arbeitsverhältnis in seinem Bestand durch den Einsatz nicht berührt wird.

Brückenteilzeit: Anspruch

Diese Checkliste gibt einen Überblick über die Anspruchsvoraussetzungen der Brückenteilzeit nach § 9a TzBfG. Arbeitnehmer in Brückenteilzeit können seit dem 1.1.2019 nach einer befristeten Teilzeitphase wieder zu ihrer vorherigen Arbeitszeit zurückkehren. Der Anspruch auf Brückenteilzeit ist – ebenso wie der Anspruch auf unbefristete Teilzeitarbeit – nicht an das Vorliegen bestimmter Gründe gebunden. Während der Brückenteilzeit besteht kein Anspruch auf Verlängerung oder Verkürzung der Arbeitszeit oder auf vorzeitige Rückkehr zur ursprünglich vertraglich vereinbarten Arbeitszeit (§ 9a Abs. 4 TzBfG). Lehnt der Arbeitgeber den Antrag des Arbeitnehmers auf Brückenteilzeit ab, muss dies spätestens einen Monat vor dem gewünschten Beginn der Brückenteilzeit in Textform erfolgen (§§ 9a Abs. 3, 8 Abs. 5 Satz 1 TzBfG; § 126 BGB). Eine eigenhändige Unterschrift ist nicht mehr erforderlich. Ein Telefax oder eine E-Mail sind etwa ausreichend. Vor Ablauf dieser Frist muss die Ablehnungserklärung dem Arbeitnehmer zugehen (§§ 9a Abs. 3, 8 Abs. 5 Satz 1 TzBfG). Eine Begründung der Ablehnung ist nicht erforderlich.

Achtung
Bei einem Frist- oder Formfehler im Ablehnungsschreiben gilt die Brückenteilzeit als nach den Wünschen des Arbeitnehmers festgelegt (§§ 9a Abs. 3, 8 Abs. 5 Satz 2 TzBfG).

	Check		OK	Bemerkung
1)	Dauer des Arbeitsverhältnisses	Das Arbeitsverhältnis besteht länger als **6 Monate** (§ 9a Abs. 1 Satz 1 TzBfG).		
2)	Größe des Arbeitgebers	Der Arbeitgeber beschäftigt in der Regel **mehr als 45 Arbeitnehmer** (§ 9a Abs. 1 Satz 3 TzBfG). Hierbei zählt jeder Kopf, unabhängig vom Beschäftigungsumfang. Auszubildende werden bei der Berechnung aber nicht berücksichtigt (§ 9a Abs. 7 TzBfG).		
3)	Dauer der Brückenteilzeit	Die Brückenteilzeit wird für **mindestens 1 Jahr und höchstens 5 Jahre** verringert (§ 9a Abs. 1 Satz 2 TzBfG). Die Arbeitsvertragsparteien können einvernehmlich einen anderen Zeitraum vereinbaren. Durch Tarifvertrag kann der Rahmen für den Zeitraum der Arbeitszeitverringerung abweichend, auch zuungunsten des Arbeitnehmers, festgelegt werden (§ 9a Abs. 6 TzBfG).		
4)	Betriebliche Gründe	Der gewünschten Verringerung stehen keine **betrieblichen Gründe** entgegen, die die Organisation, den Arbeitsablauf oder die Sicherheit im Betrieb wesentlich beeinträchtigen oder unverhältnismäßige Kosten verursachen (§§ 9a Abs. 2 Satz 1, 8 Abs. 4 TzBfG).		

	Check		OK	Bemerkung
5)	Zumutbarkeitsregelung	Arbeitgeber mit **46 bis 200 Arbeitnehmern** können einen Antrag auf Brückenteilzeit ablehnen, wenn pro angefangenen 15 Arbeitnehmern bereits mindestens ein Arbeitnehmer Brückenteilzeit vereinbart hat (vgl. zu den Schwellenwerten § 9a Abs. 2 Satz 2 TzBfG). Auszubildende werden bei der Berechnung nicht berücksichtigt (§ 9a Abs. 7 TzBfG). **Stichtag** für die Berechnung der Zumutbarkeitsgrenze ist der Beginn der beantragten Brückenteilzeit. Der Arbeitgeber hat die voraussichtliche Situation an diesem Tag zu berücksichtigen. Entscheidend ist bei der Berechnung der Größe des Arbeitgebers das **Unternehmen**, nicht der Betrieb. Die Arbeitnehmer aller Betriebe sind also zusammenzuzählen. Für die Berechnung der Zumutbarkeitsgrenze kommt es nur auf **Arbeitnehmer** an, **die sich in Brückenteilzeit befinden**. Arbeitnehmer, die sich aus anderen Gründen in Teilzeit befinden, bleiben hier unberücksichtigt.		
6)	Frist und Form des Antrags	Der Antrag ist mindestens **3 Monate** vor Beginn der gewünschten Brückenteilzeit in **Textform** gestellt worden (§§ 9a Abs. 3, 8 Abs. 2 Satz 1 TzBfG; § 126 BGB). Der Umfang der Verringerung und der begehrte Zeitraum **müssen**, die gewünschte Verteilung **soll** im Antrag angegeben werden.		
7)	Erneuter Antrag nach Brückenteilzeit	Frühestens **ein Jahr nach Rückkehr aus der Brückenteilzeit** kann der Arbeitnehmer eine erneute Verringerung der Arbeitszeit (Teilzeit oder Brückenteilzeit) verlangen (§ 9a Abs. 5 Satz 1 TzBfG).		

	Check		OK	Bemerkung
8)	Erneuter Antrag nach Ablehnung der Brückenteilzeit aus betrieblichen Gründen	Hat der Arbeitgeber einen Verringerungsantrag **wegen betrieblicher Gründe** abgelehnt, kann der Arbeitnehmer frühestens nach **2 Jahren** eine erneute Verringerung der Arbeitszeit (Teilzeit oder Brückenteilzeit) beantragen (§§ 9a Abs. 5 Satz 2, 8 Abs. 6 TzBfG).		
9)	Erneuter Antrag nach Ablehnung der Brückenteilzeit aufgrund der Zumutbarkeitsregelung	Nach der Ablehnung eines Antrags auf Brückenteilzeit wegen Erreichen der **Zumutbarkeitsgrenze** bei Arbeitgebern mit 46 bis 200 Arbeitnehmern kann der Arbeitnehmer frühestens nach Ablauf von **einem Jahr** erneut eine Verringerung der Arbeitszeit (Teilzeit oder Brückenteilzeit) verlangen (§ 9a Abs. 5 Satz 3 TzBfG).		

Elterngeld und Elternzeit

Die Arbeitshilfe beinhaltet tabellarische Übersichten zu den rechtlichen Voraussetzungen von Elterngeld und Elternzeit. Dargestellt werden die Voraussetzungen, die Dauer der Elternzeit bzw. Höhe des Elterngeldes, die Auswirkungen auf das Arbeitsverhältnis, die einschlägigen Antragsfristen sowie Pflichten von Arbeitgeber und Arbeitnehmer.

Elterngeld	Staatliche Geldleistung
Voraussetzungen	**§ 1 BEEG** – Wohnsitz oder gewöhnlichen Aufenthalt in Deutschland. – Betreuung eines eigenen Kindes oder adoptierten Kindes oder Kindes des Ehegatten oder Lebenspartners. – Keine Ausübung einer vollen Erwerbstätigkeit (bei bis zum 31.8.2021 geborenen Kindern: bis zu 30 Wochenstunden; bei ab dem 1.9.2021 geborenen Kindern: bis zu 32 Wochenstunden).
Höhe	**§ 2 BEEG** – Mindestens 67 % des monatlichen Einkommens (Durchschnitt der letzten 12 Monate), maximal jedoch 1.800 EUR monatlich (Berechnung: Monats-Brutto abzüglich pauschalierter Abzüge). Bei Nettoeinkommen über 1.200 EUR Kürzung auf 65 %. – Prozentuale Steigerung bei monatlichem Einkommen unter 1.000 EUR. – Mindestbetrag: 300 EUR monatlich. – „Geschwisterbonus" bei mehreren Kindern (10 %, mindestens 75 EUR). – Kein Elterngeld ab 250.000 EUR Jahreseinkommen (Alleinstehende) bzw. 300.000 EUR (bei 2 Bezugsberechtigten). – Elterngeld Plus: höchstens in Höhe der Hälfte des zustehenden Basiselterngeldbetrages bei verdoppelter Bezugsdauer.
Dauer	**§ 4 BEEG** – Anspruch besteht grundsätzlich nur in den ersten 14 Lebensmonaten des Kindes. – Mindestens 2 und höchstens 12 Monate Bezugsdauer. – Sind 2 betreuende Elternteile vorhanden: Für ein Elternteil maximal 12 Monate + 2 sog. „Partnermonate" für den anderen Elternteil. – Elterngeld Plus und Partnerschaftsmonate für bis zum 31.8.2021 geborene Kinder: Anspruch für höchstens 24 Monate plus 4 Partnerschaftsmonate (insgesamt max. 28 Monate); für ab 1.9.2021 geborene Kinder: Elterngeld Plus bis zum vollendeten 32. Lebensmonat, wenn ab dem 15. Lebensmonat von einem Elternteil durchgängig in Anspruch genommen.

Elterngeld	Staatliche Geldleistung
Antragsfristen	**§ 7 BEEG** – Antrag ist ab Geburt des Kindes, aber nur rückwirkend für 3 Monate zulässig. – Antrag ist daher spätestens im 4. Lebensmonat des Kindes zu stellen.
Pflichten des Arbeitgebers	**§§ 2 Abs. 7, 9 BEEG** – Erteilung eines Einkommensnachweises. – Erteilung eines Arbeitszeitnachweises.
Auswirkungen auf das Arbeitsverhältnis	Grundsätzlich keine, wenn keine Elternzeit beantragt wird.

Elternzeit	Freistellung von der Arbeitspflicht durch den Arbeitgeber

Voraussetzungen	**§ 15 BEEG**
	– Betreuung eines eigenen Kindes oder adoptierten Kindes oder Kindes des Ehegatten oder Lebenspartners im eigenen Haushalt.
	– Betreuung eines Enkelkindes im eigenen Haushalt, wenn parallel kein Elternteil Elternzeit nimmt und:
	  – ein Elternteil des Kindes minderjährig ist, oder
	  – ein Elternteil des Kindes sich in Ausbildung befindet (für bis 30.6.2015 geborene Kinder: nur wenn das Elternteil sich im letzten oder vorletzten Jahr der Ausbildung befindet), die Ausbildung vor der Volljährigkeit begonnen wurde und die Arbeitskraft des Elternteils im Allgemeinen voll in Anspruch nimmt (sog. Großelternzeit).

Dauer	**§ 15 Abs. 2 BEEG** – Höchstens 3 Jahre. – Grundsätzlich nur bis zur Vollendung des 3. Lebensjahres des Kindes. – Für ab dem 1.7.2015 geborene Kinder: Bis zu 24 Monate können ohne Zustimmung des Arbeitgebers zwischen dem vollendeten 3. und dem vollendeten 8. Lebensjahr des Kindes beansprucht werden; Verteilung auf bis zu 3 Zeitabschnitte zustimmungsfrei möglich. – Für bis zum 30.6.2015 geborene Kinder: Übertragung von bis zu 12 Monaten auf die Zeit bis zur Vollendung des 8. Lebensjahres möglich, wenn der Arbeitgeber zustimmt.

Elternzeit	Freistellung von der Arbeitspflicht durch den Arbeitgeber
Antragsfristen	**§ 16 BEEG** – Spätestens 7 Wochen vor Beginn der Elternzeit. – Für ab 1.7.2015 geborene Kinder: 13 Wochen, wenn Elternzeit ab dem vollendeten 3. Lebensjahr in Anspruch genommen wird. – Schriftlicher Antrag beim Arbeitgeber notwendig.
Rechte und Pflichten des Arbeitgebers	**§ 15 Abs. 5 – 7 BEEG** Einer Teilzeittätigkeit (15 bis 30 Wochenstunden für bis zum 31.8.2021 geborene Kinder; 15 bis 32 Wochenstunden für ab dem 1.9.2021 geborene Kinder) muss zugestimmt werden, wenn – das Arbeitsverhältnis länger als 6 Monate besteht – mehr als 15 Arbeitnehmer beschäftigt werden – und keine dringenden betrieblichen Gründe entgegenstehen. **§ 15 Abs. 4 BEEG** Einer Teilzeittätigkeit (bis zu 30/32 Wochenstunden im Monatsdurchschnitt) bei einem anderen Arbeitgeber muss zugestimmt werden, wenn keine dringenden betrieblichen Gründe entgegenstehen. **§ 17 BEEG** Der Jahresurlaub kann für die Zeiten der Elternzeit anteilig gekürzt werden. **§ 21 BEEG** Für die Dauer der Elternzeit kann ein anderer Arbeitnehmer als Vertretung befristet eingestellt werden.
Auswirkungen auf das Arbeitsverhältnis	Die gegenseitigen Hauptleistungspflichten werden suspendiert (keine Arbeitspflicht, keine Vergütungspflicht), das Arbeitsverhältnis besteht aber fort und wird nach Ablauf der Elternzeit fortgesetzt. Teilzeittätigkeit ist bis zu 30/32 Wochenstunden im Monatsdurchschnitt zulässig. **§ 18 BEEG**: Sonderkündigungsschutz Der Arbeitgeber darf das Arbeitsverhältnis nur nach vorheriger Zustimmung der nach Landesrecht zuständigen Behörde kündigen. Für ab 1.7.2015 geborene Kinder – bei Elternzeit bis zum 3. Lebensjahr: Beginn des Kündigungsschutzes 8 Wochen vor Beginn der Elternzeit. – bei Elternzeit zwischen dem vollendeten 3. und den vollendeten 8. Lebensjahr: Beginn des Kündigungsschutzes 14 Wochen vor Beginn der Elternzeit. Für bis zum 30.6.2015 geborene Kinder: Beginn des Kündigungsschutzes 8 Wochen vor Beginn der Elternzeit. **§ 19 BEEG**: Sonderkündigungsrecht des Arbeitnehmers Der Arbeitnehmer kann das Arbeitsverhältnis mit einer Frist von 3 Monaten zum Ende der Elternzeit kündigen.

Entgeltarten von A bis Z

Je nach Entgeltart ist die steuer- und sozialversicherungsrechtliche Bewertung unterschiedlich. In dieser Tabelle können Sie ablesen, wie die einzelnen Entgeltarten jeweils lohnsteuer- und sozialversicherungsrechtlich behandelt werden.

Art der Arbeitgeberleistung	Lohn-steuer	Sozialver-sicherung
Abfindung wegen einer vom Arbeitgeber veranlassten Auflösung des Dienstverhältnisses	pflichtig	frei
Aktienüberlassung, s. Vermögensbeteiligung		
Altersrenten (§ 19 Abs. 2 EStG) Abzug des Versorgungsfreibetrags in Höhe von 14,4 % der Rente, bei Rentenbeginn 2022 max. 1.080 EUR, zzgl. 324 EUR Zuschlag zum Versorgungsfreibetrag pro Jahr	frei	frei
Altersteilzeit Aufstockungsbeträge und Beiträge zur Höherversicherung nach dem Altersteilzeitgesetz, auch soweit sie über die gesetzlichen Mindestbeträge hinausgehen; s. auch Aufstockungsbeträge (§ 3 Nr. 28 EStG)	frei	frei
Altersübergangsgeld gem. § 249e AFG	frei	frei
Antrittsgebühr im grafischen Gewerbe (§ 3b EStG) wenn sie aufgrund tariflicher Regelung gewährt werden, bis zur Höhe der Sonn- und Feiertagszuschläge	frei	frei
Arbeitgeberanteile zur gesetzlichen Sozialversicherung (§ 3 Nr. 62 EStG)	frei	frei
Arbeitgeberdarlehen, s. Zinsersparnis		
Arbeitnehmersparzulage	frei	frei
Arbeitsessen (R 19.6 Abs. 2 LStR) während einem außergewöhnlichen Arbeitseinsatz, wenn der Wert der Mahlzeit 60 EUR pro Arbeitnehmer nicht übersteigt	frei	frei
Arbeitskleidung, s. Berufskleidung		
Arbeitsmittel, s. Werkzeuggeld		
Arbeitslosenhilfe, Arbeitslosengeld II (§ 3 Nr. 2 EStG)	frei	frei
Aufmerksamkeiten (R 19.6 Abs. 1 LStR) wenn deren Wert 60 EUR nicht übersteigt, z. B. Blumen, Buch, Genussmittel aus persönlichem Anlass des Arbeitnehmers	frei	frei
Aufstockungsbeträge nach dem Altersteilzeitgesetz (§ 3 Nr. 28 EStG) auch soweit sie die Mindestgrenze von 20 % des Teilzeitarbeitsentgeltes bzw. Regelarbeitsentgelt (Verträge ab 1.7.2007) überschreiten. Obergrenze der Steuerfreiheit: Aufstockung bis 100 % des Nettoarbeitsentgeltes bei vergleichbarer Vollbeschäftigung	frei	frei

Art der Arbeitgeberleistung	Lohn-steuer	Sozialver-sicherung
Auslagenersatz (§ 3 Nr. 50 EStG) für Ausgaben des Arbeitnehmers, die vom Arbeitgeber ersetzt werden	frei	frei
Autotelefon (einschließlich Freisprecheinrichtung) – im Dienstwagen – im Pkw des Arbeitnehmers, wie beim Telefon in der Wohnung ohne Einzelnachweis max. 20 EUR pro Monat, s. Telefon	frei	frei
Berufskleidung (§ 3 Nr. 31 EStG) falls es sich um typische Berufskleidung handelt, die dem Arbeitnehmer unentgeltlich oder verbilligt überlassen wird, z. B. Schutzkleidung	frei	frei
Betriebliche Gesundheitsförderung (§ 3 Nr. 34 EStG) Bar- und Sachleistungen bis zu 600 EUR im Jahr, die der Arbeitgeber zusätzlich zur Gesundheitsvorsorge erbringt	frei	frei
Betriebsrenten (§ 19 Abs. 2 EStG) Alters- und Erwerbsunfähigkeitsrenten, die von früheren Arbeitgebern oder aus einer betrieblichen Versorgungskasse gezahlt werden. Bei Altersrenten, wenn der Arbeitnehmer das 63. Lebensjahr oder – wenn er Schwerbehinderter ist das 60. Lebensjahr – vollendet hat, und bei Erwerbsunfähigkeitsrenten bleiben bei Betriebsrenten mit Rentenbeginn 2022 14,4 % der Bezüge, höchstens 1.080 EUR, plus Zuschlag zum Versorgungsfreibetrag von maximal 324 EUR jährlich steuerfrei.	pflichtig	pflichtig (nur KV und PV)
Betriebsveranstaltung – übliche Zuwendungen bei herkömmlichen Veranstaltungen in Form von Speisen und Getränken, Fahrtkosten, Übernachtungskosten, Aufwendungen für den äußeren Rahmen usw., soweit die Zuwendungen pro Mitarbeiter 110 EUR brutto nicht übersteigen (§ 19 Abs. 1 Satz 1 Nr. 1a EStG)	frei	frei
– die Zuwendungen bei lohnsteuerpflichtigen Veranstaltungen werden mit 25 % pauschal versteuert (§ 40 Abs. 2 Nr. 2 EStG)	pauschal	frei
Bewirtungskosten – Geschäftlich veranlasste Bewirtung: Bei Bewirtung von Geschäftspartnern des Arbeitgebers können die vom Arbeitnehmer verauslagten Aufwendungen steuerfrei ersetzt werden (steuerfreier Auslagenersatz nach § 3 Nr. 50 EStG)	frei	frei
– Arbeitnehmerbewirtung bei Auswärtstätigkeit: Beträgt der Gesamtwert der vom Arbeitgeber unmittelbar oder mittelbar gewährten Speisen und Getränke nicht mehr als 60 EUR brutto, wird beim Arbeitnehmer auf die Besteuerung des hieraus resultierenden geldwerten Vorteils verzichtet, wenn der Arbeitnehmer seinerseits für die dienstliche Reisetätigkeit dem Grunde nach eine Verpflegungspauschale als Werbungskosten geltend machen kann (§ 8 Abs. 2 Satz 9 EStG)	frei	frei
– Reine Arbeitnehmerbewirtung bei außergewöhnlichen Arbeitseinsätzen bis zu 60 EUR brutto (R 19.6 Abs. 2 Satz 2 LStR)	frei	frei

Art der Arbeitgeberleistung	Lohn-steuer	Sozialver-sicherung
Darlehen, s. Zinsersparnisse		
Dienstwohnung, s. Werkswohnung		
Direktversicherung (§ 3 Nr. 63 EStG) Arbeitgeberbeiträge zu Direktversicherungen mit lebenslanger Rentenzahlung frühestens ab dem 60. Lebensjahr		
– bis zu 4 % der BBG RV/West (2022: 3.384 EUR)	frei	frei
– bis zu 8 % der BBG RV/West (2022: 6.768 EUR)	frei[1]	pflichtig
Doppelte Haushaltsführung		
soweit der Arbeitgeber keine höheren Mehraufwendungen ersetzt, als der Arbeitnehmer ansonsten als Werbungskosten geltend machen könnte (§ 9 EStG, R 9.11 Abs. 5 bis 11 LStR)	frei	frei
Ehrenamtsfreibetrag (§ 3 Nr. 26a EStG)		
Aufwandsentschädigung für ehrenamtliche Nebentätigkeiten bis zu 840 EUR pro Jahr	frei	frei
Elektrofahrzeug/Hybridelektrofahrzeug/Elektrofahrrad		
Aufladen von Dienstfahrzeugen und privaten (Hybrid-)Elektrofahrzeugen (§ 3 Nr. 46 EStG) sowie E-Bikes:		
– im Betrieb des Arbeitgebers	frei	frei
– in einem verbundenen Unternehmen	frei	frei
– für Leiharbeitnehmer im Betrieb des Entleihers	frei	frei
– durch einen Dritten, z. B. Geschäftsfreunde oder Kunden des Arbeitgebers	pflichtig	pflichtig
Erstattung der vom Arbeitnehmer selbst getragenen Stromladekosten für betriebliches (Hybrid-)Elektrofahrzeug	frei	frei
(Zeitweise) unentgeltliche oder verbilligte Überlassung einer betrieblichen Ladevorrichtung (§ 3 Nr. 46 EStG)	frei	frei
Übereignung einer Ladevorrichtung, wenn pauschal mit 25 % versteuert (§ 40 Abs. 2 Satz 1 Nr. 6 EStG)	pauschal	frei
Zuschüsse des Arbeitgebers für eine private Ladevorrichtung des Arbeitnehmers, wenn pauschal mit 25 % versteuert (§ 40 Abs. 2 Satz 1 Nr. 6 EStG)	pauschal	frei
Übereignung eines Elektrofahrrads, das verkehrsrechtlich nicht als Kfz gilt (keine Kennzeichen- oder Versicherungspflicht) und das zusätzlich zum ohnehin geschuldeten Arbeitslohn gewährt wird, wenn pauschal mit 25 % versteuert (§ 40 Abs. 2 Nr. 7 EStG)	pauschal	frei

[1] Ggf. unter Anrechnung pauschalbesteuerter bAV-Beiträge nach § 40b EStG a.F.

Art der Arbeitgeberleistung	Lohnsteuer	Sozialversicherung
Erholungsbeihilfe		
– wenn die Zahlung dem Anlass nach gerechtfertigt ist, z. B. in Krankheits- oder Unglücksfällen, bis 600 EUR jährlich, darüber hinaus nur bei besonderem Notfall (dabei sind Einkommensverhältnisse und Familienstand zu berücksichtigen) (R 3.11 Abs. 2 LStR)	frei	frei
– sonstige Leistungen, z. B. Urlaub in Betriebserholungsstätten oder Barzuschüsse zum Erholungsurlaub	pflichtig	pflichtig
– werden die Beihilfen pauschal versteuert (bis zu 156 EUR zzgl. 104 EUR für den Ehegatten und 52 EUR für jedes Kind) (§ 40 Abs. 2 Nr. 3 EStG)	pauschal	frei
Essenmarken (R 8.1 Abs. 7 Nr. 4 LStR)		
– die zur Verbilligung von Mahlzeiten für die Arbeitnehmer unmittelbar an eine Kantine, Gaststätte usw. gegeben werden, soweit der vom Arbeitnehmer noch zu entrichtende Eigenanteil den amtlichen Sachbezugswert der Mahlzeit nicht unterschreitet (2022: Mittag- und Abendessen: je 3,57 EUR, Frühstück: 1,87 EUR)	frei	frei
– überschreitet der Eigenanteil den amtlichen Sachbezugswert nicht und wird der geldwerte Vorteil pauschal mit 25 % versteuert	pauschal	frei
Fahrtkostenzuschuss (§ 3 Nr. 15 EStG) für Fahrten zwischen Wohnung und erste Tätigkeitsstätte		
– mit öffentlichen Verkehrsmitteln, wenn Zuschuss zusätzlich zum ohnehin geschuldeten Arbeitslohn gewährt wird	frei	frei
– bei Benutzung des arbeitnehmereigenen Pkw oder bei Fahrtkostenzuschüssen im Wege einer Gehaltsumwandlung	pflichtig	pflichtig
– wird der Zuschuss pauschal mit 15 % versteuert (§ 40 Abs. 2 EStG)	pauschal	frei
– wird der Zuschuss pauschal mit 25 % versteuert, ohne Anrechnung auf die Entfernungspauschale (§ 40 Abs. 2 Satz 2–4 EStG)	pauschal	frei
Fehlgeldentschädigung (R 19.3 Abs. 1 Nr. 4 LStR)		
soweit der Betrag 16 EUR monatlich nicht überschreitet	frei	frei
Feiertagszuschlag (§ 3b EStG)		
für tatsächlich geleistete Feiertagsarbeit, soweit sie für Arbeiten am 31.12. ab 14.00 Uhr sowie an gesetzlichen Feiertagen 125 % bzw. für Arbeiten am 24.12. ab 14.00 Uhr sowie an den Weihnachtsfeiertagen und am 1.5. 150 % des Grundlohns von max. 50 EUR* pro Stunde nicht übersteigen. Als Feiertagsarbeit gilt auch die Arbeit von 0 Uhr bis 4 Uhr des auf den Feiertag folgenden Tages * Für die Beitragsfreiheit in der Sozialversicherung gilt ein Stundensatz von max. 25 EUR.	frei	frei
Fortbildungsleistung (§ 3 Nr. 19 EStG)		
soweit sie die allgemeine Beschäftigungsfähigkeit erhöht	frei	frei
Freianzeigen		
der Mitarbeiter von Zeitungsverlagen, soweit der Rabattfreibetrag von 1.080 EUR jährlich nicht überschritten wird, s. Personalrabatt	frei	frei

Art der Arbeitgeberleistung	Lohnsteuer	Sozialversicherung
Freibrot an Arbeitnehmer in der Brotindustrie, soweit der Rabattfreibetrag von 1.080 EUR jährlich nicht überschritten wird, s. Personalrabatt	frei	frei
Freifahrten, s. Sammelfahrten		
Freiflüge oder verbilligte Flugreisen für Angestellte der Luftverkehrsgesellschaften, soweit der Rabattfreibetrag von 1.080 EUR jährlich nicht überschritten wird, s. Personalrabatt	frei	frei
Freitabak, s. Personalrabatt		
Geburtsbeihilfe (§ 19 Abs. 1 EStG)	pflichtig	pflichtig
Gesundheitsförderung (§ 3 Nr. 34 EStG) Arbeitgeberleistungen zusätzlich zum ohnehin geschuldeten Entgelt bis zu 600 EUR jährlich pro Mitarbeiter	frei	frei
Getränke und Genussmittel (R 19.3 Abs. 2 LStR) die der Arbeitgeber dem Arbeitnehmer unentgeltlich oder verbilligt zum Gebrauch im Betrieb überlässt, z. B. Kaffee, Süßigkeiten	frei	frei
Haustrunk, s. Personalrabatt		
Heimarbeiterzuschläge (R 9.13 Abs. 2 LStR) soweit sie 10 % des Grundlohns nicht übersteigen	frei	frei
Heiratsbeihilfe	pflichtig	pflichtig
Insolvenzgeld nach dem SGB III, s. Konkursausfallgeld		
Internetnutzung		
– Arbeitgeberzuschüsse zur privaten Internetnutzung (§ 2 Abs. 1 LStDV)	pflichtig	pflichtig
– werden die Zuschussleistungen pauschal versteuert (§ 40 Abs. 2 Nr. 5 EStG)	pauschal	frei
Jahreswagenrabatt, s. Personalrabatt		
Jobticket geldwerte Vorteile aus der unentgeltlichen oder verbilligten Überlassung eines Jobtickets		
– das zusätzlich zum ohnehin geschuldeten Arbeitslohn gezahlt wird (§ 3 Nr. 15 EStG)	frei	frei
– bei Gehaltsumwandlung	pflichtig	pflichtig
– bei Gehaltsumwandlung bis 50 EUR monatlich (§ 8 Abs. 2 Satz 11 EStG)	frei[2]	frei
– bei Gehaltsumwandlung bzw. Verzicht auf Steuerbefreiung, wenn mit 25 % pauschal versteuert (§ 40 Abs. 2 Satz 2–4 EStG)[3]	pauschal	frei

[2] Sofern die 50-EUR-Freigrenze nach Zusammenrechnung aller zu berücksichtigenden Sachbezüge in Summe nicht überschritten wird.

[3] Ohne Anrechnung auf die Entfernungspauschale.

Art der Arbeitgeberleistung	Lohn-steuer	Sozialver-sicherung
– bei Gehaltsumwandlung, wenn mit 15 % pauschal versteuert (§ 40 Abs. 2 Satz 2 EStG)[4]	pauschal	frei
Kindergartenzuschüsse (§ 3 Nr. 33 EStG) Leistungen des Arbeitgebers zur Unterbringung und Betreuung von nicht schulpflichtigen Kindern in betriebsfremden oder betriebseigenen Kindergärten u. Ä.	frei	frei
Kindergeld nach dem Bundeskindergeldgesetz	frei	frei
Konkursausfallgeld, s. Insolvenzgeld	frei	frei
Mehrarbeitszuschlag (§ 2 Abs. 2 Nr. 6 LStDV)	pflichtig	pflichtig
Mutterschaftsgeldzuschuss nach dem MuSchG	frei	frei
Nachtarbeitszuschlag (§ 3b EStG) die für tatsächlich geleistete Nachtarbeit neben dem Grundlohn gezahlt werden, soweit sie 25 % des Grundlohns von max. 50 EUR* pro Stunde nicht übersteigen. Wenn die Nachtarbeit vor 0 Uhr beginnt, ist für die Zeit von 0 Uhr bis 4 Uhr ein Zuschlag bis zu 40 % steuer- und beitragsfrei. * Für die Beitragsfreiheit in der Sozialversicherung gilt ein Stundensatz von max. 25 EUR.	frei	frei
Nebentätigkeit – Einnahmen hieraus als Übungsleiter, Ausbilder, Erzieher oder für die nebenberufliche Pflege alter, kranker oder behinderter Menschen in einer nach dem Körperschaftsteuergesetz steuerbefreiten Einrichtung bis zu 3.000 EUR (§ 3 Nr. 26 EStG). (Erfüllt die Nebentätigkeit die Merkmale einer geringfügigen Beschäftigung, ist diese auch über diesen Betrag hinaus versicherungsfrei (§ 8 Abs. 1 Nr. 1 SGB IV). – Nebenberufliche ehrenamtliche Tätigkeit im gemeinnützigen, mildtätigen und kirchlichen Bereich bis 840 EUR pro Jahr, s. Ehrenamtsfreibetrag	frei frei	frei frei
Pensionsfonds, Pensionskasse (§ 3 Nr. 63 EStG) – bis zu 4 % der BBG RV/West (2022 max. 3.384 EUR) – bis zu 8 % der BBG RV/West (2022 max. 6.768 EUR)	 frei frei[5]	 frei pflichtig
Pensionskasse, umlagefinanziert (§ 3 Nr. 56 EStG) – bis zu 3 % der BBG RV/West (2022 max. 2.538 EUR)	 frei[6]	 frei
Personalrabatt (§ 8 Abs. 3 EStG) beim Bezug von Waren oder Dienstleistungen, die vom Arbeitgeber nicht überwiegend für den Bedarf seiner Arbeitnehmer hergestellt, vertrieben oder erbracht werden, soweit der Nachlass insgesamt 1.080 EUR im Kalenderjahr (Rabattfreibetrag) nicht übersteigt. Dabei sind die um 4 % geminderten Endpreise zugrunde zu legen, zu denen der Arbeitgeber die Waren oder Dienstleistungen fremden Letztverbrauchern anbietet	frei	frei

[4] Mit Anrechnung auf die Entfernungspauschale.
[5] Ggf. unter Anrechnung pauschalbesteuerter bAV-Beiträge nach § 40b EStG a.F.
[6] Ggf. unter Anrechnung steuerfreier bAV-Beiträge nach § 3 Nr. 63 EStG.

Art der Arbeitgeberleistung	Lohnsteuer	Sozialversicherung
Prämie (§ 19 Abs. 1 EStG) z. B. für Verbesserungsvorschläge oder unfallfreies Fahren	pflichtig	pflichtig
Reisekostenvergütung (§ 3 Nr. 13 und 16 EStG) soweit der Arbeitgeber keine höheren Beträge ersetzt, als der Arbeitnehmer ansonsten als Werbungskosten abziehen könnte	frei	frei
Sachbezüge (§ 8 Abs. 1 EStG i. V. m. § 8 Abs. 2 Satz 11 EStG) soweit sie monatlich nicht die Freigrenze von 50 EUR überschreiten	frei	frei
Sachprämien (§ 3 Nr. 38 EStG) aus Kundenbindungsprogrammen (z. B. Miles and More), bis 1.080 EUR im Kalenderjahr	frei	frei
Sammelbeförderung (§ 3 Nr. 32 EStG) der Arbeitnehmer zwischen Wohnung und erster Tätigkeitsstätte mit einem vom Arbeitgeber eingesetzten Beförderungsmittel (Bus oder für mehrere Arbeitnehmer zur Verfügung gestellter Pkw), wenn dies betrieblich notwendig ist	frei	frei
Sonntagsarbeitszuschlag (§ 3b EStG) die für tatsächlich geleistete Sonntagsarbeit neben dem Grundlohn gezahlt werden, soweit sie 50 % des Grundlohns von max. 50 EUR* pro Stunde nicht übersteigen, als Sonntagsarbeit gilt auch die von 0 Uhr bis 4 Uhr des auf den Sonntag folgenden Tages geleistete Arbeit * Für die Beitragsfreiheit in der Sozialversicherung gilt ein Stundensatz von max. 25 EUR.	frei	frei
Sterbegeld (§ 19 Abs. 2 EStG) das der frühere Arbeitgeber gewährt, soweit der Versorgungsbezug bei Rentenbeginn 2022 mit 14,4 %, max. 1.080 EUR pro Jahr, zzgl. 324 EUR nicht übersteigt; s. Betriebsrenten	pflichtig	frei
Telefon		
– Privatgespräche am Arbeitsplatz (§ 3 Nr. 45 EStG)	frei	frei
– Telefonanschluss in der Wohnung Gesprächsgebühren für betriebliche Telefonate, wenn der Arbeitnehmer Aufzeichnungen führt, zumindest für 3 Monate	frei	frei
– Ohne Nachweis bei einem Arbeitnehmer, der betrieblich veranlasste Telefongespräche in der Wohnung glaubhaft gemacht hat (z. B. Außendienstmitarbeiter), max. 20 EUR pro Monat	frei	frei
Trinkgeld		
– freiwillige Trinkgelder, die ohne Rechtsanspruch gewährt werden, in unbegrenzter Höhe (§ 3 Nr. 51 EStG)	frei	frei
– Trinkgelder mit Rechtsanspruch, z. B. mtl. pauschaler Bedienungszuschlag im Gaststättengewerbe, Metergelder im Möbeltransportgewerbe, Treppengelder im Kohlenhandel	pflichtig	pflichtig

Art der Arbeitgeberleistung	Lohnsteuer	Sozialversicherung
Umsatzprovision (§ 19 Abs. 1 EStG)	pflichtig	pflichtig
Umzugskostenvergütung		
– aus öffentlichen Kassen (§ 3 Nr. 13 EStG)	frei	frei
– im privaten Dienst bei dienstlich veranlasstem Umzug bis zur Höhe der Beträge, die nach dem Bundesumzugsrecht als höchstmögliche Umzugskostenvergütung gezahlt werden könnten (§ 3 Nr. 16 EStG)	frei	frei
Vermögensbeteiligung (§ 3 Nr. 39 EStG) Kostenlose oder verbilligte Überlassung von Aktien, Mitarbeiterbeteiligung von Aktien, Mitarbeiterbeteiligungsfonds u. a. Beteiligungen am eigenen Unternehmen bis zu 1.440 EUR	frei	frei
Vermögenswirksame Leistung Zuschüsse des Arbeitgebers zu vermögenswirksamen Leistungen (Wenn das zu versteuernde Einkommen 17.900 EUR bei Einzelveranlagung bzw. 35.800 EUR bei Zusammenveranlagung nicht übersteigt, wird eine Arbeitnehmersparzulage gezahlt. Für Vermögensbeteiligungen nach dem Mitarbeiterbeteiligungsgesetz erhöht sich die Einkommensgrenze auf 20.000 EUR bzw. 40.000 EUR).	pflichtig	pflichtig
Verpflegungskostenzuschuss (§ 3 Nr. 13 und 16 EStG) – 28 EUR bei 24-stündiger Abwesenheit – 14 EUR bei über 8-stündiger Abwesenheit die Beträge gelten einheitlich für Auswärtstätigkeit sowie für die berufliche doppelte Haushaltsführung. Bei mehrtägigen Reisen können unabhängig von der tatsächlichen Abwesenheitszeit 14 EUR sowohl für den Anreise- als auch für den Abreisetag gewährt werden. Bei Auslandsreisen, s. Verpflegungspauschalen nach der Auslandsreisekostentabelle 2022.	frei	frei
Vorruhestandsleistung (§ 3 Nr. 9 EStG, R 9 LStR)	pflichtig	pflichtig
Vorsorgeuntersuchung die auf Veranlassung des Arbeitgebers überwiegend aus betrieblichen Gründen unentgeltlich durchgeführt werden	frei	frei
Werkswohnung (§ 8 Abs. 2 Satz 9 EStG, R 8.1 Abs. 3 LStR)		
– Mietpreis bis 25 EUR/m^2 und Arbeitnehmer entrichtet mind. 2/3 des ortsüblichen Mietpreises	frei	frei
– Mietpreis über 25 EUR/m^2 und die Mietpreisverbilligung der ortsüblichen Miete beträgt max. 50 EUR pro Monat	frei[7]	frei
Werkzeuggeld (§ 3 Nr. 30 EStG) soweit es die Aufwendungen des Arbeitnehmers für die betriebliche Nutzung nicht übersteigt	frei	frei

7 Sofern die 50-EUR-Freigrenze nach Zusammenrechnung aller zu berücksichtigenden Sachbezüge in Summe nicht überschritten wird.

Art der Arbeitgeberleistung	Lohnsteuer	Sozialversicherung
Winterdienstausfallgeld, Wintergeld (§ 3 Nr. 2 EStG) nach dem Arbeitsförderungsgesetz	frei	frei
Zinsersparnis (§ 8 Abs. 2 EStG, R 8.1 Abs. 11 LStR)		
– bei zinsverbilligten oder unverzinslichen Arbeitgeberdarlehen, soweit der vereinbarte Zinssatz den Marktzins unterschreitet	pflichtig	pflichtig
– bei zinsverbilligten oder unverzinslichen Arbeitgeberdarlehen, soweit der vereinbarte Zinssatz den Marktzins unterschreitet **und** der daraus entstehende geldwerte Vorteil max. 50 EUR beträgt	frei[7]	frei
– Darlehen mit Zinssatz unter dem Marktzins, wenn das Darlehen am Ende des jeweiligen Lohnzahlungszeitraum die (Rest-)Summe von 2.600 Euro nicht übersteigt	frei	frei
Zukunftssicherungsleistungen		
– die der Arbeitgeber aufgrund gesetzlicher Verpflichtungen erbringt	frei	frei
– die der Arbeitgeber ohne gesetzliche Verpflichtung erbringt (§ 2 Abs. 2 Nr. 3 LStDV)	pflichtig	pflichtig
– Aufwendungen des Arbeitgebers für die Zukunftssicherung in Form von Direktversicherungsbeiträgen oder Leistungen an Pensionskassen, falls diese pauschal versteuert werden und vom Arbeitgeber zusätzlich zum Entgelt oder vom Arbeitnehmer durch Entgeltverzicht aus Einmalzahlungen finanziert werden (§ 40b EStG)	pauschal	frei
– Beiträge des Arbeitgebers bis 50 EUR zu Versicherungsleistungen, aufgrund derer der Arbeitnehmer nur Versicherungsschutz beanspruchen kann (Arbeitgeber ist Versicherungsnehmer)	frei[7]	frei

Entgelttransparenzgesetz: Auskunftsanspruch

Diese Checkliste gibt einen Überblick über die Voraussetzungen für die Geltendmachung eines Auskunftsanspruchs des Arbeitnehmers gegen den Arbeitgeber nach § 10 Entgelttransparenzgesetz (EntgTranspG).

Auskunftsanspruch nach dem Entgelttransparenzgesetz
Anwendungsbereich
1. Beschäftigte = vor allem Arbeitnehmer und Auszubildende sowie in Heimarbeit Beschäftigte[1] 2. Unternehmen mit i. d. R. mehr als 200 Beschäftigten[2]

[1] § 10 Abs. 1 EntgTranspG. Im Einzelfall können auch arbeitnehmerähnliche Personen im Sinne des innerstaatlichen Rechts Arbeitnehmer i. S. v. § 5 Abs. 2 Nr. 1 EntgTranspG sein.

[2] § 12 Abs. 1 EntgTranspG.

Auskunftsanspruch nach dem Entgelttransparenzgesetz
Ausschluss des Auskunftsanspruchs
1. Keine oder weniger als 6 vergleichbare Beschäftigte des jeweils anderen Geschlechts[3] 2. Kein Vergleich zwischen unterschiedlichen Beschäftigtengruppen des § 5 Abs. 2 EntgTranspG, z. B. Arbeitnehmer und Auszubildende 3. Letzte Auskunftserteilung gegenüber dem Beschäftigten innerhalb der letzten 2 Jahre und keine wesentliche Veränderung (bzw. für die Anfangsphase erstmaliges Auskunftsverlangen frühestens 6 Monate nach Inkrafttreten des Gesetzes und dann erst wieder nach 3 Kalenderjahren)[4]
Einschränkung des Auskunftsanspruchs
1. Keine Auskunft bezüglich regional unterschiedlicher Entgeltregelungen desselben Arbeitgebers 2. Keine Auskunft in Bezug auf Entgeltregelungen in anderen Betrieben oder anderen Unternehmen
Auskunftsverlangen
1. Textform eingehalten[5]? Wenn mündlich, Zurückweisung, aber erneutes Verlangen in Textform zulässig 2. Hat der Beschäftigte gleiche oder gleichwertige Tätigkeiten (Vergleichstätigkeiten) benannt[6]? Wenn nicht, dann Ablehnung des Verlangens. Eventuell aber Unzumutbarkeit dieser Angabe im Sinne des § 10 Abs. 1 Satz 2 EntgTranspG mit der Folge, dass doch Auskunftsanspruch bestehen kann 3. Prüfung des Umfangs: nur Vergleichsentgelt oder auch 2 Entgeltbestandteile verlangt?
Adressat des Anspruchs
1. Wenn **Betriebsrat**: Pflicht des Arbeitgebers zur Weitergabe von Informationen zu Entgelt und Beschäftigte mit vergleichbarer Tätigkeit an Betriebsrat in Textform[7] 2. **Ohne Betriebsrat**: Arbeitgeber direkt[8] (u. U. Weitergabe an Vertreter der Tarifvertragsparteien) 3. Datenschutz: Kenntniserlangung ist auf die mit der Beantwortung des Auskunftsverlangens befassten Personen zu beschränken[9]
Inhalt
1. **Vergleichsentgelt**: Bruttoentgelt laut statistischem Median + ggf. bis zu 2 Entgeltbestandteile, Errechnung und Angabe des Vollzeitäquivalents 2. **Entgeltfindung**: Kriterien und Verfahren. Nach Rechtsgrundlage zu unterscheiden: a) gesetzliche (Mindestlohn) oder tarifvertragliche Regelungen: Verweis darauf und Angabe, wo der Beschäftigte diese Regelungen finden kann. Keine nähere Begründungspflicht bezüglich der Entgeltfindung, sondern Angemessenheitsvermutung zugunsten tarifvertraglicher Regelungen b) ansonsten: Darlegung der Kriterien und Verfahren, wie die Vergütung des die Auskunft verlangenden Beschäftigten sowie der Beschäftigten mit Vergleichstätigkeiten zustande kommt

---

3 § 12 Abs. 3 EntgTranspG.
4 §§ 10 Abs. 2, 25 Abs. 1 EntgTranspG.
5 § 10 Abs. 2 EntgTranspG.
6 § 10 Abs. 1 EntgTranspG.
7 § 13 EntgTranspG.
8 § 15 Abs. 1 EntgTranspG.
9 § 12 Abs. 3 Satz 3 EntgTranspG.

Entsendebeschäftigungen: Leistungsumfang im Krankheitsfall

Liegen für einen im Ausland eingesetzten Arbeitnehmer die Voraussetzungen für eine Ausstrahlung[1] vor, so unterliegt die Person für die Dauer des Auslandseinsatzes weiterhin den deutschen Rechtsvorschriften. Dies gilt auch bei einer Entsendung in einen EU-, EWR-Staat, die Schweiz bzw. in einen Staat, mit dem ein Abkommen über Soziale Sicherheit besteht. Hierbei muss allerdings beachtet werden, dass lediglich in den vom Abkommen erfassten Sozialversicherungszweigen die deutschen Rechtsvorschriften weiter gelten. Bei einer Entsendung in das Vereinigte Königreich muss unterschieden werden, ob es sich bei der Entsendung um einen Anwendungsfall des Austrittsabkommens handelt oder um eine Ausstrahlung nach deutschen Rechtsvorschriften.

Entsendung in einen EU-, EWR-Staat, in die Schweiz oder in einen Staat, mit dem ein Abkommen über Soziale Sicherheit besteht

Bei einer Auslandstätigkeit in EU, EWR-Staaten oder in der Schweiz kann die im Ausland eingesetzte Person sich für die Inanspruchnahme von Sachleistungen mit der Europäischen Krankenversicherungskarte unmittelbar an einen Leistungserbringer wenden.

Bei einer Entsendung in das Vereinigte Königreich muss zunächst geprüft werden, ob der Sachverhalt vom Austrittsabkommen im Bereich der sozialen Sicherheit erfasst wird. Ist dies der Fall, dann kann sich die im Vereinigten Königreich eingesetzte Person für die Inanspruchnahme von Sachleistungen mit der Europäischen Krankenversicherungskarte unmittelbar an einen Leistungserbringer wenden. Ist der Sachverhalt nicht vom Austrittsabkommen im Bereich der sozialen Sicherheit erfasst, dann gelten die gleichen Regelungen wie bei Entsendungen ins vertragslose Ausland.

Bei einer Auslandstätigkeit in einem Staat, mit dem ein Abkommen über Soziale Sicherheit für den Bereich Krankheit besteht, kann sich die im Ausland eingesetzte Person für die Inanspruchnahme von Sachleistungen mit der jeweiligen Anspruchsgrundlage an den zuständigen Träger wenden. Bei Aufenthalt in Nordmazedonien, Montenegro und in Serbien gilt die Europäische Krankenversicherungskarte als Anspruchsgrundlage.

Hat der im Ausland eingesetzte Arbeitnehmer Leistungen zulasten des Arbeitgebers in Anspruch genommen, so kann sich der Arbeitgeber die Kosten von der Krankenkasse erstatten lassen.[2]

---

[1] § 4 SGB IV

[2] S. Kostenerstattung (Auslandsaufenthalt).

Entsendung ins vertragslose Ausland

Wird eine Person in einem Staat eingesetzt, mit dem kein Abkommen über Soziale Sicherheit besteht, kann der im Ausland eingesetzte Arbeitnehmer Leistungen zulasten des Arbeitgebers in Anspruch nehmen. Der Arbeitgeber kann sich die Kosten von der Krankenkasse erstatten lassen. Die Krankenkasse kann dem Arbeitgeber die Kosten in der Höhe erstatten, in der diese bei einer Behandlung in Deutschland angefallen wären.

Staat	Bezeichnung der Bescheinigung	Leistungsumfang
Bosnien-Herzegowina	BH 6	Nur sofort notwendige Behandlungen.
EU-, EWR-Staaten und die Schweiz	European Health Insurance Card – EHIC	Alle Leistungen nach dem Recht des Aufenthaltslandes. Anspruch auf medizinisch notwendige Leistungen unter Berücksichtigung der Art der Leistungen und der voraussichtlichen Aufenthaltsdauer.
Israel	ISR/D 111	Nur Leistungen bei Mutterschaft.
Marokko	–	Das Abkommen sieht keine Leistungsaushilfe vor. Regelungen zur KV sind lediglich hinsichtlich der Zuständigkeit getroffen.
Montenegro	European Health Insurance Card – EHIC	Nur sofort notwendige Behandlungen.
Nordmazedonien	European Health Insurance Card – EHIC	Nur sofort notwendige Behandlungen.
Serbien	European Health Insurance Card – EHIC	Nur sofort notwendige Behandlungen.
Türkei	T/A 11	Nur sofort notwendige Behandlungen.
Tunesien	TN/A 11	Nur sofort notwendige Behandlungen. Rechnung muss selbst bezahlt werden, Erstattung über tunesischen CNAM oder durch deutsche Krankenkasse.

Staat	Bezeichnung der Bescheinigung	Leistungsumfang
Vereinigtes Königreich		
bei Anwendungsfällen des Austrittsabkommens	European Health Insurance Card – EHIC	Alle Leistungen nach dem Recht des Aufenthaltslands. Anspruch auf medizinisch notwendige Leistungen unter Berücksichtigung der Art der Leistungen und der voraussichtlichen Aufenthaltsdauer.
bei Anwendungsfällen des Handels- und Kooperationsabkommens	Global Health Insurance Card – GHIC	Alle Leistungen nach dem Recht des Aufenthaltslands. Anspruch auf medizinisch notwendige Leistungen unter Berücksichtigung der Art der Leistungen und der voraussichtlichen Aufenthaltsdauer.

Fälligkeitstermine der Beiträge und Beitragsnachweise

Arbeitgeber müssen den Gesamtsozialversicherungsbeitrag spätestens zum festgelegten Termin dem Bankkonto der betreffenden Einzugsstelle gutschreiben.

Die Beitragsnachweise müssen der betreffenden Einzugsstelle spätestens stets 2 Arbeitstage vor Fälligkeit der Beiträge, bereits um 0.00 Uhr (Tagesbeginn) des betreffenden Tages, zugegangen sein.

Abgabe des Beitragsnachweises über Lastschrifteinzug mit dem SEPA-Lastschriftmandat

Durch die SEPA-Bestimmungen sind genaue Einreichungsfristen für die Lastschriften bei den Banken vorgegeben. Um die Frist nicht zu verpassen, sollte der Beitragsnachweis rechtzeitig abgegeben werden. Danach ist eine fristgerechte Wertstellung zum Fälligkeitstag nicht mehr möglich. Als „Wertstellung“ wird das Datum bezeichnet, an dem die Belastung eines Kontos wirksam wird.

Für das Jahr 2022 gelten folgende Fälligkeitstage:

Monat	Termin Beitragsgutschrift (Drittletzter Bankarbeitstag)	Termin Beitragsnachweis (2 Arbeitstage vor Fälligkeit der Beiträge)
Januar	27.	25.
Februar	24.	22.

Monat	Termin Beitragsgutschrift (Drittletzter Bankarbeitstag)	Termin Beitragsnachweis (2 Arbeitstage vor Fälligkeit der Beiträge)
März	29.	25.
April	27.	25.
Mai	27.	25.
Juni	28.	24.
Juli	27.	25.
August	29.	25.
September	28.	26.
Oktober	27.[1]	25.[2]
November	28.	24.
Dezember	28.	23.

[1] In Bundesländern mit Feiertag Reformationstag am 31.10.2022 verschiebt sich die Fälligkeit auf den 26.10.2022. Maßgebend sind die Verhältnisse am Hauptsitz der Einzugsstelle.

[2] In Bundesländern mit Feiertag Reformationstag am 31.10.2022 verschiebt sich die Fälligkeit auf den 24.10.2022. Maßgebend sind die Verhältnisse am Hauptsitz der Einzugsstelle.

Jahresarbeitsentgeltgrenzen/Versicherungspflichtgrenzen

Die Tabelle zeigt die Höhe der Jahresarbeitsentgeltgrenzen (JAEG) bzw. Versicherungspflichtgrenzen der gesetzlichen Krankenversicherung. Seit 1.1.2003 existieren 2 unterschiedliche Jahresarbeitsentgeltgrenzen, die jeweils nur für einen bestimmten Personenkreis anzuwenden sind.

Jahr	Allgemein[1]	Für am 31.12.2002 wegen Überschreitens der JAEG 2002 versicherungsfreie PKV-Versicherte[2]
2022	64.350 EUR	58.050 EUR
2021	64.350 EUR	58.050 EUR
2020	62.550 EUR	56.250 EUR
2019	60.750 EUR	54.450 EUR
2018	59.400 EUR	53.100 EUR
2017	57.600 EUR	52.200 EUR
2016	56.250 EUR	50.850 EUR

[1] § 6 Abs. 6 SGB V.

[2] § 6 Abs. 7 SGB V.

Kirchensteuer- und Kappungssätze im Lohnsteuerabzugsverfahren

Die Tabelle enthält die für das jeweilige Bundesland geltenden Kirchensteuerhebesätze 2022, außerdem die Kirchensteuer-Pauschalierungssätze für das sog. vereinfachte Verfahren sowie die Kappungssätze im Lohnsteuerabzugsverfahren.

Bundesland	Kirchensteuer-Hebesatz in % der Maßstabssteuer	Kirchensteuer-Pauschsatz in % der pauschalierten Lohnsteuer[1,2]	Kirchensteuer-Kappung im Lohnsteuerabzugsverfahren[3] (in % der einzubehaltenden Lohnsteuer[4])
Baden-Württemberg	8[5]	5	nein
Bayern	8	7	nein
Berlin	9	5	3
Brandenburg	9	5	nein
Bremen	9	7	3,5
Hamburg	9	4	3
Hessen	9	7	nein
Mecklenburg-Vorpommern	9	5	3
Niedersachsen	9	6	3,5[6]
Nordrhein-Westfalen	9	7	nein

---

1 Der ermäßigte Kirchensteuer-Pauschsatz gilt im **vereinfachten Verfahren**, wenn der ArbG **nicht** den Nachweis führt, dass einzelne ArbN keiner kirchensteuererhebenden Körperschaft angehören.

2 Die pauschale Kirchensteuer ist **gesondert in Zeile 26** der Lohnsteuer-Anmeldung **einzutragen** („pauschale Kirchensteuer im vereinfachten Verfahren"). Sie wird in einer Summe eingetragen; die Aufteilung auf die kirchensteuererhebenden Körperschaften wird von der Finanzverwaltung vorgenommen.

3 Eine Kappung (= Begrenzung der Kirchensteuer nach oben) gibt es in allen Bundesländern außer in Bayern. Sie erfolgt aber nicht in allen Bundesländern im Lohnsteuerabzugsverfahren, sondern ist in den übrigen Bundesländern, die mit „nein" in der Tabelle stehen, auf Antrag bei der entsprechenden Diözese oder Landeskirche.

4 Nach dem Gesetz gilt die festgesetzte Einkommensteuer als Bemessungsgrundlage für die Berechnung der Kirchensteuer. Im Lohnsteuerabzugsverfahren bemisst sich die Kirchensteuer nach der einzubehaltenden Lohnsteuer.

Bei **Arbeitnehmern mit Kindern** ist von einer fiktiven Lohnsteuer auszugehen, weil monatliche Freibeträge zu berücksichtigen sind.

5 Ausnahme: 9 % für Bad Wimpfen für PLZ 74206.

6 Ausnahme: 3 % bei der Evangelisch-Lutherischen Kirche in Norddeutschland und 4 % für den in Niedersachsen gelegenen Teil der Erzdiözese Paderborn.

Bundesland	Kirchensteuer-Hebesatz in % der Maßstabssteuer	Kirchensteuer-Pauschsatz in % der pauschalierten Lohnsteuer[1,2]	Kirchensteuer-Kappung im Lohnsteuerabzugsverfahren[3] (in % der einzubehaltenden Lohnsteuer[4])
Rheinland-Pfalz	9	7	nein
Saarland	9	7	nein
Sachsen	9	5	nein
Sachsen-Anhalt	9	5	3,5
Schleswig-Holstein	9	6	3
Thüringen	9	5	nein

Kündigungsfristen im Arbeitsrecht

Bei der ordentlichen Kündigung eines Arbeitsverhältnisses ist die maßgebende Kündigungsfrist einzuhalten. Sie kann sich aus dem Einzelarbeitsvertrag, einem Tarifvertrag oder den gesetzlichen Regelungen ergeben. Gemäß § 622 Abs. 1 BGB besteht eine gesetzliche Grundkündigungsfrist von 4 Wochen zum Monatsende oder zum 15. eines Kalendermonats. Nach einer Beschäftigungszeit von 2 Jahren verlängern sich die Kündigungsfristen des Arbeitgebers gem. § 622 Abs. 2 BGB.

Beschäftigungsdauer	Kündigungsfrist	zum
bis 6 Monate (vereinbarte Probezeit)	2 Wochen	(täglich)
bis 2 Jahre	4 Wochen	15. oder Monatsende
2 – 4 Jahre	1 Monat	Monatsende
5 – 7 Jahre	2 Monate	Monatsende
8 – 9 Jahre	3 Monate	Monatsende
10 – 11 Jahre	4 Monate	Monatsende
12 – 14 Jahre	5 Monate	Monatsende
15 – 19 Jahre	6 Monate	Monatsende
20 Jahre und mehr	7 Monate	Monatsende

Die **verlängerten Kündigungsfristen** (ab Überschreitung von 2 Beschäftigungsjahren) gelten nach dem Gesetzeswortlaut nur für die arbeitgeberseitige Kündigung. Der Arbeitnehmer hat somit grundsätzlich auch nach einer längeren Beschäftigungszeit nur eine Kündigungszeit von 4 Wochen (zum 15. eines Monats oder zum Monatsende) einzuhalten.

Allerdings ist es zulässig, von dieser gesetzlichen Regelung (sowohl Grundkündigungsfrist als auch verlängerte Fristen) durch **Tarifvertrag** (zugunsten und zu Ungunsten der Arbeitnehmer) abzuweichen (§ 622 Abs. 4 BGB). **Einzelvertraglich** kann eine **kürzere** als die Grundkündigungsfrist von 4 Wochen zum 15. eines Monats oder zum Monatsende nur dann vereinbart werden, wenn ein Arbeitnehmer zur vorübergehenden Aushilfe (bis längstens 3 Monate) eingestellt worden ist oder wenn der Arbeitgeber in der Regel nicht mehr als 20 Arbeitnehmer (ausgenommen Auszubildende) beschäftigt und die Kündigungsfrist 4 Wochen nicht unterschreitet.

Unberührt bleibt die Möglichkeit, **einzelvertraglich längere** Kündigungsfristen zu vereinbaren, wobei es unzulässig ist, für eine Kündigung des Arbeitsverhältnisses durch den Arbeitnehmer eine längere Kündigungsfrist als für den Arbeitgeber zu vereinbaren (§ 622 Abs. 6 BGB). Eine ausdrückliche Obergrenze für arbeitsvertragliche Kündigungsfristen sieht das Gesetz nicht vor. Allzu lange Fristen erschweren allerdings eine berufliche Bewegungsfreiheit, die durch Art. 12 GG geschützt ist. Erheblich verlängerte und in Allgemeinen Geschäftsbedingungen (AGB) festgeschriebene Kündigungsfristen können eine unangemessene Benachteiligung des Arbeitnehmers darstellen und daher gemäß § 307 Abs. 1 Satz 1 BGB unwirksam sein. Die Prüfung ist nach Abwägung aller Umstände des Einzelfalls, vor allem dann vorzunehmen, wenn die vereinbarte Kündigungsfrist wesentlich länger ist als die gesetzliche Regelfrist des § 622 Abs. 1 BGB.[1]

Beginn und Ende der Kündigungsfrist sind nach §§ 187 ff. BGB zu berechnen. Der Frist**beginn** richtet sich nach § 187 Abs. 1 BGB, d. h. der Zugangstag der Kündigung zählt für den Beginn der Frist nicht mit. Das Frist**ende**, also der Kündigungstermin, ist im Fall der Grundkündigungsfrist nach § 622 Abs. 1 BGB gesetzlich bestimmt auf den Ablauf des 15. bzw. des letzten Tages im Monat (jew. 24:00 Uhr), so dass sich eine Berechnung erübrigt.

Das Fristende verschiebt sich auch dann nicht nach hinten, wenn es auf einen Samstag, Sonntag oder gesetzlichen Feiertag fällt[2]. D. h., auch an Samstagen, Sonntagen und Feiertagen kann der Zugang einer Kündigung bewirkt werden; an diesen Tagen (und damit an jedem Tag im Jahr) kann die Kündigungsfrist auch auslaufen, eine Verlängerung bis zum nächsten Werktag findet nicht statt. Die Grenze bildet der Grundsatz von Treu und Glauben nach § 242 BGB: eine Kündigung zur „Unzeit“ ist unwirksam.[3]

---

[1] BAG, Urteil v. 26.10.2017, 6 AZR 158/16.

[2] § 193 BGB ist auf Kündigungsfristen weder unmittelbar noch analog anwendbar: BAG, Urteil v. 5.3.1970, 2 AZR 112/69; BGH, Urteil v. 17.2.2005, III ZR 172/04.

[3] BAG, Urteil v. 5.4.2001, 2 AZR 185/00; BAG, Urteil v. 16.9.2004, 2 AZR 447/03.

Nach der gesetzlichen **Grundkündigungsfrist von 4 Wochen** (§ 622 Abs. 1 BGB) ergeben sich für das **Jahr 2022** die folgenden **Kündigungstermine:**

Kündigung zum	Kündigungszugang spätestens am[4]
15.1.2022	18.12.2021
31.1.2022	3.1.2022
15.2.2022	18.1.2022
28.2.2022	31.1.2022
15.3.2022	15.2.2022
31.3.2022	3.3.2022
15.4.2022	18.3.2022
30.4.2022	2.4.2022
15.5.2022	17.4.2022
31.5.2022	3.5.2022
15.6.2022	18.5.2022
30.6.2022	2.6.2022
15.7.2022	17.6.2022
31.7.2022	3.7.2022
15.8.2022	18.7.2022
31.8.2022	3.8.2022
15.9.2022	18.8.2022
30.9.2022	2.9.2022
15.10.2022	17.9.2022
31.10.2022	3.10.2022
15.11.2022	18.10.2022
30.11.2022	2.11.2022
15.12.2022	17.11.2022
31.12.2022	3.12.2022
15.1.2023	18.12.2022

Angaben ohne Gewähr.

[4] Fällt der letzte Tag, an dem gekündigt werden kann, auf einen Sonnabend, Sonntag oder staatlich anerkannten Feiertag, so darf die Kündigung abweichend von § 193 BGB nicht erst am nächsten Werktag, sondern muss direkt am betreffenden Sonnabend, Sonntag oder Feiertag zugehen!

Kündigungsrecht: Gesetzliche Beschränkungen

Die Tabelle gibt einen Überblick, in welchen Fällen Arbeitgeber einen besonderen Kündigungsschutz der Arbeitnehmer berücksichtigen müssen.

Gesetz	Geschützter Personenkreis/Sachverhalt
§ 623 BGB	Schriftformerfordernis der Kündigung
§ 622 Abs. 2 BGB	Bei einer ordentlichen Kündigung langjährig beschäftigter Arbeitnehmer gelten längere Kündigungsfristen.
§ 1 Abs. 1 KSchG	Arbeitnehmer, die länger als 6 Monate beschäftigt sind, fallen in Betrieben mit regelmäßig mehr als 10 Arbeitnehmern unter das KSchG.
§ 15 Abs. 1 KSchG	Ordentliche Kündigungen eines Betriebsrats-Mitglieds/Wahlvorstands/Jugend- und Auszubildendenvertreter etc. sind unzulässig. Dies gilt nach § 15 Abs. 3a und b KSchG auch für Initiatoren einer Betriebsratswahl und für Arbeitnehmer, die Vorbereitungshandlungen zur Errichtung eines Betriebsrats unternehmen.
§§ 17, 18 KSchG	Anzeigepflicht vor Massenentlassungen; Entlassungssperre
§ 102 BetrVG	Anhörung des Betriebsrats vor jeder Kündigung
§ 103 Abs. 1 BetrVG	Außerordentliche Kündigungen von Mitgliedern des Betriebsrats/der Jugend- und Auszubildendenvertretung/Wahlvorständen/Wahlbewerbern bedürfen der Zustimmung des Betriebsrats.
§ 29a HAG	Die ordentliche Kündigung eines in Heimarbeit beschäftigten Mitglieds eines Betriebsrats/einer Jugend- und Auszubildendenvertretung etc. ist unzulässig. Die außerordentliche Kündigung dieser Arbeitnehmervertretungen bedarf der Zustimmung nach § 103 BetrVG.
§ 179 Abs. 3 SGB IX	Vertrauensleute der Schwerbehinderten genießen den gleichen Schutz wie Betriebsratsmitglieder.
§ 613a Abs. 4 BGB	Vom Betriebsübergang betroffene Arbeitnehmer dürfen nicht wegen des Betriebsübergangs gekündigt werden.
§ 11 TzBfG	Arbeitnehmern, die sich weigern, von Vollzeit in Teilzeit zu wechseln oder umgekehrt, darf deshalb nicht gekündigt werden.
§ 15 Abs. 3 TzBfG	Eine ordentliche Kündigung bei einer Befristung ist nur möglich, wenn dies vereinbart wurde.
§ 13 Abs. 2 TzBfG	Bei einer Arbeitsplatzteilung kann das Arbeitsverhältnis nicht deshalb gekündigt werden, weil ein Arbeitnehmer aus der Arbeitsplatzteilung ausscheidet.

Gesetz	Geschützter Personenkreis/Sachverhalt
§ 168 SGB IX	Die Kündigung eines Schwerbehinderten bedarf der vorhergehenden Zustimmung des Integrationsamts.
§ 41 SGB VI	Rentenanspruch ist kein Kündigungsgrund.
§ 17 Abs. 1 MuSchG	Werdende Mütter sind während der Schwangerschaft und bis 4 Monate nach der Entbindung unkündbar. Weiterhin besteht Kündigungsschutz seit 1.1.2018 bis zum Ablauf von 4 Monaten nach einer Fehlgeburt nach der 12. Schwangerschaftswoche.
§ 18 Abs. 1 BEEG	Arbeitnehmer, die Elternzeit in Anspruch nehmen, sind unkündbar.
§ 2 Abs. 1 ArbPlSchG	Wehrpflichtige sind während des Wehrdienstes oder einer Wehrübung unkündbar. Das ArbPlSchG ist gemäß § 16 Abs. 7 ArbPlSchG auf den seit dem 1.7.2011 allein vorgesehenen freiwilligen Wehrdienst entsprechend anzuwenden.
§ 2 Abs. 1 EÜG	Der Arbeitgeber darf das Arbeitsverhältnis während der Eignungsübung nicht kündigen.
§ 58 Abs. 2 BImSchG	Die ordentliche Kündigung des Immissionsschutzbeauftragten ist unzulässig.
§§ 58d, 58 Abs. 2 BImSchG	Die ordentliche Kündigung des Störfallbeauftragten ist unzulässig.
§ 60 Abs. 3 KrWG i. V. m. § 58 Abs. 2 BImSchG	Die ordentliche Kündigung des Abfallbeauftragten ist unzulässig.
§ 66 WHG i. V. m. § 58 Abs. 2 BImSchG	Die ordentliche Kündigung des Gewässerschutzbeauftragten ist unzulässig.
§ 38 Abs. 2 i. V. m. § 6 Abs. 4 BDSG	Die ordentliche Kündigung des Datenschutzbeauftragten ist unzulässig.
§ 5 PflegeZG	Der Arbeitgeber darf das Beschäftigungsverhältnis von der Ankündigung bis zur Beendigung der kurzzeitigen Arbeitsverhinderung nach § 2 oder der Pflegezeit nach § 3 nicht kündigen.
§ 2 Abs. 3 FPfZG i. V. m. § 5 PflegeZG	Von der Ankündigung der Freistellung bis zur Beendigung der Freistellung darf der Arbeitgeber das Beschäftigungsverhältnis nicht kündigen.
§ 8 Abs. 1 ATZG	Die Beantragung von Altersteilzeitarbeit ist kein Kündigungsgrund.
Frauenbeauftragte – Landesgesetze z. B. § 22 Abs. 8 LGG Saar (Landesgleichstellungsgesetz)	Die ordentliche Kündigung der Frauenbeauftragten ist unzulässig.

Gesetz	Geschützter Personenkreis/Sachverhalt
§ 22 Abs. 2 BBiG	Auszubildenden kann nach der Probezeit nur aus wichtigem Grund und ohne Einhalten einer Kündigungsfrist gekündigt werden.

Kurzfristige Beschäftigung: Prüfung der Berufsmäßigkeit

Eine Voraussetzung für eine versicherungsfreie kurzfristige Beschäftigung ist, dass diese nicht berufsmäßig ausgeübt wird. Ob Berufsmäßigkeit vorliegt oder nicht, hängt jedoch von verschiedenen Faktoren ab. Hier werden die häufigsten Fallkonstellationen aus der Praxis dargestellt und bewertet, ob sich Berufsmäßigkeit aufgrund des Status der Person ergeben kann. Berufsmäßigkeit aufgrund von anrechenbaren Vorbeschäftigungszeiten im laufenden Kalenderjahr kann sich grundsätzlich immer ergeben.

Wichtig
Die Prüfung der Berufsmäßigkeit ist nur bei Beschäftigungen erforderlich, bei denen das erzielte Arbeitsentgelt die Verdienstgrenze von 450 EUR im Monat überschreitet. Wird die Beschäftigung für einen kürzeren Zeitraum als einen Monat ausgeübt, ist im jeweiligen Monat dennoch keine anteilige Entgeltgrenze, sondern der monatliche Grenzbetrag von 450 EUR anzusetzen.

Berufsmäßigkeit, Fallkonstellationen		
Eine kurzfristige Beschäftigung wird ausgeübt		Berufsmäßig aufgrund des Status der Person Ja/Nein
–	während parallel dazu eine **sozialversicherungspflichtige (Haupt-)Beschäftigung** ausgeübt wird.	Nein
–	während parallel dazu eine geringfügig entlohnte Beschäftigung mit einem monatlichen Arbeitsentgelt bis 450 EUR (**Minijob**) ausgeübt wird.	Nein

Berufsmäßigkeit, Fallkonstellationen		
Eine kurzfristige Beschäftigung wird ausgeübt		**Berufsmäßig aufgrund des Status der Person Ja/Nein**
–	im unmittelbaren oder auch zeitlich versetzten **Anschluss an bereits ausgeübte Beschäftigungen** mit einem monatlichen Arbeitsentgelt von mehr als 450 EUR. Die Addition aller solchen Beschäftigungszeiten im Laufe eines Kalenderjahres beträgt insgesamt mehr als 3 Monate oder 70 Arbeitstage (Zeiträume vor dem Ausscheiden aus dem Berufsleben werden nicht berücksichtigt). Bei der Prüfung der Berufsmäßigkeit stehen Zeiten der Meldung als Ausbildung- oder Arbeitsuchender bei der Agentur für Arbeit (mit oder ohne Leistungsbezug) den Beschäftigungszeiten gleich.	Ja
–	während der **Elternzeit**, unabhängig davon, bei welchem Arbeitgeber die Beschäftigung ausgeübt wird.	Ja
–	während eines **unbezahlten Urlaubs**, unabhängig davon, bei welchem Arbeitgeber die Beschäftigung ausgeübt wird.	Ja
–	während eines **bezahlten Erholungsurlaubs** bei einem anderen Arbeitgeber.	Nein
–	von Personen, die für eine mehr als kurzfristige Beschäftigung als **Ausbildung- oder Arbeitsuchende gemeldet** sind und/oder **Leistungen der Agentur für Arbeit beziehen**.	Ja
–	von Personen, die Hilfen zum Lebensunterhalt (Arbeitslosengeld II oder Sozialhilfegeld) beziehen.	Ja
–	während des **Bezugs von Vorruhestandsgeld** (i. S. d. § 3 Satz 1 Nr. 4 SGB VI).	Nein
–	während der Ableistung eines **freiwilligen Wehrdienstes**.	Nein
–	zwischen **Beendigung des freiwilligen Wehrdienstes** und dem **Beginn des Studiums**.	Nein[1]

[1] Mit Einschränkung, s. GeringfRL: Abschn. 2.3.3.3.

Berufsmäßigkeit, Fallkonstellationen		
Eine kurzfristige Beschäftigung wird ausgeübt		**Berufsmäßig aufgrund des Status der Person Ja/Nein**
–	während des **vollzeitlichen Besuchs einer allgemeinbildenden Schule** (z. B. Haupt- oder Realschule oder Gymnasium).	Nein
–	zwischen **Schulentlassung und freiwilligem Wehrdienst.**	Ja
–	zwischen **Schulentlassung** und Beginn eines **freiwilligen sozialen oder ökologischen Jahres.** Dies gilt auch dann, wenn nach der Ableistung des freiwilligen Jahres voraussichtlich ein Studium aufgenommen wird.	Ja
–	zwischen **Schulentlassung und Beginn eines Bundesfreiwilligendienstes.** Dies gilt auch dann, wenn nach der Ableistung des freiwilligen Jahres voraussichtlich ein Studium aufgenommen wird.	Ja
–	während eines **freiwilligen sozialen oder ökologischen Jahres.**	Nein
–	während der **Teilnahme am Bundesfreiwilligendienst.**	Nein
–	zwischen **Schulabschluss** und der **ersten Aufnahme eines Ausbildungsverhältnisses oder anderweitigen Dauerarbeitsverhältnisses.**	Ja
–	zwischen **Schulentlassung** und Beginn eines **Dienstverhältnisses als Beamter.**	Ja
–	zwischen einer (nach dem Abitur ausgeübten) **Berufsausbildung und dem Beginn des Studiums.** Bei welchem Arbeitgeber der befristete Job ausgeübt wird, ist für die Beurteilung unbeachtlich.	Nein
–	zwischen **Schulentlassung** und der **Aufnahme eines praxisintegrierten dualen Studiums.**	Ja
–	zwischen **Schulabschluss** und **beabsichtigter Fachschulausbildung bzw. beabsichtigtem Studium.**	Nein

Berufsmäßigkeit, Fallkonstellationen		
Eine kurzfristige Beschäftigung wird ausgeübt		**Berufsmäßig aufgrund des Status der Person Ja/Nein**
–	**zwischen Schulabschluss und freiwilligem Wehrdienst**, auch wenn danach nicht die Aufnahme einer Beschäftigung, sondern die **Aufnahme eines Studiums** beabsichtigt ist.	Ja
–	zwischen **Schulentlassung und Beginn des Dienstverhältnisses als Soldat auf Zeit**, auch wenn danach die **Aufnahme eines Studiums** beabsichtigt ist.	Ja
–	während der **Praktikumszeit von Schülern einer Fachoberschule**.	Nein
–	während des **Studiums**.	Nein
–	zwischen dem **Abschluss eines Studiums** und **Aufnahme einer Beschäftigung**.	Ja
–	von Personen, die **aus dem Erwerbsleben ausgeschieden** sind (Rentner, Pensionäre, Hausfrauen).	Nein
–	von **Erntehelfern aus dem Ausland – außerhalb der EU**, welche im Bereich der Landwirtschaft (z. B. im Obst-, Gemüse- und Weinbau) saisonal und zeitlich begrenzt beschäftigt werden.	– Nein, wenn der Erntehelfer beim Arbeitgeber in seinem Herkunftsland (außerhalb der EU) bezahlten Erholungsurlaub genommen hat, oder wenn er dort Schüler, Hausfrau oder selbstständig Tätiger ist. – Ja, wenn der ausländische Erntehelfer beim Arbeitgeber in seinem Heimatland (außerhalb der EU) für die Zeit seiner Erntehelfertätigkeit in Deutschland unbezahlten Urlaub genommen hat.

Berufsmäßigkeit, Fallkonstellationen		
Eine kurzfristige Beschäftigung wird ausgeübt		**Berufsmäßig aufgrund des Status der Person Ja/Nein**
–	von **Erntehelfern aus dem Ausland – innerhalb der EU**, welche im Bereich der Landwirtschaft (z. B. im Obst-, Gemüse- und Weinbau) saisonal und zeitlich begrenzt beschäftigt werden.	– Nein, wenn der Erntehelfer in seinem **EU-Heimatland** weder als Arbeitnehmer beschäftigt noch selbstständig tätig ist (Hausfrauen, Studenten). Deutsches Sozialversicherungsrecht ist nur unter dieser Voraussetzung für diese ausländischen Erntehelfer aus EU-Herkunftsländern relevant. Eine geringfügige kurzfristige Beschäftigung nach deutschem Recht kommt nur unter den o. g. Umständen in Betracht. Ist der Erntehelfer im EU-Heimatland als Hausfrau bzw. Student tätig, so kann Berufsmäßigkeit nicht unterstellt werden. – Sofern der Erntehelfer jedoch im **EU-Heimatland** als Arbeitnehmer bzw. als Selbstständiger tätig ist, ist bei zeitlich befristeten Beschäftigungen in Deutschland nicht das deutsche Sozialversicherungsrecht relevant. Es ist allein das Sozialversicherungsrecht des EU-Heimatlands des Erntehelfers relevant (Vorlage der Bescheinigung „A1“ bzw. „E101“ des Sozialversicherungsträgers des EU-Heimatlands). Eine geringfügige, d. h. auch kurzfristige Beschäftigung kommt hier nicht in Betracht, denn ausländische Staaten haben keine vergleichbaren Regelungen. In diesen Fällen sind vom deutschen Arbeitgeber Beiträge nach dem Recht des EU-Heimatlands des Erntehelfers zu berechnen und an den ausländischen Sozialversicherungsträger abzuführen.

Ausführung der häufigsten Sachverhalte. Weitere sind denkbar.

Lohn- und einkommensteuerliche Werte

Für die laufende Lohnabrechnung ist es hilfreich, immer die aktuellen Höchst-, Frei- und Pauschbeträge im Blick zu haben. Sortiert nach dem Alphabet enthält die Tabelle alle wichtigen Zahlen und Beträge zur Lohn- und Einkommensteuer. Zur besseren Vergleichbarkeit werden zusätzlich zu den aktuellen Werten auch die Vorjahreswerte dargestellt und Änderungen zum Vorjahr sind gefettet.

	Rechtsgrundlage	2022 EUR	2021 EUR
Altersentlastungsbetrag	§ 24a EStG		
– Höchstbetrag		**684**	**722**
– Prozentsatz		**14,4 %**	**15,2 %**
Antragsgrenze für Eintragung eines Freibetrags in den ELStAM	§ 39a Abs. 2 EStG		600
Arbeitnehmer-Pauschbetrag			
– Aktivbezüge	§ 9a Nr. 1a EStG	1.000	1.000
– Versorgungsbezüge	§ 9a Nr. 1b EStG	102	102
Aufmerksamkeit	R 19.6 LStR	60	60
Ausbildungsfreibetrag für Kinder ab 18 Jahren bei auswärtiger Unterbringung	§ 33a Abs. 2 EStG	924	924
(bAV) Betriebliche Altersversorgung			
Beiträge des Arbeitgebers aus dem ersten Dienstverhältnis an einen Pensionsfonds, eine Pensionskasse oder für eine Direktversicherung			
– steuerfrei bis jährlich 8 % der BBG/West	§ 3 Nr. 63 EStG	**6.768**	**6.816**
– Höchstbetrag bei Beendigung des Dienstverhältnisses (Vervielfältigungsregelung): max. 4 % der BBG/West × Dienstjahre, max. 10 Jahre	§ 3 Nr. 63 Satz 3 EStG	**33.840**	**34.080**
– Höchstbetrag bei Nachzahlungen (Nachholung): max. 8 % der BBG/West × Dienstjahre, max. 10 Jahre	§ 3 Nr. 63 Satz 4 EStG	**67.680**	**68.160**

	Rechtsgrundlage	2022 EUR	2021 EUR
Beiträge des Arbeitgebers aus dem ersten Dienstverhältnis an eine nicht kapitalgedeckte Pensionskasse			
steuerfrei bis jährlich 3 % der BBG/West	§ 3 Nr. 56 EStG	**2.538**	**2.556**
BAV-Förderbetrag (Fördersatz 30 %)	§ 100 EStG		
– Förder-Höchstbetrag		288	288
– Mindestanlagebetrag		240	240
– Arbeitgeberbeitrag steuerfrei bis		960	960
Arbeitslohn des Arbeitnehmers max.			
– jährlich		30.900	30.900
– monatlich		2.575	2.575
– wöchentlich		600,84	600,84
– täglich		85,84	85,84
Behinderten-Pauschbetrag	§ 33b Abs. 3 EStG		
Grad der Behinderung von mind.			
– 20		384	384
– 30		620	620
– 40		860	860
– 50		1.140	1.140
– 60		1.440	1.440
– 70		1.780	1.780
– 80		2.120	2.120
– 90		2.460	2.460
– 100		2.840	2.840
Behinderten-Pauschbetrag für Blinde, Taubblinde und Menschen, die hilflos sind (Merkzeichen „Bl“, „TB“ und „H“)		7.400	7.400
Behinderungsbedingte Fahrtkosten-Pauschale	§33b Abs. 2a EStG		
– für Menschen mit einem Grad der Behinderung von mind. 80 oder mit einem von mind. 70 und dem Merkzeichen „G“		900	900

	Rechtsgrundlage	2022 EUR	2021 EUR
– für Menschen mit dem Merkzeichen „aG“, „Bl“, „TBl“ oder „H“		4.500	4.500
Beihilfen und Unterstützungen in Notfällen, steuerfrei bis	R 3.11 Abs. 2 LStR	600	600
Berufsausbildungskosten als Sonderausgaben	§ 10 Abs. 1 Nr. 7 EStG	6.000	6.000
Betriebsveranstaltung (Freibetrag je Arbeitnehmer einschl. USt)	§ 19 Abs. 1 Satz 1 Nr. 1a EStG	110	110
Betriebsfeiern für einzelne Arbeitnehmer, z. B. Diensteinführung, Amts- oder Funktionswechsel, Verabschiedung, rundes Arbeitnehmerjubiläum (Freigrenze für Sachleistungen je Teilnehmer einschl. USt)	§ 19 EStG, R 19.3 Abs. 2 Nr. 3 LStR	110	110
Betreuungsleistungen zur besseren Vereinbarkeit von Familie und Beruf	§ 3 Nr. 34a EStG		
– Zahlungen des Arbeitgebers an ein Dienstleistungsunternehmen, das einen Mitarbeiter hinsichtlich der Betreuung von Kindern oder von pflegebedürftigen Angehörigen berät oder hierfür Betreuungspersonen vermittelt	Buchst. a)	Leistungen in tatsächlicher Höhe (unbegrenzt)	Leistungen in tatsächlicher Höhe (unbegrenzt)
– Zahlungen an den Arbeitnehmer zur kurzfristigen Betreuung von Kindern und pflegebedürftigen Angehörigen, wenn diese Aufwendungen aus zwingenden und beruflich veranlassten Gründen entstanden sind (Höchstbetragsgrenze)	Buchst. b)	600	600
Doppelte Haushaltsführung	§ 9 Abs. 1 Nr. 5 EStG, R 9.11 Abs. 5–10 LStR		
Fahrtkosten (Pkw)			
– erste und letzte Fahrt je gefahrenen Kilometer		0,30	0,30
– eine Heimfahrt wöchentlich bis zum 20. Entfernungskilometer		0,30	0,30
– eine Heimfahrt wöchentlich ab dem 21. Entfernungskilometer		0,35	0,35

	Rechtsgrundlage	2022 EUR	2021 EUR
Verpflegungsmehraufwendungen für die ersten 3 Monate (nur pauschal, kein Einzelnachweis möglich)			
– Abwesenheit mehr als 8 Stunden		14	14
– An- und Abreisetag[1]		14	14
– Abwesenheit 24 Stunden		28	28
Übernachtungspauschale je Übernachtung (nur Arbeitgeberersatz)			
– 1. bis 3. Monat		20	20
– ab dem 4. Monat		5	5
Monatliche Obergrenze bei Erstattung der tatsächlichen, nachgewiesenen Übernachtungskosten		1.000	1.000
Pauschale bei Berufskraftfahrern		8	8
Elektro-Dienstwagen: Pauschaler Auslagenersatz für das Aufladen eines E-Dienstwagens (nur Pkw) beim Arbeitnehmer zu Hause	BMF, Schreiben v. 29.9.2020, IV C 5 – S 2334/19/10009 :004, BStBl 2020 I S. 972, Rz. 23 und 24		
mit zusätzlicher Lademöglichkeit beim Arbeitgeber			
– für Elektrofahrzeuge		30	30
– für Hybridelektrofahrzeuge		15	15
ohne Lademöglichkeit beim Arbeitgeber			
– für Elektrofahrzeuge		70	70
– für Hybridelektrofahrzeuge		35	35
Entfernungspauschale	§ 9 Abs. 1 Nr. 4 EStG		
– bis zum 20. Entfernungskilometer		0,30	0,30
– ab dem 21. Entfernungskilometer		0,35	0,35
– Höchstbetrag[2]		4.500	4.500

[1] An- und Abreisetag setzen eine Übernachtung voraus und sind daher nur bei mehrtägigen Auswärtstätigkeiten möglich.

[2] Gilt nicht bei Nutzung eines Pkw, bei tatsächlichen ÖPV-Kosten über 4.500 EUR pro Jahr sowie für Menschen mit Behinderung i. S. v. § 9 Abs. 2 EStG.

	Rechtsgrundlage	2022 EUR	2021 EUR
Entlastungsbetrag für Alleinerziehende	§ 24b EStG		
– (Grund-)Entlastungsbetrag für das 1. Kind		4.008	4.008
– Erhöhungsbetrag für das 2. und jedes weitere Kind[3]		240	240
Fehlgeldentschädigung	R 19.3 Abs. 1 Nr. 4 LStR	16	16
Geringwertige Wirtschaftsgüter (Anschaffungskosten ohne USt)	§ 9 Abs. 1 Satz 3 Nr. 7 EStG i. V. m. § 6 Abs. 2 Satz 1 EStG	800	800
Geschenk			
– an Arbeitnehmer	19.6 LStR	60	60
– an Geschäftsfreunde	§ 4 Abs. 5 Satz 1 Nr. 1 EStG	35	35
Gesundheitsförderung, betriebliche (Freibetrag für Arbeitgeberleistungen)	§ 3 Nr. 34 EStG	600	600
Grundfreibetrag	§ 32a EStG	**9.984**	**9.744**
Haushaltsnahe Beschäftigungsverhältnisse: Aufwendungen für die Inanspruchnahme haushaltsnaher Dienstleistungen und Handwerkerleistungen (Steuerermäßigung)	§ 35a EStG		
– 20 % der Aufwendungen bei geringfügiger Beschäftigung im Sinne des § 8a SGB IV bis höchstens		510	510
– 20 % der Aufwendungen bei sozialversicherungspflichtigen Beschäftigungsverhältnissen in privaten Haushalten und bei der Inanspruchnahme haushaltsnaher Dienstleistungen bis höchstens		4.000	4.000
– 20 % der Aufwendungen bei Handwerkerleistungen in und um die zu Wohnzwecken genutzte Wohnung bis höchstens		1.200	1.200

[3] Der Erhöhungsbetrag ist i. R. d. Lohnsteuer-Ermäßigungsverfahrens vom Arbeitnehmer beim Wohnsitzfinanzamt zu beantragen.

	Rechtsgrundlage	2022 EUR	2021 EUR
Hinterbliebenen-Pauschbetrag	§ 33b Abs. 4 EStG	370	370
Kinderbetreuungskosten je Kind unter 14 Jahren ohne weitere Voraussetzungen (Höchstbetrag)	§ 10 Abs. 1 Nr. 5 EStG	2/3 der Aufwendungen, max. 4.000	2/3 der Aufwendungen, max. 4.000
Kinderfreibeträge Freibetrag für den Betreuungs- und Erziehungs- oder Ausbildungsbedarf (sog. BEA-Freibetrag)	§ 32 Abs. 6 EStG		
– je Kind, für das ein Kinderfreibetrag zusteht		1.464	1.464
– je Kind bei Zusammenveranlagung		2.928	2.928
Kinderfreibetrag			
– je Kind		2.730	2.730
– je Kind bei Zusammenveranlagung		5.460	5.460
= Gesamter Freibetrag für Kinder			
– je Kind bei Einzelveranlagung		4.194	4.194
– je Kind bei Zusammenveranlagung		8.388	8.388
Kindergeld	§ 66 Abs. 1 EStG		
– für das 1. und 2. Kind		219	219
– für das 3. Kind		225	225
– für das 4. und jedes weitere Kind		250	250
– Einmaliger *Kinderbonus*, um Belastungen der Corona-Pandemie abzufedern		–	150[4]
Kundenbindungsprogramme, Sachprämien steuerfrei bis	§ 3 Nr. 38 EStG	1.080	1.080

[4] Auszahlung im Mai.

	Rechtsgrundlage	2022 EUR	2021 EUR
Lohnsteuer-Anmeldungszeitraum	§ 41a Abs. 2 EStG		
– monatliche Abgabe, wenn abzuführende Lohnsteuer des Vorjahres über		5.000	5.000
– vierteljährliche Abgabe, wenn abzuführende Lohnsteuer des Vorjahres über		1.080	1.080
– jährliche Abgabe, wenn abzuführende Lohnsteuer des Vorjahres nicht mehr als		1.080	1.080
Nebenberufliche Tätigkeit			
– als Übungsleiter, Ausbilder, Erzieher, Betreuer u. ä. (Freibetrag)	§ 3 Nr. 26 EStG	3.000	3.000
– im gemeinnützigen, mildtätigen kirchlichen Bereich (Freibetrag)	§ 3 Nr. 26a EStG	840	840
Pauschalierung bei Aushilfskräften in der Land- und Forstwirtschaft (Stundenlohngrenze)	§ 40a Abs. 3 EStG	15	15
Pauschalierung bei Direktversicherungen und Pensionskassen	§ 40b Abs. 2 EStG, § 40b Abs. 2 EStG a. F.		
– Höchstbetrag im Kalenderjahr je Arbeitnehmer		1.752	1.752
– Durchschnittsberechnung möglich bis zu (je Arbeitnehmer)		2.148	2.148
Pauschalierung der Einkommensteuer für bestimmte Sachzuwendungen an Arbeitnehmer und Nichtarbeitnehmer (Pauschalierungsgrenze)	§ 37b EStG	10.000	10.000
Pauschalierung bei kurzfristig Beschäftigten (Dauer: 18 Tage)	§ 40a Abs. 1 EStG		
– Arbeitslohn je Kalendertag (Ausnahme: Beschäftigung zu einem unvorhergesehenen Zeitpunkt)		120	120
– Stundenlohngrenze		15	15
Pauschalierung bei Teilzeitbeschäftigten (Arbeitslohn im Monat)	§ 40a Abs. 2, 2a EStG	450	450

	Rechtsgrundlage	2022 EUR	2021 EUR
Pauschalierung bei Erholungsbeihilfen (Höchstbetrag)	§ 40 Abs. 2 Nr. 3 EStG		
– für den Arbeitnehmer		156	156
– für den Ehegatten		104	104
– je Kind		52	52
Pauschalierung von Fahrtkostenzuschüssen bei Fahrten zwischen Wohnung und erster Tätigkeitsstätte mit dem eigenen Pkw des Arbeitnehmers	§ 40 Abs. 2 Satz 2 EStG		
– bis zum 20. Entfernungskilometer		0,30	0,30
– ab dem 21. Entfernungskilometer		0,35	0,35
Pauschalierung bei Gruppenunfallversicherungen (durchschnittliche Höchstgrenze im Kalenderjahr je Arbeitnehmer)	§ 40b Abs. 3 EStG	100	100
Pauschalierung von sonstigen Bezügen je Arbeitnehmer höchstens	§ 40 Abs. 1 EStG	1.000	1.000
Pflege-Pauschbetrag	§ 33b Abs. 6 EStG		
– bei Pflegegrad 2		600	600
– bei Pflegegrad 3		1.100	1.100
– bei Pflegegrad 4 und 5		1.800	1.800
– bei Blinden und Menschen, die hilflos sind		1.800	1.800
Reisekosten			
Fahrtkosten je gefahrenem Kilometer	R 9.5 LStR		
– mit PKW		0,30	0,30
– mit Motorrad/Motorroller		0,20	0,20
– mit Moped/Mofa		0,20	0,20
– mit Fahrrad		0,00	0,00
– Mitnahmeentschädigung		0,00	0,00
Verpflegungsmehraufwendungen (nur pauschal, kein Einzelnachweis möglich)	§ 9 Abs. 4a EStG; R 9.6 LStR		

	Rechtsgrundlage	2022 EUR	2021 EUR
– Abwesenheit mehr als 8 Stunden		14	14
– An- und Abreisetag[5]		14	14
– Abwesenheit 24 Stunden		28	28
Kürzung bei Mahlzeitengestellung			
– für ein Frühstück		5,60	5,60
– für ein Mittag-/Abendessen		11,20	11,20
Übernachtungspauschale im Inland je Übernachtung (nur für Arbeitgeberersatz)	R 9.7 LStR	20	20
Übernachtungspauschale für Berufskraftfahrer	§ 9 Abs. 1 Satz 3 Nr. 5b EStG	8	8
Riester-Förderung	§ 10a ff. EStG, §79 ff. EStG		
– Grundzulage		175	175
– Kinderzulage für ab dem 1.1.2008 geborenen Kinder		300	300
– Kinderzulage für vor dem 1.1.2008 geborenen Kinder		185	185
– Sonderausgabenabzug pro Jahr höchstens		2.100	2.100
Sachbezugswerte	§ 8 Abs. 2 EStG, § 2 SvEV		
– Unterkunft (pro Monat)		**241**	**237**
Mahlzeiten (pro Tag)			
– Frühstück		**1,87**	**1,83**
– Mittag-/Abendessen		**3,57**	**3,47**
Sonderausgaben-Pauschbetrag	§ 10c Abs. 1 EStG		
– Alleinstehende		36	36
– Verheiratete		72	72
Vermögensbeteiligung (Mitarbeiterkapitalbeteiligung) steuerfrei bis jährlich	§ 3 Nr. 39 EStG	1.440	1.440

[5] An- und Abreisetag setzen eine Übernachtung voraus und sind daher nur bei mehrtägigen Auswärtstätigkeiten möglich.

	Rechtsgrundlage	2022 EUR	2021 EUR
Vermögensbildung (Sparzulage)			
Einkommensgrenze bei Bausparverträgen	§ 13 Abs. 1 5. VermBG		
– Alleinstehende		17.900	17.900
– Verheiratete		35.800	35.800
Einkommensgrenze bei Vermögensbeteiligungen	§ 13 Abs. 1 Nr. 1 5. VermBG		
– Alleinstehende		20.000	20.000
– Verheiratete		40.000	40.000
geförderter Höchstbetrag	§ 13 Abs. 2 5. VermBG		
– für Bausparbeiträge, Aufwendungen für den Wohnungsbau		470	470
– für in Vermögensbeteiligungen angelegte vermögenswirksame Leistungen		400	400
Veranlagungspflichtgrenze bei Eintragung eines Freibetrags in den ELStAM	§ 46 Abs. 2 Nr. 4 EStG		
– bei Einzelveranlagung		**12.550**	**12.250**
– bei Zusammenveranlagung		**23.900**	**23.350**
Versorgungsfreibetrag[6]	§ 19 Abs. 2 Satz 3 EStG	**1.080**	**1.140**
– in % der Versorgungsbezüge		**14,4 %**	**15,2 %**
– Zuschlag zum Versorgungsfreibetrag		**324**	**342**
Zinsersparnis bei Arbeitgeberdarlehen	§ 8 Abs. 2 EStG	2.600	2.600

[6] Anteilig 1/12 für jeden Monat.

Lohnsteueranmeldung: Abgabe- und Zahlungsfristen

Der Arbeitgeber muss dem Betriebsstättenfinanzamt sowohl die von ihm einbehaltene als auch die zu seinen Lasten pauschal erhobene Lohnsteuer anmelden. Die Lohnsteuer-Anmeldung muss spätestens am 10. Tag nach Ablauf des Lohnsteuer-Anmeldezeitraums abgegeben werden. Die Tabelle enthält alle Fristen zur Abgabe der Lohnsteuer-Anmeldung für das aktuelle Jahr.

Monatliche Abgabe		
Anmeldezeitraum	**Anmeldefrist**	**Dreitägige Zahlungsschonfrist** (bei Überweisung oder Zahlungsanweisung; § 240 Abs. 3 AO)
Dezember (Vorjahr)	**Mo., 10.1.2022**	**Do., 13.1.2022**
Januar	Do., 10.2.2022	Mo., 14.2.2022[1]
Februar	Do., 10.3.2022	Mo., 14.3.2022[1]
März	**Mo., 11.4.2022**[1]	**Do., 14.4.2022**
April	Di., 10.5.2022	Fr., 13.5.2022
Mai	Fr., 10.6.2022	Mo., 13.6.2022
Juni	**Mo., 11.7.2022**[1]	**Do., 14.7.2022**
Juli	Mi., 10.8.2022	Mo., 15.8.2022[1,2]
August	Mo, 12.9.2022[1]	Do., 15.9.2022
September	**Mo., 10.10.2022**	**Do., 13.10.2022**
Oktober	Do., 10.11.2022	Mo., 14.11.2022[1]
November	Mo., 12.12.2022[1]	Do., 15.12.2022
Dezember	**Di., 10.1.2023**	**Fr., 13.1.2023**

Bei einem **vierteljährlichen** Anmeldezeitraum gelten die **fett** hervorgehobenen Steuertermine. Bei **jährlicher** Abgabe gilt der **Dezember**-Termin.

Meldesachverhalte und Meldefristen

Im Meldeverfahren zur Sozialversicherung gibt es zahlreiche Sachverhalte, die mit unterschiedlichen Abgabegründen innerhalb bestimmter Fristen zu melden sind. Diese Meldesachverhalte, die entsprechenden Meldungen, Abgabegründe und Fristen werden hier übersichtlich dargestellt.

---

[1] Verschoben wegen Fristende Samstag, Sonntag oder Feiertag.

[2] Verschiebung des Fristendes auf Di., 16.8.2022 wegen Mariä Himmelfahrt. Gilt für das Saarland und für Bayern in Gemeinden mit überwiegend katholischer Bevölkerung.

Anmeldungen			
Meldesachverhalt	**Art der Meldung**	**Abgabegrund**	**Frist**
Beginn der versicherungspflichtigen Beschäftigung	Anmeldung	10	Mit der ersten folgenden Entgeltabrechnung, spätestens innerhalb von 6 Wochen nach Beschäftigungsbeginn
Wechsel der Krankenkasse bei fortbestehendem Beschäftigungsverhältnis	Anmeldung (bei der neuen Krankenkasse)	11	Mit der ersten folgenden Entgeltabrechnung, spätestens innerhalb von 6 Wochen nach Krankenkassenwechsel
Wechsel der Beitragsgruppe bei fortbestehendem Beschäftigungsverhältnis	Anmeldung	12	Mit der ersten folgenden Entgeltabrechnung, spätestens innerhalb von 6 Wochen nach Beitragsgruppenwechsel
Sonstige Gründe/Änderungen im Beschäftigungsverhältnis	Anmeldung	13	Mit der ersten folgenden Entgeltabrechnung, spätestens innerhalb von 6 Wochen
Aufnahme einer Beschäftigung in bestimmten Wirtschaftsbereichen/-zweigen	Sofortmeldung	20	Spätestens am Tag der Beschäftigungsaufnahme

Abmeldungen			
Meldesachverhalt	**Art der Meldung**	**Abgabegrund**	**Frist**
Ende der versicherungspflichtigen Beschäftigung	Abmeldung	30	Mit der nächsten folgenden Entgeltabrechnung, spätestens innerhalb von 6 Wochen nach Beschäftigungsende
Wechsel der Krankenkasse bei fortbestehendem Beschäftigungsverhältnis	Abmeldung (bei der bisherigen Krankenkasse)	31	Mit der nächsten folgenden Entgeltabrechnung, spätestens innerhalb von 6 Wochen nach Krankenkassenwechsel
Wechsel der Beitragsgruppe bei fortbestehendem Beschäftigungsverhältnis	Abmeldung	32	Mit der nächsten folgenden Entgeltabrechnung, spätestens innerhalb von 6 Wochen nach Beitragsgruppenwechsel

Abmeldungen			
Meldesachverhalt	**Art der Meldung**	**Abgabe-grund**	**Frist**
Sonstige Gründe/Änderungen im Beschäftigungsverhältnis	Abmeldung	33	Mit der nächsten folgenden Entgeltabrechnung, spätestens innerhalb von 6 Wochen nach der Änderung
Ende der Beschäftigung nach Unterbrechung ohne Fortzahlung des Arbeitsentgelts nach § 7 Abs. 3 Satz 1 SGB IV (z. B. unbezahlter Urlaub von mehr als einem Monat)	Abmeldung	34	Mit der nächsten folgenden Entgeltabrechnung, spätestens innerhalb von 6 Wochen nach Beschäftigungsende
Ende der Beschäftigung bei Unterbrechung wegen Arbeitskampf von mehr als einem Monat	Abmeldung	35	Mit der nächsten folgenden Entgeltabrechnung, spätestens innerhalb von 6 Wochen nach Beschäftigungsende
Wechsel des Entgeltabrechnungssystems (optional)	Abmeldung	36	Mit der nächsten folgenden Entgeltabrechnung, spätestens innerhalb von 6 Wochen nach dem Wechsel
Ende der Beschäftigung wegen Todes	Abmeldung	49	Mit der nächsten folgenden Entgeltabrechnung, spätestens innerhalb von 6 Wochen nach dem Todesfall

An-/Abmeldungen			
Meldesachverhalt	**Art der Meldung**	**Abgabe-grund**	**Frist**
Beginn und Ende der versicherungspflichtigen Beschäftigung	Gleichzeitige An-/Abmeldung	40	Mit der ersten folgenden Entgeltabrechnung, spätestens innerhalb von 6 Wochen

Jahresmeldungen/Entgeltmeldungen			
Meldesachverhalt	**Art der Meldung**	**Abgabe-grund**	**Frist**
Beschäftigungszeit und Arbeitsentgelt für jeden am 31.12. eines Jahres versicherungspflichtig Beschäftigten	Jahresmeldung	50	Mit der ersten folgenden Entgeltabrechnung, spätestens bis zum 15.2. des Folgejahres

Jahresmeldungen/Entgeltmeldungen			
Meldesachverhalt	**Art der Meldung**	**Abgabegrund**	**Frist**
UV-beitragspflichtiges Arbeitsentgelt für jeden am 31.12. eines Jahres Beschäftigten	UV-Jahresmeldung	92	Spätestens bis zum 16.2. des Folgejahres

Meldungen wegen Unterbrechung der Beschäftigung			
Meldesachverhalt	**Art der Meldung**	**Abgabegrund**	**Frist**
Unterbrechung der Beschäftigung ohne Fortzahlung des Arbeitsentgelts von weniger als einem Monat (z. B. unbezahlter Urlaub, Krankengeldbezug)	keine Meldung		
Unterbrechung der Beschäftigung ohne Fortzahlung des Arbeitsentgelts für mindestens einen Kalendermonat, ohne dass die Mitgliedschaft in der Kranken-/Pflegeversicherung davon berührt wird (z. B. Krankengeldbezug)	Unterbrechungsmeldung	51	2 Wochen nach Ablauf des ersten Kalendermonats der Unterbrechung
Unterbrechung der Beschäftigung wegen Elternzeit für mindestens einen Kalendermonat	Unterbrechungsmeldung	52	2 Wochen nach Ablauf des ersten Kalendermonats der Unterbrechung
Unterbrechung der Beschäftigung wegen Ableistung gesetzlicher Dienstpflicht oder freiwilligem Wehrdienst für mindestens einen Kalendermonat	Unterbrechungsmeldung	53	2 Wochen nach Ablauf des ersten Kalendermonats der Unterbrechung

Änderungsmeldungen			
Meldesachverhalt	**Art der Meldung**	**Abgabegrund**	**Frist**
Änderung des Namens eines Beschäftigten	Namensänderung	60	Mit der nächsten folgenden Entgeltabrechnung, spätestens innerhalb von 6 Wochen nach der Änderung
Änderung der Anschrift eines Beschäftigten	Anschriftenänderung	61	Mit der nächsten folgenden Entgeltabrechnung, spätestens innerhalb von 6 Wochen nach der Änderung
Änderung des Aktenzeichens/der Personalnummer eines Beschäftigten	Änderungsmeldung	62	Mit der nächsten folgenden Entgeltabrechnung, spätestens innerhalb von 6 Wochen nach der Änderung
Änderung der Staatsangehörigkeit	Änderungsmeldung	63	Mit der nächsten folgenden Entgeltabrechnung, spätestens innerhalb von 6 Wochen nach der Änderung

Meldungen in Insolvenzfällen			
Meldesachverhalt	**Art der Meldung**	**Abgabegrund**	**Frist**
Weiterbeschäftigung nach Eröffnung des Insolvenzverfahrens oder Nichteröffnung mangels Masse	Anmeldung	10	Mit der ersten folgenden Entgeltabrechnung, spätestens innerhalb von 6 Wochen nach Insolvenztag
Abmeldung weiterbeschäftigter Arbeitnehmer	Abmeldung	30	Mit der nächsten folgenden Entgeltabrechnung, spätestens innerhalb von 6 Wochen nach Beschäftigungsende
Freistellung von der Beschäftigung bei Eröffnung des Insolvenzverfahrens oder Nichteröffnung mangels Masse	Abmeldung zum Tag vor dem Insolvenztag	71	Mit der nächsten folgenden Entgeltabrechnung, spätestens innerhalb von 6 Wochen nach Insolvenztag
Rechtliches Ende der Beschäftigung während des Insolvenzverfahrens bei freigestellten Arbeitnehmern	Abmeldung (ohne erneute Anmeldung)	72	Mit der nächsten folgenden Entgeltabrechnung, spätestens innerhalb von 6 Wochen nach rechtlichem Ende

Meldungen in Insolvenzfällen			
Meldesachverhalt	**Art der Meldung**	**Abgabegrund**	**Frist**
Jahresmeldung für freigestellte Arbeitnehmer während des Insolvenzverfahrens	Jahresmeldung	70	Mit der ersten folgenden Entgeltabrechnung, spätestens bis zum 15.2. des Folgejahres

Meldungen für geringfügig Beschäftigte			
Meldesachverhalt	**Art der Meldung**	**Abgabegrund**	**Frist**
Beginn einer geringfügigen Beschäftigung	Anmeldung	10	Mit der ersten folgenden Entgeltabrechnung, spätestens innerhalb von 6 Wochen nach Beschäftigungsbeginn
Ende einer geringfügigen Beschäftigung	Abmeldung	30	Mit der nächsten folgenden Entgeltabrechnung, spätestens innerhalb von 6 Wochen nach Beschäftigungsende
Wechsel in der Art der geringfügigen Beschäftigung (§ 8 Abs. 1 Nr. 1 SGB IV nach § 8 Abs. 1 Nr. 2 SGB IV oder umgekehrt) beim selben Arbeitgeber	1. Meldung: Abmeldung	32	Mit der ersten bzw. nächsten folgenden Entgeltabrechnung, spätestens innerhalb von 6 Wochen nach der Änderung der Beschäftigung
	2. Meldung: Anmeldung	12	
Befreiung von der Rentenversicherungspflicht im laufenden Beschäftigungsverhältnis	1. Meldung: Abmeldung (BGR RV: 1)	32	Mit der ersten bzw. nächsten folgenden Entgeltabrechnung, spätestens innerhalb von 6 Wochen Wechsel der Beitragsgruppe
	2. Meldung: Anmeldung (BGR RV: 5)	12	
Beginn und Ende einer geringfügigen Beschäftigung	Gleichzeitige An-/Abmeldung	40	Mit der ersten folgenden Entgeltabrechnung, spätestens innerhalb von 6 Wochen

Weitere Meldungen			
Meldesachverhalt	**Art der Meldung**	**Abgabe-grund**	**Frist**
Einmalig gezahltes Arbeitsentgelt (z. B. in beitragsfreien Zeiten)	Sondermeldung	54	Mit der ersten folgenden Entgeltabrechnung, spätestens innerhalb von 6 Wochen nach der Auszahlung
Meldung von nicht vereinbarungsgemäß verwendetem Wertguthaben (Störfall) im Rahmen flexibler Arbeitszeitregelungen	Sondermeldung	55	Mit der ersten folgenden Entgeltabrechnung, spätestens innerhalb von 6 Wochen nach dem Störfall
Meldung des Unterschiedsbetrags bei Entgeltersatzleistungen während Altersteilzeitarbeit	Sondermeldung	56	Mit der nächsten folgenden Entgeltabrechnung, spätestens innerhalb von 6 Wochen
Gesonderte Meldung über die beitragspflichtigen Einnahmen vor Rentenbeginn (§ 194 SGB VI) bei Rentenantragstellung	Sondermeldung	57	Mit der nächsten folgenden Entgeltabrechnung nach Antrag des Arbeitnehmers, frühestens 3 Monate vor Rentenbeginn
Meldung von Arbeitsentgelten bei Mehrfachbeschäftigung mit vermuteter Überschreitung der Beitragsbemessungsgrenze auf Anforderung der Krankenkasse (GKV-Monatsmeldung)	Sondermeldung	58	Mit der ersten folgenden Entgeltabrechnung, spätestens innerhalb von 6 Wochen nach Anforderung der Krankenkasse

Meldeverfahren: Abgabegründe und Beitragsgruppen

Die Tabelle gibt einen Überblick über die Meldetatbestände und die Schlüsselzahlen der Abgabegründe (Meldegründe), wie sie sich aufgrund der Datenerfassungs- und übermittlungsverordnung (DEÜV) ergeben. Ferner ist eine Übersicht der Schlüsselzahlen für die Beitragsgruppen nach der DEÜV enthalten.

Der Inhalt dieser Tabelle ist die Anlage 1 (Stand: 24.6.2021) des GR v. 29.6.2016 zum Meldeverfahren zur Sozialversicherung.

Teil 1: Abgabegründe – Meldungen der Arbeitgeber	
Anmeldungen	
10	Anmeldung wegen Beginn einer Beschäftigung
11	Anmeldung wegen Krankenkassenwechsel
12	Anmeldung wegen Beitragsgruppenwechsel
13	Anmeldung wegen sonstiger Gründe/Änderungen im Beschäftigungsverhältnis z. B. – Anmeldung nach unbezahltem Urlaub oder Streik von mehr als einem Monat nach § 7 Abs. 3 Satz 1 SGB IV – Anmeldung wegen Rechtskreiswechsel ohne Krankenkassenwechsel – Anmeldung wegen Wechsel des Entgeltabrechnungssystems (optional) – Anmeldung wegen Änderung des Personengruppenschlüssels ohne Beitragsgruppenwechsel – Anmeldung wegen Währungsumstellung während eines Kalenderjahres
20	Sofortmeldung bei Aufnahme einer Beschäftigung nach § 28a Abs. 4 SGB IV

Abmeldungen	
30	Abmeldung wegen Ende einer Beschäftigung
31	Abmeldung wegen Krankenkassenwechsel
32	Abmeldung wegen Beitragsgruppenwechsel
33	Abmeldung wegen sonstiger Gründe/Änderungen im Beschäftigungsverhältnis
34	Abmeldung wegen Ende des Fortbestehens eines sozialversicherungsrechtlichen Beschäftigungsverhältnisses nach § 7 Abs. 3 Satz 1 SGB IV
35	Abmeldung wegen Arbeitskampf von länger als einem Monat
36	Abmeldung wegen – Wechsel des Entgeltabrechnungssystems (optional) – Währungsumstellung während eines Kalenderjahres
40	Gleichzeitige An- und Abmeldung wegen Ende der Beschäftigung
49	Abmeldung wegen Tod

Jahresmeldungen/Unterbrechungsmeldungen/sonstige Entgeltmeldungen	
50	Jahresmeldung
51	Unterbrechungsmeldung wegen Bezug von bzw. Anspruch auf Entgeltersatzleistungen
52	Unterbrechungsmeldung wegen Elternzeit
53	Unterbrechungsmeldung wegen gesetzlicher Dienstpflicht oder freiwilligem Wehrdienst
54	Meldung von einmalig gezahltem Arbeitsentgelt (Sondermeldung)
55	Meldung von nicht vereinbarungsgemäß verwendetem Wertguthaben (Störfall)

Jahresmeldungen/Unterbrechungsmeldungen/sonstige Entgeltmeldungen	
56	Meldung des Unterschiedsbetrags bei Entgeltersatzleistungen während Altersteilzeitarbeit
57	Gesonderte Meldung nach § 194 Abs. 1 SGB VI
58	GKV-Monatsmeldung
92	UV-Jahresmeldung

Änderungsmeldungen	
62	Änderung des Aktenzeichens/der Personalnummer des Beschäftigten (optional)
63	Änderung der Staatsangehörigkeit

Meldungen in Insolvenzfällen	
70	Jahresmeldung für freigestellte Arbeitnehmer
71	Meldung des Vortages der Insolvenz/der Freistellung
72	Entgeltmeldung zum rechtlichen Ende der Beschäftigung

Meldungen der Einzugsstellen/Rentenversicherungsträger	
Jahresmeldungen/Unterbrechungsmeldungen/sonstige Entgeltmeldungen	
59	Entgeltmeldung für unständig Beschäftigte[1]

Überschneidungsmeldungen der Rentenversicherungsträger an die Einzugsstellen nach der Anlage 14	
80	Rückmeldung an die Minijob-Zentrale bei Überschneidungen mit geringfügigen Beschäftigungen

Sonstige Meldungen	
90	Anforderung eines Sozialversicherungsausweises
94	Jahresmeldung bei Schließung der Mitgliedschaft durch die Krankenkasse
95	Abmeldung wegen Schließung der Mitgliedschaft durch die Krankenkasse
99	Vergabe oder Rückmeldung einer Versicherungsnummer

[1] Nur noch für Meldezeiträume vor dem 1.1.2011 zulässig.

Teil 2: Beitragsgruppen		
Die Beitragsgruppen sind so zu verschlüsseln, dass für jeden Beschäftigten in der Reihenfolge Kranken-, Renten-, Arbeitslosen- und Pflegeversicherung, die jeweils zutreffende Ziffer anzugeben ist.		
Beitrag zur Krankenversicherung		
–	kein Beitrag	0
–	allgemeiner Beitrag	1
–	erhöhter Beitrag (zulässig nur für Meldezeiträume bis 31.12.2008)	2
–	ermäßigter Beitrag	3
–	Beitrag zur landwirtschaftlichen Krankenversicherung	4
–	Arbeitgeberbeitrag zur landwirtschaftlichen Krankenversicherung	5
–	Pauschalbeitrag für geringfügig Beschäftigte	6

Beitrag zur freiwilligen Krankenversicherung		
–	Firmenzahler	9

Beitrag zur Rentenversicherung (Meldezeiträume bis 31.12.2004)		
–	kein Beitrag	0
–	voller Beitrag zur Arbeiterrentenversicherung	1
–	voller Beitrag zur Angestelltenrentenversicherung	2
–	halber Beitrag zur Arbeiterrentenversicherung	3
–	halber Beitrag zur Angestelltenrentenversicherung	4
–	Pauschalbeitrag zur Arbeiterrentenversicherung für geringfügig Beschäftigte	5
–	Pauschalbeitrag zur Angestelltenrentenversicherung für geringfügig Beschäftigte	6

Beitrag zur Rentenversicherung (Meldezeiträume ab 1.1.2005)		
–	kein Beitrag	0
–	voller Beitrag	1
–	halber Beitrag	3
–	Pauschalbeitrag für geringfügig Beschäftigte	5

Beitrag zur Arbeitslosenversicherung		
–	kein Beitrag	0
–	voller Beitrag	1
–	halber Beitrag	2

Beitrag zur Pflegeversicherung[2]		
–	kein Beitrag	0
–	voller Beitrag	1
–	halber Beitrag	2

Pauschalierungsfähige Arbeitslohnbestandteile

Die Besteuerung des Arbeitslohns richtet sich grundsätzlich nach den persönlichen Lohnsteuerabzugsmerkmalen des Arbeitnehmers. Für bestimmte Teile des Arbeitslohns kann die Lohnsteuer pauschaliert werden.

Arbeitslohnbestandteil	Rechtsgrundlage	Steuersatz
A		
Auszahlung tarifvertraglicher Ansprüche durch Dritte als sonstiger Bezug	§§ 39c Abs. 5, 38 Abs. 3a Satz 1 EStG	20 %
B		
Betriebsveranstaltung – Steuerpflichtige Zuwendungen können pauschal versteuert werden	§ 40 Abs. 2 Satz 1 Nr. 2 EStG	25 %
Betriebliche Altersversorgung – Sonderzahlungen an umlagefinanzierte Pensionskassen	§ 40b Abs. 4 EStG	15 %
D		
Datenverarbeitungsgeräte – Schenkung von Datenverarbeitungsgeräten (z. B. PC, Smartphone, Tablet etc.) und Internet-Zuschüsse – Aus Vereinfachungsgründen kann der Arbeitgeber den vom Arbeitnehmer angegebenen Betrag für die laufende Internetnutzung ohne weitere Prüfung pauschal besteuern, soweit dieser 50 EUR monatlich nicht übersteigt	§ 40 Abs. 2 Satz 1 Nr. 5 EStG	25 %
Dienstrad Übereignung eines Dienstrads zusätzlich zum ohnehin geschuldeten Arbeitslohn.	§ 40 Abs. 2 Satz 1 Nr. 7 EStG	25 %
Direktversicherung – Alt-Zusage vor 2005	§ 40b EStG a. F.	20 %

Arbeitslohnbestandteil	Rechtsgrundlage	Steuersatz
E		
Elektrofahrzeuge – Schenkung einer Ladevorrichtung/-station für (Hybrid-)Elektrofahrzeuge und Zuschüsse für den Betrieb der Station; bei Entgeltumwandlung ist die Pauschalierung ausgeschlossen – Übereignung eines betrieblichen E-Bikes, das kein Kfz ist, zusätzlich zum ohnehin geschuldeten Arbeitslohn	§ 40 Abs. 2 Satz 1 Nr. 6 EStG § 40 Abs. 2 Satz 1 Nr. 7 EStG	25 %
Erholungsbeihilfen – Steuerpflichtige Erholungsbeihilfen können pauschal besteuert werden, wenn sie bestimmte Freigrenzen nicht übersteigen: – für den Arbeitnehmer 156 EUR; – für den Ehe-/Lebenspartner 104 EUR; – für jedes Kind 52 EUR.	§ 40 Abs. 2 Satz 1 Nr. 3 EStG	25 %
Essenmarken	§ 40 Abs. 2 Satz 1 Nr. 1 EStG	25 %
F		
Fahrtkostenzuschüsse für Fahrten zwischen Wohnung und erster Tätigkeitsstätte – bei Anrechnung auf Entfernungspauschale – ohne Anrechnung auf Entfernungspauschale	 § 40 Abs. 2 Satz 2 EStG § 40 Abs. 2 Satz 3 EStG	 15 % 25 %
Firmenwagen – Sachbezug aufgrund der Nutzung des Fahrzeugs für Fahrten zwischen Wohnung und Arbeitsstätte	 § 40 Abs. 2 Satz 2 EStG	 15 %
G		
Geringfügige Beschäftigung – mit pauschaler Rentenversicherung – ohne pauschale Rentenversicherung	 § 40a Abs. 2 EStG § 40a Abs. 2a EStG	 2 %[1] 20 %
Gruppenunfallversicherung	§ 40b Abs. 3 EStG	20 %

[1] Inkl. Solidaritätszuschlag und Kirchensteuer.

Arbeitslohnbestandteil	Rechtsgrundlage	Steuersatz
I		
Incentivereisen bis 10.000 EUR	§ 37b EStG	30 %
Internetnutzung Zuschüsse zu den Aufwendungen des Arbeitnehmers für die Internetnutzung	§ 40 Abs. 2 Nr. 5 Satz 2 EStG	25 %
J		
Jobtickets		
– ohne Anrechnung auf Entfernungspauschale	§ 40 Abs. 2 Satz 3 EStG	25 %
– bei Entgeltumwandlung mit Anrechnung auf Entfernungspauschale	§ 40 Abs. 2 Satz 2 EStG	15 %
K		
Kurzfristig Beschäftigte		
– Aushilfskräfte (i. S. d. Lohnsteuer)	§ 40a Abs. 1 EStG	25 %
– Aushilfskräfte in der Land- und Forstwirtschaft	§ 40a Abs. 3 EStG	5 %
– und beschränkt steuerpflichtige Arbeitnehmer[2]	§ 40a Abs. 7 EStG	30 %
M		
Mahlzeiten		
– Kostenlose oder verbilligte arbeitstägliche Mahlzeiten	§ 40 Abs. 2 Satz 1 Nr. 1 EStG	25 %
– Gestellung bei Auswärtstätigkeit	§ 40 Abs. 2 Satz 1 Nr. 1a EStG	25 %
N		
Nachholung bzw. Nacherhebung von Lohnsteuer	§ 40 Abs. 1 Satz 1 Nr. 2 EStG	Durchschnittlicher Steuersatz
P		
Pensionskasse		
– Alt-Zusage vor 2005 mit Kapitaldeckung	§ 40b EStG a. F.	20 %
– Laufende Zuwendungen mit Umlageverfahren	§ 40b EStG	20 %

[2] Betrifft nur Arbeitnehmer, die einer ausländischen Betriebsstätte zugeordnet sind.

Arbeitslohnbestandteil	Rechtsgrundlage	Steuersatz
S		
Sachprämien aus Kundenbindungsprogrammen	§ 37a Abs. 1 EStG	2,25 %
Sachzuwendungen an Dritte und deren Arbeitnehmer bis 10.000 EUR (unter weiteren Voraussetzungen)	§ 37b Abs. 1 EStG	30 %
Sachzuwendungen an eigene Arbeitnehmer bis 10.000 EUR (unter weiteren Voraussetzungen)	§ 37b Abs. 2 EStG	30 %
Sonderzahlungen des Arbeitgebers an Pensionskassen mit Umlageverfahren	§ 40b Abs. 4 EStG	15 %
Sonstige Bezüge bis 1.000 EUR je Arbeitnehmer und Kalenderjahr	§ 40 Abs. 1 Satz 1 Nr. 1 EStG	Durchschnittlicher Steuersatz
V		
Verpflegungsmehraufwendungen Vergütungen für Verpflegungsmehraufwendungen soweit sie die steuerfreien Pauschalen um nicht mehr als 100 % übersteigen	§ 40 Abs. 2 Satz 1 Nr. 4 EStG	25 %

Personengruppenschlüssel (DEUV-Meldeverfahren)

Die DEÜV schreibt 3-stellige Personengruppenschlüssel in Meldungen zur Sozialversicherung vor. Diese Schlüssel dienen der Krankenkasse als Identifikationsmerkmal, um welche Art von Arbeitnehmer bzw. Beschäftigung es sich bei dem gemeldeten Beschäftigungsverhältnis handelt.

Meldungen der Arbeitgeber		
Schlüsselzahl	**Personenkreis**	**Beschreibung der Personengruppe**
101	Sozialversicherungspflichtig Beschäftigte ohne besondere Merkmale	Beschäftigte, die kranken-, pflege-, renten- oder arbeitslosenversicherungspflichtig sind sowie Beschäftigte, für die Beitragsanteile zur Renten- oder Arbeitslosenversicherung zu zahlen sind, sofern sie nicht den nachfolgenden Personengruppen zugeordnet werden können.
102	Auszubildende ohne besondere Merkmale	Auszubildende sind Personen, die aufgrund eines Ausbildungsvertrages nach dem BBiG eine betriebliche Berufsausbildung in einem anerkannten Ausbildungsberuf durchlaufen. Berufsausbildung ist die Ausbildung im Rahmen rechtsverbindlicher Ausbildungsrichtlinien für einen staatlich anerkannten Ausbildungsberuf. Darüber hinaus ist Berufsausbildung auch die Ausbildung für einen Beruf, für den es zwar noch keine rechtsverbindlichen Ausbildungsrichtlinien gibt, die vorgesehene Ausbildung jedoch üblich und allgemein anerkannt ist. Sind für die Ausbildung Ausbildungsverträge abgeschlossen und von der zuständigen Stelle oder der Handwerkskammer in das Verzeichnis der Ausbildungsverhältnisse eingetragen worden, ist von einer Berufsausbildung auszugehen. Ist ein schriftlicher Ausbildungsvertrag nicht abgeschlossen, kommt es auf die tatsächliche Gestaltung des Ausbildungsverhältnisses und die Umstände des Einzelfalles an. Unbeachtlich für die Annahme einer Berufsausbildung ist, ob die Ausbildung abgeschlossen bzw. ein formeller Abschluss überhaupt vorgesehen ist. Rentenversicherungspflichtige Praktikanten sind mit dem Personengruppenschlüssel 105 zu melden. Auszubildende, deren Arbeitsentgelt die Geringverdienergrenze nach § 20 Abs. 3 Satz 1 Nr. 1 SGB IV nicht übersteigt, sind mit dem Personengruppenschlüssel 121 zu melden. Dies gilt nicht für Auszubildende ohne Arbeitsentgelt.

Meldungen der Arbeitgeber		
Schlüsselzahl	**Personenkreis**	**Beschreibung der Personengruppe**
		Auszubildende in einer außerbetrieblichen Einrichtung sind mit dem Personengruppenschlüssel 122 zu melden. Bei Meldungen für [akt.] Menschen mit Behinderung, die in einer anerkannten Werkstatt für behinderte Menschen im Eingangsverfahren oder im Berufsbildungsbereich tätig sind, ist der Personengruppenschlüssel 107 zu verwenden.
103	Beschäftigte in Altersteilzeit	Beschäftigter in Altersteilzeit ist, wer das 55. Lebensjahr vollendet hat, nach dem 14.2.1996 aufgrund einer Vereinbarung mit seinem Arbeitgeber, die sich zumindest auf die Zeit bis zu einem Altersrentenanspruch erstrecken muss, seine Arbeitszeit auf die Hälfte der bisherigen wöchentlichen Arbeitszeit vermindert hat und versicherungspflichtig i. S. d. SGB III ist (Altersteilzeitarbeit) und innerhalb der letzten 5 Jahre vor Beginn der Altersteilzeitarbeit mindestens 1.080 Kalendertage in einer die Beitragspflicht begründenden Beschäftigung i. S. d. § 25 SGB III gestanden hat bzw. Anspruch auf Arbeitslosengeld, *Arbeitslosenhilfe*, Arbeitslosengeld II hatte bzw. Versicherungspflicht nach § 26 Abs. 2 SGB III vorlag. Außerdem muss der Arbeitgeber das Arbeitsentgelt für die Altersteilzeitarbeit um mindestens 20 % dieses Arbeitsentgelts, jedoch mindestens auf 70 % des um die bei dem Arbeitnehmer gewöhnlich anfallenden gesetzlichen Abzüge verminderten bisherigen Arbeitsentgelts aufstocken und für den Arbeitnehmer zusätzlich Beiträge zur gesetzlichen Rentenversicherung mindestens in Höhe des Beitrags zahlen, der auf den Unterschiedsbetrag zwischen 90 % des Vollzeitarbeitsentgelts und dem Arbeitsentgelt aus der Altersteilzeitarbeit entfällt (§§ 2 und 3 AltersTZG). Bei Beginn der Altersteilzeitarbeit seit dem 1.7.2004 muss der Arbeitgeber das Arbeitsentgelt für die Altersteilzeitarbeit um mindestens 20 % des Regelarbeitsentgelts aufstocken und für den Arbeitnehmer zusätzliche Beiträge zur gesetzlichen Rentenversicherung mindestens in Höhe des Betrags zahlen, der sich aus 80 % des Regelarbeitsentgelts, begrenzt auf 90 % der Beitragsbemessungsgrenze, ergibt.

Meldungen der Arbeitgeber		
Schlüsselzahl	**Personenkreis**	**Beschreibung der Personengruppe**
104	Hausgewerbetreibende	Hausgewerbetreibender ist, wer in eigener Arbeitsstätte im Auftrag und für Rechnung von Gewerbetreibenden, gemeinnützigen Unternehmen oder öffentlich-rechtlichen Körperschaften arbeitet, auch wenn er Roh- oder Hilfsstoffe selbst beschafft oder vorübergehend für eigene Rechnung tätig ist (§ 12 Abs. 1 SGB IV).
105	Praktikanten	Praktikanten sind Personen, die eine in Studien- oder Prüfungsordnungen vorgeschriebene berufspraktische Tätigkeit im Rahmen eines rentenversicherungspflichtigen Vor- oder Nachpraktikums verrichten. Praktikanten, deren Arbeitsentgelt die Geringverdienergrenze nach § 20 Abs. 3 Satz 1 Nr. 1 SGB IV nicht übersteigt, sind mit dem Personengruppenschlüssel 121 zu melden. Praktikanten, die ein vorgeschriebenes Zwischenpraktikum absolvieren, sind ausschließlich in der Unfallversicherung versicherungspflichtig und daher mit dem Personengruppenschlüssel 190 zu melden.
106	Werkstudenten	Werkstudenten sind Personen, die in der vorlesungsfreien Zeit und/oder der Vorlesungszeit eine Beschäftigung ausüben und darin in der Kranken-, Pflege- und Arbeitslosenversicherung versicherungsfrei, jedoch in der Rentenversicherung versicherungspflichtig sind.
107	[akt.] Menschen mit Behinderung in anerkannten Werkstätten [Anstalten, Heimen] oder gleichartigen Einrichtungen	– Körperlich, geistig oder seelisch behinderte Menschen, die in nach dem SGB IX anerkannten Werkstätten für behinderte Menschen oder in [akt.] Blindenwerkstätten i. S. d. § 226 SGB IX oder für diese Einrichtungen in Heimarbeit tätig sind (§ 1 Satz 1 Nr. 2 Buchst. a SGB VI, § 5 Abs. 1 Nr. 7 SGB V, § 20 Abs. 1 Satz 2 Nr. 7 i. V. m. Satz 1 SGB XI) und – Körperlich, geistig oder seelisch behinderte Menschen, die in Anstalten, Heimen oder gleichartigen Einrichtungen tätig sind (§ 1 Satz 1 Nr. 2 Buchst. b SGB VI, § 5 Abs. 1 Nr. 8 SGB V, § 20 Abs. 1 Satz 2 Nr. 8 i. V. m. Satz 1 SGB XI). Der Personengruppenschlüssel 107 ist auch bei Meldungen für [akt.] Menschen mit Behinderung zu verwenden, die in einer anerkannten Werkstatt für behinderte Menschen im Eingangsverfahren oder im Berufsbildungsbereich tätig sind.

Meldungen der Arbeitgeber		
Schlüssel-zahl	**Personenkreis**	**Beschreibung der Personengruppe**
108	Bezieher von Vorruhestandsgeld	Vorruhestandsgeldbezieher unterliegen dann der Kranken-, Pflege- und Rentenversicherungspflicht, wenn nach dem übereinstimmenden Willen der Vertragspartner mit der Vorruhestandsvereinbarung das Ausscheiden des Arbeitnehmers aus dem Erwerbsleben erfolgt, d. h. die Parteien darüber einig sind, dass das bisherige Arbeitsverhältnis beendet und kein neues Arbeitsverhältnis (bei einem anderen Arbeitgeber) aufgenommen wird. Im Übrigen wird für die Versicherungspflicht vorausgesetzt, dass das Vorruhestandsgeld bis zum frühestmöglichen Beginn der Altersrente oder ähnlicher Bezüge öffentlich-rechtlicher Art oder, wenn keine dieser Leistungen beansprucht werden kann, bis zum Ablauf des Kalendermonats gewährt wird, in dem der ausgeschiedene Arbeitnehmer das 65. Lebensjahr vollendet (§ 5 Abs. 3 SGB V, § 3 Satz 1 Nr. 4 SGB VI).
109	Geringfügig entlohnte Beschäftigte nach § 8 Abs. 1 Nr. 1 SGB IV	Eine geringfügig entlohnte Beschäftigung liegt vor, wenn das Arbeitsentgelt regelmäßig im Monat einen Betrag von 450 EUR (bis 31.12.2012 400 EUR) nicht übersteigt (§ 8 Abs. 1 Nr. 1 SGB IV). Wird die Arbeitsentgeltgrenze durch die Zusammenrechnung mehrerer geringfügig entlohnter Beschäftigungen beziehungsweise mehr als einer geringfügig entlohnten Beschäftigung mit einer nicht geringfügigen Beschäftigung überschritten, liegt keine geringfügige Beschäftigung mehr vor, sodass grundsätzlich der Personengruppenschlüssel 101 zu verwenden ist. Beschäftigungen, die vor dem 1.1.2013 mit einem Arbeitsentgelt von 400,01 bis 450 EUR aufgenommen wurden, bleiben bis zum 31.12.2014 grundsätzlich versicherungspflichtig und sind mit Personengruppenschlüssel 101 zu melden. Ab dem 1.1.2015 entfällt diese Übergangsregelung. Bei geringfügigen Beschäftigungen, die vor dem 1.1.2013 aufgenommen wurden, ist auch bei Verzicht auf die Rentenversicherungsfreiheit der Personengruppenschlüssel 109 zu verwenden. Für Auszubildende und Personen, die ein freiwilliges soziales, ein freiwilliges ökologisches Jahr oder einen Bundesfreiwilligendienst leisten, gelten die besonderen Vorschriften für geringfügig Beschäftigte nicht.

Meldungen der Arbeitgeber		
Schlüsselzahl	**Personenkreis**	**Beschreibung der Personengruppe**
		Darüberhinausgehende Besonderheiten, die im Rahmen des Meldeverfahrens zu berücksichtigen sind, können den Richtlinien für die versicherungsrechtliche Beurteilung von geringfügigen Beschäftigungen (GeringfügRL) in der jeweils gültigen Fassung entnommen werden.
110	Kurzfristig Beschäftigte nach § 8 Abs. 1 Nr. 2 SGB IV	Eine kurzfristige Beschäftigung liegt vor, wenn die Beschäftigung innerhalb eines Kalenderjahres auf längstens 3 Monate oder 70 Arbeitstage nach ihrer Eigenart begrenzt zu sein pflegt oder im Voraus vertraglich begrenzt ist, es sei denn, dass die Beschäftigung berufsmäßig ausgeübt wird und ihr Entgelt 450 EUR im Monat übersteigt (§ 8 Abs. 1 Nr. 2 SGB IV). Eine kurzfristige Beschäftigung liegt auch dann vor, wenn gleichzeitig die Kriterien einer geringfügig entlohnten Beschäftigung erfüllt sind.
111	Personen in Einrichtungen der Jugendhilfe, Berufsbildungswerken oder ähnlichen Einrichtungen für [akt.] Menschen mit Behinderung	– Personen, die in Einrichtungen der Jugendhilfe für eine Erwerbstätigkeit befähigt werden sollen (§ 1 Satz 1 Nr. 3 SGB VI, § 26 Abs. 1 Nr. 1 SGB III, § 5 Abs. 1 Nr. 5 SGB V, § 20 Abs. 1 Satz 2 Nr. 5 i. V. m. Satz 1 SGB XI) und – Personen, die in Berufsbildungswerken oder ähnlichen Einrichtungen für [akt.] Menschen mit Behinderung ([akt.] § 51 SGB IX) für eine Erwerbstätigkeit befähigt werden sollen (§ 1 Satz 1 Nr. 3 SGB VI, § 26 Abs. 1 Nr. 1 SGB III) Für Personen, die in Berufsbildungswerken oder ähnlichen Einrichtungen für [akt.] Menschen mit Behinderung (§ 51 SGB IX) für eine Erwerbstätigkeit befähigt werden sollen, besteht Kranken- und Pflegeversicherungspflicht nur, wenn die Befähigung im Rahmen einer Leistung zur Teilhabe am Arbeitsleben durch einen Rehabilitationsträger i. S. d. § 6 Abs. 1 SGB IX erfolgt. In diesen Fällen ist der Personengruppenschlüssel 204 zu verwenden. Bedient sich der Rehabilitationsträger für die Durchführung der Leistung zur Teilhabe am Arbeitsleben der Einrichtung (Berufsbildungswerk oder ähnliche Einrichtung für [akt.] Menschen mit Behinderung), erfolgt die Meldung durch den Träger der Einrichtung mit Personengruppenschlüssel 111.

Meldungen der Arbeitgeber		
Schlüssel-zahl	**Personenkreis**	**Beschreibung der Personengruppe**
112	Mitarbeitende Familienangehörige in der Landwirtschaft	Mitarbeitende Familienangehörige in der Landwirtschaft sind Verwandte bis zum dritten Grad und Verschwägerte bis zum zweiten Grad sowie Pflegekinder eines landwirtschaftlichen Unternehmers oder seines Ehegatten [akt.] oder Lebenspartners. Der in einem abhängigen Beschäftigungsverhältnis stehende Ehegatte [akt.] oder Lebenspartner eines landwirtschaftlichen Unternehmers gilt als mitarbeitender Familienangehöriger (ohne Auszubildende).
113	Nebenerwerbslandwirte	Nebenerwerbslandwirte sind Personen, die ein landwirtschaftliches Unternehmen bewirtschaften und daneben in einer abhängigen Dauerbeschäftigung (nicht saisonal) außerhalb der Landwirtschaft stehen.
114	Nebenerwerbslandwirte – saisonal beschäftigt	Es handelt sich um landwirtschaftliche Unternehmer, die entsprechend ihrem Erscheinungsbild bei der LKK versichert sind und daneben eine befristete Beschäftigung ausüben, deren Dauer voraussichtlich 26 Wochen nicht überschreitet.
116	Ausgleichsgeldempfänger nach dem FELEG	Es handelt sich um ehemalige landwirtschaftliche Arbeitnehmer und rentenversicherungspflichtige mitarbeitende Familienangehörige in der Landwirtschaft.
117	Nicht berufsmäßig unständig Beschäftigte	Es handelt sich um Personen, die einer unständigen Beschäftigung nicht berufsmäßig nachgehen, in der sie versicherungspflichtig sind. Unständig ist die Beschäftigung, die auf weniger als eine Woche entweder nach der Natur der Sache befristet zu sein pflegt oder im Voraus durch den Arbeitsvertrag befristet ist.
118	Berufsmäßig unständig Beschäftigte	Es handelt sich um Personen, die einer unständigen Beschäftigung berufsmäßig nachgehen, in der sie versicherungspflichtig sind. Unständig ist die Beschäftigung, die auf weniger als eine Woche entweder nach der Natur der Sache befristet zu sein pflegt oder im Voraus durch den Arbeitsvertrag befristet ist.
119	Versicherungsfreie Altersvollrentner und Versorgungsbezieher wegen Alters	Es handelt sich um Personen, die nach Erreichen der Regelaltersgrenze eine Vollrente wegen Alters aus der gesetzlichen Rentenversicherung oder eine entsprechende Versorgung von einer berufsständischen Versorgungseinrichtung oder eine Versorgung nach beamtenrechtlichen Vorschriften oder Grundsätzen wegen Erreichens einer

Meldungen der Arbeitgeber		
Schlüssel-zahl	**Personenkreis**	**Beschreibung der Personengruppe**
		Altersgrenze beziehen (§ 5 Abs. 4 Nr. 1 und 2 SGB VI) oder vor Erreichen der Regelaltersgrenze eine Vollrente wegen Alters aus der gesetzlichen Rentenversicherung beziehen und aufgrund des Bestandsschutzes versicherungsfrei bleiben (§ 230 Abs. 9 Satz 1 SGB VI).
120[1]	Versicherungspflichtige Altersvollrentner und Versorgungsbezieher wegen Alters	Es handelt sich um Personen, – die vor Erreichen der Regelaltersgrenze eine Vollrente wegen Alters aus der gesetzlichen Rentenversicherung beziehen oder – nach Erreichen der Regelaltersgrenze eine Vollrente wegen Alters aus der gesetzlichen Rentenversicherung oder nach beamtenrechtlichen Vorschriften oder entsprechenden kirchenrechtlichen Regelungen oder nach den Regelungen einer berufsständischen Versorgungseinrichtung eine Versorgung wegen Erreichens einer Altersgrenze beziehen und auf die Rentenversicherungsfreiheit nach § 5 Abs. 4 Satz 2 SGB VI verzichten oder – vor Erreichen der Regelaltersgrenze eine Vollrente wegen Alters aus der gesetzlichen Rentenversicherung beziehen und in einer vor dem 1.1.2017 aufgenommenen Beschäftigung auf die weiterbestehende Versicherungsfreiheit nach § 230 Abs. 9 Satz 2 SGB VI (Bestandsschutzregelung) verzichten.
121	Auszubildende, deren Arbeitsentgelt die Geringverdienergrenze nach § 20 Abs. 3 Satz 1 Nr. 1 SGB IV nicht übersteigt	Es handelt sich um die zu ihrer Berufsausbildung beschäftigten Personen, für die ihr Arbeitgeber wegen der niedrigen Höhe des Arbeitsentgelts (auf den Monat bezogen bis zu 325 EUR) verpflichtet ist, den Gesamtsozialversicherungsbeitrag allein zu tragen (§ 20 Abs. 3 Satz 1 Nr. 1 SGB IV). Der Personengruppenschlüssel ist selbst dann anzuwenden, wenn die Geringverdienergrenze infolge einmalig gezahlten Arbeitsentgelts überschritten wird. Auszubildende ohne Arbeitsentgelt sind mit dem Personengruppenschlüssel 102 zu melden.

[1] Nur für Meldezeiträume ab 1.1.2017.

Meldungen der Arbeitgeber		
Schlüssel-zahl	**Personenkreis**	**Beschreibung der Personengruppe**
122	Auszubildende in einer außerbetrieblichen Einrichtung	Eine außerbetriebliche Berufsausbildung liegt vor, wenn die Ausbildung von verselbstständigten, nicht einem Betrieb angegliederten Bildungseinrichtungen durchgeführt wird. Auszubildende, die im Rahmen eines Ausbildungsvertrages nach dem BBiG in einer außerbetrieblichen Einrichtung ausgebildet werden, stehen nach § 5 Abs. 4a SGB V, § 1 Satz 1 Nr. 3a SGB VI und § 25 Abs. 1 Satz 2 SGB III den Beschäftigten zur Berufsausbildung gleich.
123	Personen, die ein freiwilliges soziales, ein freiwilliges ökologisches Jahr oder einen Bundesfreiwilligendienst leisten	Es handelt sich um die Personen, die ein freiwilliges soziales oder ökologisches Jahr i. S. d. JFDG leisten und für die ihr Arbeitgeber verpflichtet ist, den Gesamtsozialversicherungsbeitrag allein zu tragen (§ 20 Abs. 3 Satz 1 Nr. 2 SGB IV). Personen, die einen Bundesfreiwilligendienst leisten, sind sozialversicherungsrechtlich dem Personenkreis der Teilnehmer an einem freiwilligen sozialen oder freiwilligen ökologischen Jahr gleichgestellt (§ 13 Abs. 2 Satz 1 BFDG).
124	Heimarbeiter ohne Anspruch auf Entgeltfortzahlung im Krankheitsfall	Es handelt sich um Erwerbstätige mit selbst gewählter Arbeitsstätte ohne unmittelbare Weisungsgebundenheit und ohne Eingliederung in den Betrieb, die im Auftrag und für Rechnung von Gewerbetreibenden, gemeinnützigen Unternehmen oder öffentlich-rechtlichen Körperschaften arbeiten; aufgrund ihrer wirtschaftlichen Abhängigkeit zum Auftraggeber gelten sie als abhängig Beschäftige (§ 12 Abs. 2 SGB IV). Die Meldungen sind entweder vom Arbeitgeber oder, sofern der Heimarbeiter seinen Gesamtsozialversicherungsbeitrag zahlt, vom Heimarbeiter zu erstellen (§ 28m Abs. 2 und 3 SGB IV). Soweit Heimarbeiter aufgrund tarifvertraglicher Regelungen einen Anspruch auf Entgeltfortzahlung im Krankheitsfall haben (§ 10 Abs. 4 EFZG), ist der Personengruppenschlüssel 124 nicht anzuwenden. Heimarbeiter, die in der Kranken-, Pflege-, Renten-, und Arbeitslosenversicherung aufgrund einer geringfügigen Beschäftigung nach § 8 Abs. 1 Nr. 1 SGB IV versicherungsfrei sind, werden mit dem Personengruppenschlüssel 109 gemeldet.

Meldungen der Arbeitgeber		
Schlüsselzahl	**Personenkreis**	**Beschreibung der Personengruppe**
127	Behinderte Menschen, die im Anschluss an eine Beschäftigung in einer anerkannten Werkstatt in einem Integrationsprojekt beschäftigt sind	Es handelt sich um körperlich, geistig oder seelisch behinderte Menschen, die im Anschluss an eine Beschäftigung in einer nach dem SGB IX anerkannten Werkstatt für behinderte Menschen (§ 1 Satz 1 Nr. 2 Buchst. a SGB VI, § 5 Abs. 1 Nr. 7 SGB V, § 20 Abs. 1 Satz 2 Nr. 7 i. V. m. Satz 1 SGB XI) in einem Integrationsprojekt tätig sind. Integrationsprojekte können sein ...: – Integrationsunternehmen (rechtlich und wirtschaftlich selbstständige Unternehmen), – Integrationsbetriebe (unternehmensinterne oder von öffentlichen Arbeitgebern geführte Betriebe), – Integrationsabteilungen (Abteilungen zur Beschäftigung schwerbehinderter Menschen auf dem allgemeinen Arbeitsmarkt).
190	Beschäftigte, die ausschließlich in der gesetzlichen Unfallversicherung versichert sind	Es handelt sich um versicherte Beschäftigte nach § 2 Abs. 1 Nr. 1 SGB VII mit beitragspflichtigem Entgelt.

Meldungen für die See-Sozialversicherung		
Schlüsselzahl	**Personenkreis**	**Beschreibung der Personengruppe**
140	Seeleute	Seeleute sind Kapitäne und Besatzungsmitglieder von Seeschiffen sowie sonstige Arbeitnehmer, die an Bord von Seeschiffen während der Reise im Rahmen des Schiffsbetriebs beschäftigt sind, mit Ausnahme der Lotsen (§ 13 Abs. 1 und 2 SGB IV).
141	Auszubildende in der Seefahrt ohne besondere Merkmale	Vergleiche Beschreibung zu Personengruppenschlüssel 102 und 140.
142	Seeleute in Altersteilzeit	Vergleiche Beschreibung zu Personengruppenschlüssel 103 und 140.
143	Seelotsen	Seelotsen sind rentenversicherungspflichtige Selbstständige, für die Meldungen nach § 28a SGB IV zu erstatten sind (§ 191 SGB VI).

Meldungen für die See-Sozialversicherung		
Schlüssel-zahl	**Personenkreis**	**Beschreibung der Personengruppe**
144	Auszubildende in der Seefahrt, deren Arbeitsentgelt die Geringverdienergrenze nach § 20 Abs. 3 Satz 1 Nr. 1 SGB IV nicht übersteigt	Es handelt sich um die zu ihrer Berufsausbildung beschäftigten Personen, für die ihr Arbeitgeber wegen der niedrigen Höhe des Arbeitsentgelts (auf den Monat bezogen bis zu 325 EUR) verpflichtet ist, den Gesamtsozialversicherungsbeitrag allein zu tragen (§ 20 Abs. 3 Satz 1 Nr. 1 SGB IV). Der Personengruppenschlüssel ist selbst dann anzuwenden, wenn die Geringverdienergrenze infolge einmalig gezahlten Arbeitsentgelts überschritten wird.
149	In der Seefahrt beschäftigte versicherungsfreie Altersvollrentner und Versorgungsbezieher wegen Alters	Vergleiche Beschreibung zu Personengruppenschlüssel 119 und 140.
150[2]	In der Seefahrt beschäftigte versicherungspflichtige Altersvollrentner und Versorgungsbezieher wegen Alters	Vergleiche Beschreibung zu Personengruppenschlüssel 120 und 140.

[2] Nur für Meldezeiträume ab 1.1.2017.

Reisekosten: Auslandsreisepauschalen

Die Tabelle zeigt die Pauschbeträge für Verpflegungsmehraufwendungen und Übernachtungen für beruflich und betrieblich veranlasste Auslandsreisen.

Die für Reisetage in den einzelnen Ländern geltenden Auslandsreisepauschalen[1] können Sie dieser Tabelle entnehmen. Soweit einzelne Länder in dieser Tabelle nicht genannt sind, ist der für Luxemburg geltende Pausch- und Höchstbetrag anzusetzen. Sind Übersee- und Außengebiete eines Landes nicht gesondert aufgeführt, gilt der für das Mutterland maßgebliche Pausch- und Höchstbetrag.

Bei **eintägigen Reisen** ins Ausland ist der entsprechende Pauschbetrag des letzten Tätigkeitsortes im Ausland maßgebend.

Bei **mehrtägigen Reisen** in verschiedenen Staaten gilt für die Ermittlung der Verpflegungspauschalen am An- und Abreisetag sowie an den Zwischentagen (Tagen mit 24 Stunden Abwesenheit) insbesondere Folgendes:

- Bei der **Anreise** vom Inland in das Ausland oder vom Ausland ins Inland jeweils ohne Tätigwerden ist der entsprechende Pauschbetrag des Ortes maßgebend, der vor 24 Uhr Ortszeit erreicht wird.
- Bei der **Abreise** vom Ausland ins Inland oder vom Inland ins Ausland ist der entsprechende Pauschbetrag des letzten Tätigkeitsortes maßgebend
- Für die **Zwischentage** ist in der Regel der entsprechende Pauschbetrag des Ortes maßgebend, den der Arbeitnehmer vor 24 Uhr Ortszeit erreicht.

Die Pauschbeträge für **Übernachtungskosten** sind ausschließlich in den Fällen der Arbeitgebererstattung anwendbar. Für den Werbungskostenabzug sind nur die tatsächlichen Übernachtungskosten maßgebend.

Diese Ausführungen gelten entsprechend für **doppelte Haushaltsführungen** im Ausland.

Hinweis zu den Auslandsreisepauschalen 2022

Pandemiebedingt werden die Auslandstage- und Auslandsübernachtungsgelder nach dem Bundesreisekostengesetz zum 1.1.2022 nicht neu festgesetzt. Die zum 1.1.2021 veröffentlichten Beträge gelten somit für das Kalenderjahr 2022 unverändert fort. Demzufolge sind die durch BMF, Schreiben v. 3.12.2020, IV C 5 – S 2353/19/10010 :002, BStBl 2020 I S. 1256 zur „Steuerlichen Behandlung von Reisekosten und Reisekostenvergütungen bei betrieblich und beruflich veranlassten Auslandsreisen ab 1. Januar 2021" veröffentlichten steuerlichen Pauschbeträge auch für das Kalenderjahr 2022 anzuwenden.[2]

---

[1] Für 2022 s. BMF, Schreiben v. 3.12.2020, IV C 5 – S 2353/19/10010 :002, BStBl 2020 I S. 1256 i. V. m. BMF, Schreiben v. 27.9.2021.

[2] BMF, Mitteilung v. 27.9.2021.

Land	Pauschbeträge für Verpflegungsmehraufwendungen bei einer Abwesenheitsdauer je Kalendertag von			Pauschbetrag für Übernachtungskosten
	mindestens 24 Std.	weniger als 24 Std., aber mehr als 8 Std.	An- und Abreisetage[3]	
	EUR	EUR	EUR	EUR
Afghanistan	30	20	20	95
Ägypten	41	28	28	125
Äthiopien	39	26	26	130
Äquatorialguinea	36	24	24	166
Albanien	27	18	18	112
Algerien	51	34	34	173
Andorra	41	28	28	91
Angola	52	35	35	299
Argentinien	35	24	24	113
Armenien	24	16	16	59
Aserbaidschan	30	20	20	72
Australien				
– Canberra	51	34	34	158
– Sydney	68	45	45	184
– im Übrigen	51	34	34	158
Bahrain	45	30	30	180
Bangladesch	50	33	33	165
Barbados	52	35	35	165
Belgien	42	28	28	135
Benin	52	35	35	115
Bolivien	30	20	20	93
Bosnien und Herzegowina	23	16	16	75
Botsuana	46	31	31	176

[3] An- und Abreisetage setzen eine Übernachtung voraus und sind daher nur bei mehrtägigen Auswärtstätigkeiten möglich. Eine Mindestabwesenheit ist an diesen Tagen nicht erforderlich.

Land	Pauschbeträge für Verpflegungsmehraufwendungen bei einer Abwesenheitsdauer je Kalendertag von			Pauschbetrag für Übernachtungskosten
	mindestens 24 Std.	weniger als 24 Std., aber mehr als 8 Std.	An- und Abreisetage[3]	
	EUR	EUR	EUR	EUR
Brasilien				
– Brasilia	57	38	38	127
– Rio de Janeiro	57	38	38	145
– Sao Paulo	53	36	36	132
– im Übrigen	51	34	34	84
Brunei	52	35	35	106
Bulgarien	22	15	15	115
Burkina Faso	38	25	25	174
Burundi	36	24	24	138
Chile	44	29	29	154
China				
– Chengdu	41	28	28	131
– Hongkong	74	49	49	145
– Kanton	36	24	24	150
– Peking	30	20	20	185
– Shanghai	58	39	39	217
– im Übrigen	48	32	32	112
Costa Rica	47	32	32	93
Côte d'Ivoire	59	40	40	166
Dänemark	58	39	39	143
Dominikanische Republik	45	30	30	147
Dschibuti	65	44	44	305
Ecuador	44	29	29	97
El Salvador	44	29	29	119
Eritrea	50	33	33	91
Estland	29	20	20	85
Fidschi	34	23	23	69
Finnland	50	33	33	136

Land	Pauschbeträge für Verpflegungsmehraufwendungen bei einer Abwesenheitsdauer je Kalendertag von			Pauschbetrag für Übernachtungskosten
	mindestens 24 Std.	weniger als 24 Std., aber mehr als 8 Std.	An- und Abreisetage[3]	
	EUR	EUR	EUR	EUR
Frankreich				
– Lyon	53	36	36	115
– Marseille	46	31	31	101
– Paris[4]	58	39	39	152
– Straßburg	51	34	34	96
– im Übrigen	44	29	29	115
Gabun	52	35	35	183
Gambia	40	27	27	161
Georgien	35	24	24	88
Ghana	46	31	31	148
Griechenland				
– Athen	46	31	31	132
– im Übrigen	36	24	24	135
Guatemala	34	23	23	90
Guinea	46	31	31	118
Guinea-Bissau	24	16	16	86
Haiti	58	39	39	130
Honduras	48	32	32	101
Indien				
– Bangalore	42	28	28	155
– Chennai	32	21	21	85
– Kalkutta	35	24	24	145
– Mumbai	50	33	33	146
– Neu Delhi	38	25	25	185
– im Übrigen	32	21	21	85

[4] Sowie die Departements 92 (Hauts-de-Seine), 93 (Seine-Saint-Denis) und 94 (Val-de-Marne).

Land	Pauschbeträge für Verpflegungsmehraufwendungen bei einer Abwesenheitsdauer je Kalendertag von			Pauschbetrag für Übernachtungskosten
	mindestens 24 Std.	weniger als 24 Std., aber mehr als 8 Std.	An- und Abreisetage[3]	
	EUR	EUR	EUR	EUR
Indonesien	36	24	24	134
Iran	33	22	22	196
Irland	58	39	39	129
Island	47	32	32	108
Israel	66	44	44	190
Italien				
– Mailand	45	30	30	158
– Rom	40	27	27	135
– im Übrigen	40	27	27	135
Jamaika	57	38	38	138
Japan				
– Tokio	66	44	44	233
– im Übrigen	52	35	35	190
Jemen	24	16	16	95
Jordanien	46	31	31	126
Kambodscha	38	25	25	94
Kamerun	50	33	33	180
Kanada				
– Ottawa	47	32	32	142
– Toronto	51	34	34	161
– Vancouver	50	33	33	140
– im Übrigen	47	32	32	134
Kap Verde	30	20	20	105
Kasachstan	45	30	30	111
Katar	56	37	37	149
Kenia	51	34	34	219
Kirgisistan	27	18	18	74
Kolumbien	46	31	31	115
Kongo, Republik	62	41	41	215

Land	Pauschbeträge für Verpflegungsmehraufwendungen bei einer Abwesenheitsdauer je Kalendertag von			Pauschbetrag für Übernachtungskosten
	mindestens 24 Std.	weniger als 24 Std., aber mehr als 8 Std.	An- und Abreisetage[3]	
	EUR	EUR	EUR	EUR
Kongo, Demokratische Republik	70	47	47	190
Korea, Demokratische Volksrepublik	28	19	19	92
Korea, Republik	48	32	32	108
Kosovo	23	16	16	57
Kroatien	35	24	24	107
Kuba	46	31	31	228
Kuwait	56	37	37	241
Laos	33	22	22	96
Lesotho	24	16	16	103
Lettland	35	24	24	76
Libanon	59	40	40	123
Libyen	63	42	42	135
Liechtenstein	56	37	37	190
Litauen	26	17	17	109
Luxemburg	47	32	32	130
Madagaskar	34	23	23	87
Malawi	47	32	32	123
Malaysia	34	23	23	88
Malediven	52	35	35	170
Mali	38	25	25	120
Malta	46	31	31	114
Marokko	42	28	28	129
Marshall Inseln	63	42	42	102
Mauretanien	39	26	26	105
Mauritius	54	36	36	220
Mazedonien	29	20	20	95
Mexiko	48	32	32	177

Land	Pauschbeträge für Verpflegungsmehraufwendungen bei einer Abwesenheitsdauer je Kalendertag von			Pauschbetrag für Übernachtungskosten
	mindestens 24 Std.	weniger als 24 Std., aber mehr als 8 Std.	An- und Abreisetage[3]	
	EUR	EUR	EUR	EUR
Moldau, Republik	24	16	16	88
Monaco	42	28	28	180
Mongolei	27	18	18	92
Montenegro	29	20	20	94
Mosambik	38	25	25	146
Myanmar	35	24	24	155
Namibia	30	20	20	112
Nepal	36	24	24	126
Neuseeland	56	37	37	153
Nicaragua	36	24	24	81
Niederlande	47	32	32	122
Niger	42	28	28	131
Nigeria	46	31	31	182
Norwegen	80	53	53	182
Österreich	40	27	27	108
Oman	60	40	40	200
Pakistan				
– Islamabad	23	16	16	238
– im Übrigen	34	23	23	122
Palau	51	34	34	179
Panama	39	26	26	111
Papua-Neuguinea	60	40	40	234
Paraguay	38	25	25	108
Peru	34	23	23	143
Philippinen	33	22	22	116

Land	Pauschbeträge für Verpflegungsmehraufwendungen bei einer Abwesenheitsdauer je Kalendertag von			Pauschbetrag für Übernachtungskosten
	mindestens 24 Std.	weniger als 24 Std., aber mehr als 8 Std.	An- und Abreisetage[3]	
	EUR	EUR	EUR	EUR
Polen				
– Breslau	33	22	22	117
– Danzig	30	20	20	84
– Krakau	27	18	18	86
– Warschau	29	20	20	109
– im Übrigen	29	20	20	60
Portugal	36	24	24	102
Ruanda	46	31	31	141
Rumänien				
– Bukarest	32	21	21	92
– im Übrigen	27	18	18	89
Russische Föderation				
– Jekatarinenburg	28	19	19	84
– Moskau	30	20	20	110
– St. Petersburg	26	17	17	114
– im Übrigen	24	16	16	58
Sambia	36	24	24	130
Samoa	29	20	20	85
San Marino	34	23	23	75
São Tomé – Principe	47	32	32	80
Saudi-Arabien				
– Djidda	38	25	25	234
– Riad	48	32	32	179
– im Übrigen	48	32	32	80
Schweden	50	33	33	168
Schweiz				
– Genf	66	44	44	186
– im Übrigen	64	43	43	180

Land	Pauschbeträge für Verpflegungsmehraufwendungen bei einer Abwesenheitsdauer je Kalendertag von			Pauschbetrag für Übernachtungskosten
	mindestens 24 Std.	weniger als 24 Std., aber mehr als 8 Std.	An- und Abreisetage[3]	
	EUR	EUR	EUR	EUR
Senegal	42	28	28	190
Serbien	20	13	13	74
Sierra Leone	48	32	32	161
Simbabwe	45	30	30	140
Singapur	54	36	36	197
Slowakische Republik	24	16	16	85
Slowenien	33	22	22	95
Spanien				
– Barcelona	34	23	23	118
– Kanarische Inseln	40	27	27	115
– Madrid	40	27	27	118
– Palma de Mallorca	35	24	24	121
– im Übrigen	34	23	23	115
Sri Lanka	42	28	28	100
Sudan	33	22	22	195
Südafrika				
– Kapstadt	27	18	18	112
– Johannisburg	29	20	20	124
– im Übrigen	22	15	15	94
Südsudan	34	23	23	150
Syrien	38	25	25	140
Tadschikistan	27	18	18	118
Taiwan	46	31	31	143
Tansania	47	32	32	201
Thailand	38	25	25	110
Togo	39	26	26	118
Tonga	39	26	26	94
Trinidad und Tobago	45	30	30	177
Tschad	64	43	43	163

Land	Pauschbeträge für Verpflegungsmehraufwendungen bei einer Abwesenheitsdauer je Kalendertag von			Pauschbetrag für Übernachtungskosten
	mindestens 24 Std.	weniger als 24 Std., aber mehr als 8 Std.	An- und Abreisetage[3]	
	EUR	EUR	EUR	EUR
Tschechische Republik	35	24	24	94
Türkei				
– Istanbul	26	17	17	120
– Izmir	29	20	20	55
– im Übrigen	17	12	12	95
Tunesien	40	27	27	115
Turkmenistan	33	22	22	108
Uganda	41	28	28	143
Ukraine	26	17	17	98
Ungarn	22	15	15	63
Uruguay	48	32	32	90
Usbekistan	34	23	23	104
Vatikanstaat	52	35	35	160
Venezuela	45	30	30	127
Vereinigte Arabische Emirate	65	44	44	156
Vereinigte Staaten von Amerika				
– Atlanta	62	41	41	175
– Boston	58	39	39	265
– Chicago	54	36	36	209
– Houston	63	42	42	138
– Los Angeles	56	37	37	274
– Miami	64	43	43	151
– New York City	58	39	39	282
– San Francisco	51	34	34	314
– Washington, D.C.	62	41	41	276
– im Übrigen	51	34	34	138

Land	Pauschbeträge für Verpflegungsmehraufwendungen bei einer Abwesenheitsdauer je Kalendertag von			Pauschbetrag für Übernachtungskosten
	mindestens 24 Std.	weniger als 24 Std., aber mehr als 8 Std.	An- und Abreisetage[3]	
	EUR	EUR	EUR	EUR
Vereinigtes Königreich von Großbritannien und Nordirland				
– London	62	41	41	224
– im Übrigen	45	30	30	115
Vietnam	41	28	28	86
Weißrussland	20	13	13	98
Zentralafrikanische Republik	46	31	31	74
Zypern	45	30	30	116

Reisekosten: Inlandsreisepauschalen

Die Tabelle enthält die steuerfreien inländischen Reisekostensätze für Verpflegungs- und Übernachtungskosten für 2022. Außerdem werden die Kürzungsbeträge bei Mahlzeitengestellung auf Dienstreisen durch den Arbeitgeber aufgeführt.

Verpflegungsmehraufwand	Pauschbetrag (in EUR)
Eintägige vorübergehende Auswärtstätigkeit[1]	
– Abwesenheit mindestens 24 Stunden	28
– Abwesenheit mehr als 8 Stunden	14
– Abwesenheit bis 8 Stunden	–

[1] Eine berufliche Auswärtstätigkeit liegt vor, wenn ein Arbeitnehmer vorübergehend außerhalb seiner Wohnung und seiner ersten Tätigkeitsstätte beruflich tätig wird. Auch Arbeitnehmer, die bei ihrer individuellen beruflichen Tätigkeit typischerweise nur an ständig wechselnden **Einsatzstellen** oder auf einem **Fahrzeug** tätig werden, fallen unter die reisekostenrechtlich relevante Auswärtstätigkeit.
Der Reisekostenbegriff *berufliche Auswärtstätigkeit* umfasst auch Arbeitnehmer **ohne** erste Tätigkeitsstätte, die weder durch das Aufsuchen des Arbeitgebers mit einer gewissen Nachhaltigkeit noch aufgrund des Umfangs der dort verrichteten Arbeiten eine ortsfeste Tätigkeit begründen.

Verpflegungsmehraufwand	Pauschbetrag (in EUR)
Mehrtägige vorübergehende Auswärtstätigkeit	
– An- und Abreisetag je (keine Mindestabwesenheit)[2] – Zwischentag/e (= Abwesenheit mindestens 24 Stunden)	14 28[3]
Tätigkeit an wechselnden Einsatzstellen	
– Abwesenheit[4] mindestens 24 Stunden[3] – Abwesenheit mehr als 8 Stunden – An- und Abreisetag[2] je	28 14 –
Tätigkeit auf Fahrzeugen	
– Abwesenheit[4] mindestens 24 Stunden[3] – Abwesenheit mehr als 8 Stunden – An- und Abreisetag[2] je	28 14 –
Kürzung bei Mahlzeitengestellung	
– Frühstück – Mittag- und Abendessen je	5,60 11,20
Übernachtungskosten bei Auswärtstätigkeiten	
– Pauschbetrag je Übernachtung[5]	20
– Übernachtungspauschale für Berufskraftfahrer[6]	8

[2] An- und Abreisetag setzen eine Übernachtung voraus und sind daher nur bei **mehrtägigen** Auswärtstätigkeiten möglich. Eine Mindestabwesenheit ist an diesen Tagen nicht erforderlich.

[3] Die Pauschale von 28 EUR gilt dem Grundsatz nach auch für eintägige Reisen; wegen der zeitlichen Grenze beschränkt sich ihre praktische Bedeutung allerdings auf mehrtägige Reisen.

[4] Die Abwesenheitsdauer berechnet sich in Bezug auf die Wohnung und erste Tätigkeitsstätte, bei Tätigkeit an wechselnden Einsatzstellen oder auf Fahrzeugen nur in Bezug auf die Wohnung.

[5] Die Übernachtungspauschale gilt nur für steuerfreie Erstattungen durch den **Arbeitgeber.** Der Arbeitnehmer muss dagegen für den Werbungskostenabzug seine Übernachtungskosten durch Rechnungsbelege nachweisen. Das Gleiche gilt für Übernachtungen eines Selbstständigen.

[6] Zum 1.1.2020 eingeführt mit dem Gesetz zur weiteren steuerlichen Förderung der Elektromobilität und zur Änderung weiterer steuerlicher Vorschriften.

Sachbezugswerte

Die Übersichten enthalten die Sachbezugswerte für 2022. Abzulesen sind die monatlichen oder kalendertäglichen Werte für freie Unterkunft und/oder Verpflegung.

Freie Verpflegung					
Personenkreis		**Frühstück**	**Mittagessen**	**Abendessen**	**Verpflegung insgesamt**
		EUR	**EUR**	**EUR**	**EUR**
volljährige Arbeitnehmer	mtl.	56,00	107,00	107,00	270,00
	ktgl.	1,87	3,57	3,57	9,00
Jugendliche und Auszubildende	mtl.	56,00	107,00	107,00	270,00
	ktgl.	1,87	3,57	3,57	9,00
volljährige Familienangehörige	mtl.	56,00	107,00	107,00	270,00
	ktgl.	1,87	3,57	3,57	9,00
Familienangehörige vor Vollendung des 18. Lebensjahres	mtl.	44,80	85,60	85,60	216,00
	ktgl.	1,50	2,86	2,86	7,20
Familienangehörige vor Vollendung des 14. Lebensjahres	mtl.	22,40	42,80	42,80	108,00
	ktgl.	0,75	1,43	1,43	3,60
Familienangehörige vor Vollendung des 7. Lebensjahres	mtl.	16,80	32,10	32,10	81,00
	ktgl.	0,56	1,07	1,07	2,70

Wert der an Familienangehörige abgegebenen Sachbezüge: Anzusetzen sind ausschließlich die o. g. Beträge für Angehörige. Es erfolgt keine Addition mit dem Sachbezugswert für Beschäftigte. Lediglich für unmittelbar dem Arbeitnehmer selbst zur Verfügung gestellte Verpflegung werden die Sachbezugswerte „volljährige Arbeitnehmer" bzw. „Jugendliche und Auszubildende" angesetzt.

Freie Unterkunft				
Sachverhalt			**Unterkunft allgemein**	**Aufnahme im Arbeitgeberhaushalt / Gemeinschaftsunterkunft**
Unterkunft belegt mit			**EUR**	**EUR**
A[1]	1 Beschäftigtem	mtl.	241,00	204,85
		ktgl.	8,03	6,83
	2 Beschäftigten	mtl.	144,60	108,45
		ktgl.	4,82	3,62

[1] A = Volljährige Arbeitnehmer.

Freie Unterkunft				
Sachverhalt			Unterkunft allgemein	Aufnahme im Arbeitgeberhaushalt / Gemeinschaftsunterkunft
Unterkunft belegt mit			EUR	EUR
	3 Beschäftigten	mtl.	120,50	84,35
		ktgl.	4,02	2,81
	mehr als 3 Beschäftigten	mtl.	96,40	60,25
		ktgl.	3,21	2,01
B[2]	1 Beschäftigtem	mtl.	204,85	168,70
		ktgl.	6,83	5,62
	2 Beschäftigten	mtl.	108,45	72,30
		ktgl.	3,62	2,41
	3 Beschäftigten	mtl.	84,35	48,20
		ktgl.	2,81	1,61
	mehr als 3 Beschäftigten	mtl.	60,25	24,10
		ktgl.	2,01	0,80

Erläuterungen

Sachbezüge im Teilmonat

Wird der anzusetzende Sachbezugswert für einen Teil-Entgeltabrechnungszeitraum ermittelt, sind die jeweiligen Tagesbeträge mit der Anzahl der Kalendertage zu multiplizieren.

Beispiel

Ein Arbeitnehmer (19 Jahre) nimmt am 15.1. eine Beschäftigung in den alten Bundesländern auf und wird bei freier Verpflegung und freier Unterkunft in den Arbeitgeberhaushalt aufgenommen.

Verpflegung	9,00 × 17 Tage =	153,00 EUR
Unterkunft	6,83 × 17 Tage =	116,11 EUR
Sachbezugswert insgesamt		269,11 EUR

[2] B = Jugendliche und Auszubildende.

Besonderheiten bei freier Unterkunft

Wäre es nach Lage des Einzelfalls unbillig, den Wert der Unterkunft nach den Tabellenwerten zu bestimmen, kann die Unterkunft nach § 2 Abs. 3 SvEV mit dem ortsüblichen Mietpreis bewertet werden.

Der Wert der Unterkunft wird für das gesamte Bundesgebiet einheitlich festgelegt.

Eine **Aufnahme in den Arbeitgeberhaushalt** liegt vor, wenn der Arbeitnehmer sowohl in die Wohnungs- als auch in die Verpflegungsgemeinschaft des Arbeitgebers aufgenommen wird. Wird ausschließlich die Unterkunft zur Verfügung gestellt, liegt dagegen keine „Aufnahme" in den Arbeitgeberhaushalt vor und der ungekürzte Unterkunftswert ist anzusetzen.

Eine **Gemeinschaftsunterkunft** stellen z. B. Lehrlingswohnheime, Schwesternwohnheime, Kasernen etc. dar. Charakteristisch für Gemeinschaftsunterkünfte sind gemeinschaftlich zu nutzende Wasch- bzw. Duschräume, Toiletten und eine Gemeinschaftsküche oder Kantine. Allein eine Mehrfachbelegung einer Unterkunft hat dagegen nicht die Bewertung als Gemeinschaftsunterkunft zur Folge; vielmehr wird der Mehrfachbelegung bereits durch gesonderte Abschläge Rechnung getragen.

Abgrenzung Unterkunft und Wohnung

Eine Wohnung ist im Gegensatz zur Unterkunft eine in sich geschlossene Einheit von Räumen, in denen ein selbstständiger Haushalt geführt werden kann. Es muss eine Wasserversorgung und -entsorgung, eine Kochgelegenheit, vergleichbar einer Küche, sowie eine Toilette vorhanden sein. Ein 1-Zimmer-Appartement mit Küchenzeile und WC als Nebenraum stellt somit eine Wohnung dar, während bei Mitbenutzung von Bad, Toilette und Küche lediglich eine Unterkunft vorliegt. Können mehrere Arbeitnehmer eine Wohnung zur gemeinsam nutzen (Wohngemeinschaft), stellt dies keine freie Wohnung, sondern lediglich freie Unterkunft dar.

Ortsüblicher Mietpreis oder Quadratmeterpauschale

Für eine freie Wohnung ist kein amtlicher Sachbezugswert festgesetzt – es ist grundsätzlich der ortsübliche Mietpreis anzusetzen. Es unterbleibt ein Sachbezugsansatz, wenn die genaue Miete inkl. Nebenkosten mindestens 2/3 der ortsüblichen Miete und dieser nicht mehr als 25 EUR/qm ohne umlagefähige Betriebskosten beträgt.

Ist die Feststellung des ortsüblichen Mietpreises mit außerordentlichen Schwierigkeiten verbunden, kann im Jahr 2022 die Wohnung mit 4,23 EUR monatlich je Quadratmeter bzw. bei einfacher Ausstattung (ohne Sammelheizung oder ohne Bad oder Dusche) mit 3,46 EUR monatlich je Quadratmeter bewertet werden.

Sozialversicherungswerte: Versicherungs- und Beitragsrecht

Diese Übersicht enthält alle Rechengrößen, Grenzwerte, Beitragssätze und Bezugsgrößen im Versicherungs- und Beitragsrecht der Sozialversicherung. Die Sozialversicherungswerte sind für Arbeitgeber und Versicherte (Arbeitnehmer) gleichermaßen relevant, da sie z. B. über die Versicherungspflicht entscheiden sowie die Höhe der zu zahlenden Beiträge beeinflussen.

Versicherungs- und Beitragsrecht: Werte für das Kalenderjahr 2022		West	Ost
Beitragsbemessungsgrenzen			
– Kranken- und Pflegeversicherung	jährlich monatlich	58.050,00 EUR 4.837,50 EUR	58.050,00 EUR 4.837,50 EUR
– Rentenversicherung (allgemein)	jährlich monatlich	84.600,00 EUR 7.050,00 EUR	81.000,00 EUR 6.750,00 EUR
– Knappschaftliche Rentenversicherung	jährlich monatlich	103.800,00 EUR 8.650,00 EUR	100.200,00 EUR 8.350,00 EUR
– Arbeitslosenversicherung	jährlich monatlich	84.600,00 EUR 7.050,00 EUR	81.000,00 EUR 6.750,00 EUR
Beitragssätze			
– Krankenversicherung			
– Allgemeiner Beitragssatz		14,6 %	
– Ermäßigter Beitragssatz		14,0 %	
– Durchschnittlicher Zusatzbeitrag		1,3 %	
– Pflegeversicherung		3,05 %	
– Beitragszuschlag für Kinderlose		0,35 %	
– Rentenversicherung (allgemein)		18,6 %	
– Knappschaftliche Rentenversicherung		24,7 %	
– Arbeitslosenversicherung		2,4 %	
Umlage U1 und U2		individuell nach Satzung der Kasse/der Minijob-Zentrale	
Insolvenzgeldumlage (U3)		0,09 %	
Künstlersozialabgabe		4,2 %	

Betriebsverpflegung

Bei der Gewährung von unentgeltlichen oder verbilligten Mahlzeiten im Betrieb[1] sind sowohl für volljährige Arbeitnehmer als auch für Jugendliche und Auszubildende nachstehende Beträge anzusetzen:

Frühstück 1,87 EUR
Mittag-/Abendessen 3,57 EUR

---

[1] § 40 Abs. 2 Satz 1 Nr. 1 EStG.

Schüler/Schulentlassene: Versicherungsrechtliche Beurteilung

Hier werden unterschiedliche Konstellationen einer Beschäftigung von Schülern bzw. Schulentlassenen aufgelistet. Je nach Ausgestaltung der Beschäftigung hat dies unterschiedliche sozialversicherungsrechtliche Konsequenzen. Die Beurteilung gilt nur für Beschäftigungen, die nach dem 31.12.2012 aufgenommen wurden.

Schüler: Versicherungsrechtliche Beurteilung der ausgeübten Beschäftigung		
Personenkreis	**Bedingung/Voraussetzung**	**Beurteilung**
Schüler von allgemeinbildenden Schulen (Haupt-, Realschulen, Gymnasien)[1, 2]	Das Beschäftigungsverhältnis wird **unbefristet** (bzw. länger als auf 3 Monate oder 70 Arbeitstage im Kalenderjahr befristet) ausgeübt, das monatliche Entgelt beträgt regelmäßig **mehr als 450 EUR.**	**Versicherungspflicht** zur – KV – PV – RV **Versicherungsfreiheit** zur – ALV
	Die Beschäftigungsdauer ist innerhalb eines Kalenderjahres auf längstens 3 Monate oder 70 Arbeitstage **befristet.** Die Höhe des Entgelts ist in diesem Fall unbedeutend.	**Versicherungsfreiheit** zur – KV – PV – RV – ALV

---

[1] Hiermit ist der vollzeitliche Besuch einer gewöhnlichen Schule (mit Unterrichtszeit während der allgemein üblichen Arbeitszeiten) gemeint.

[2] Zu den allgemeinbildenden (öffentlichen oder privaten) Schulen gehören (in der Mehrzahl der Länder): Hauptschule, Realschule, Gymnasium, Gesamtschule (in einzelnen Ländern), Förderstufe (Hessen), Orientierungsstufe (Niedersachsen), Schulzentrum (Bayern), Mittelschule (Sachsen), Regelschule (Thüringen), Erweiterte Realschule (Saarland), Sekundarschule (Sachsen-Anhalt), Integrierte Haupt- und Realschule (Hamburg), Verbundene Haupt- und Realschule (Hessen, Mecklenburg-Vorpommern), Regionale Schule (Rheinland-Pfalz). Zudem gehören dazu in allen Ländern: Sonderschule, Schule für Behinderte, Förderschule.

Schüler: Versicherungsrechtliche Beurteilung der ausgeübten Beschäftigung		
Personenkreis	**Bedingung/Voraussetzung**	**Beurteilung**
	Das monatliche Entgelt beträgt regelmäßig **nicht mehr als 450 EUR.**[3]	**Versicherungsfreiheit** zur – KV – PV – ALV **Versicherungspflicht** zur – RV[4]
Schüler von Fachoberschulen[5]	Das Beschäftigungsverhältnis wird **unbefristet** (bzw. länger als auf 3 Monate befristet) ausgeübt, das monatliche Entgelt beträgt regelmäßig **mehr als 450 EUR.**	**Versicherungspflicht** zur – KV – PV – RV – ALV
	Die Beschäftigung ist innerhalb eines Kalenderjahres seit ihrem Beginn auf längstens 3 Monate oder 70 Arbeitstage **befristet.** Die Höhe des Entgelts ist in diesem Fall unbedeutend, denn die Versicherungsfreiheit tritt im Rahmen der Kurzfristigkeit ein.	**Versicherungsfreiheit** zur – KV – PV – RV – ALV
	Das monatliche Entgelt beträgt regelmäßig **nicht mehr als 450 EUR.**[3]	**Versicherungsfreiheit** zur – KV – PV – ALV **Versicherungspflicht** zur – RV[4]

3 Wird die Beschäftigung für einen kürzeren Zeitraum als einen Monat ausgeübt, ist im jeweiligen Monat dennoch keine anteilige Entgeltgrenze, sondern der monatliche Gesamtbetrag von 450 EUR anzusetzen.

4 Der Arbeitnehmer kann sich von der Rentenversicherungspflicht befreien lassen.

5 Hier geht es nicht um die Tätigkeit als Praktikant im Rahmen der Ausbildung, sondern um eine daneben ausgeübte, weitere Beschäftigung.

Schüler: Versicherungsrechtliche Beurteilung der ausgeübten Beschäftigung		
Personenkreis	**Bedingung/Voraussetzung**	**Beurteilung**
Personen, die sich außerhalb der üblichen Arbeitszeit an einer allgemeinbildenden Schule fortbilden (**Abendschüler**)	Das monatliche Entgelt beträgt regelmäßig **mehr als 450 EUR.**	**Versicherungspflicht** zur – KV – PV – RV – ALV
	Das monatliche Entgelt beträgt regelmäßig **nicht mehr als 450 EUR.**[3]	**Versicherungsfreiheit** zur – KV – PV – ALV **Versicherungspflicht** zur – RV[4]
	Die Beschäftigung ist innerhalb eines Kalenderjahres auf längstens 3 Monate oder 70 Arbeitstage **befristet.** Die Höhe des Entgelts ist in diesem Fall unbedeutend, denn die Versicherungsfreiheit tritt im Rahmen der Kurzfristigkeit ein.	**Versicherungsfreiheit** zur – KV – PV – RV – ALV

Schulentlassene: Versicherungsrechtliche Beurteilung der ausgeübten Beschäftigung		
Zeitpunkt und Merkmal der Beschäftigung	**Bedingung/Voraussetzung**	**Beurteilung**
Befristete Beschäftigung zwischen der Schulentlassung und dem Beginn – der Berufsausbildung – der Ableistung eines freiwilligen sozialen, diakonischen oder ökologischen Jahres oder eines vergleichbaren Freiwilligendienstes – der Teilnahme an einem Bundesfreiwilligendienst – des freiwilligen Wehrdienstes	Das monatliche Entgelt beträgt regelmäßig **mehr als 450 EUR.** Die evtl. Befristung der Beschäftigungsdauer ist hier völlig unbedeutend: Für diesen Personenkreis ist es nicht möglich, infolge der Ausübung einer kurzfristigen Beschäftigung Versicherungsfreiheit zu erlangen, da für ihn stets die **berufsmäßige** Ausübung solcher Beschäftigungen unterstellt wird.[6]	**Versicherungspflicht** zur – KV – PV – RV – ALV

---

[6] Berufsmäßigkeit ist auch dann anzunehmen, wenn nach Ableistung der freiwilligen Dienste ein Studium aufgenommen wird.

Schulentlassene: Versicherungsrechtliche Beurteilung der ausgeübten Beschäftigung		
Zeitpunkt und Merkmal der Beschäftigung	**Bedingung/Voraussetzung**	**Beurteilung**
– ersten Aufnahme einer Dauerbeschäftigung oder eines Dienstverhältnisses als Beamter	Das monatliche Entgelt beträgt regelmäßig **nicht mehr als 450 EUR.**[3]	**Versicherungsfreiheit** zur – KV – PV – RV (nur bei kurzfristiger Beschäftigung, sonst pflichtig) – ALV
Befristete oder unbefristete Beschäftigung während/neben – der Ableistung eines freiwilligen sozialen, diakonischen oder ökologischen Jahres oder eines vergleichbaren Freiwilligendienstes – der Teilnahme an einem Bundesfreiwilligendienst – dem freiwilligen Wehrdienst	Das monatliche Entgelt beträgt regelmäßig **nicht mehr als 450 EUR.**[3]	**Versicherungsfreiheit** zur – KV – PV – RV (nur bei kurzfristiger Beschäftigung, sonst pflichtig) – ALV
Befristete Beschäftigung während/neben – der Ableistung eines freiwilligen sozialen, diakonischen oder ökologischen Jahres oder eines vergleichbaren Freiwilligendienstes – der Teilnahme an einem Bundesfreiwilligendienst – dem freiwilligen Wehrdienst	Das monatliche Entgelt beträgt regelmäßig **mehr als 450 EUR.**[3] Allerdings ist die Beschäftigung innerhalb eines Kalenderjahres auf längstens 3 Monate oder 70 Arbeitstage befristet und ist damit **kurzfristig**. Diese Personen sind dem Status grundsätzlich Beschäftigte im sozialversicherungsrechtlichen Sinne. Daher ist bei einer kurzfristigen Nebenbeschäftigung nicht von Berufsmäßigkeit auszugehen.[7]	**Versicherungsfreiheit** zur – KV – PV – RV – ALV
Beschäftigung zwischen Abitur und Studium	Das Beschäftigungsverhältnis wird **unbefristet** (bzw. länger als auf 3 Monate befristet) ausgeübt. Das monatliche Entgelt beträgt regelmäßig **mehr als 450 EUR.**	**Versicherungspflicht** zur – KV – PV

[7] Geringfügigkeits-Richtlinien (Abschn. B 2.3.3.1).

Schulentlassene: Versicherungsrechtliche Beurteilung der ausgeübten Beschäftigung		
Zeitpunkt und Merkmal der Beschäftigung	**Bedingung/Voraussetzung**	**Beurteilung**
		– RV – ALV
	Das Beschäftigungsverhältnis wird unbefristet (bzw. länger als auf 3 Monate oder 70 Arbeitstage im Kalenderjahr befristet) ausgeübt. Das monatliche Entgelt beträgt regelmäßig **nicht mehr als 450 EUR.**[3]	**Versicherungsfreiheit** zur – KV – PV – ALV **Versicherungspflicht** zur – RV – RV[4]
	Die Beschäftigung ist innerhalb eines Kalenderjahres auf längstens 3 Monate oder 70 Arbeitstage befristet. Die Höhe des Entgelts ist in diesem Fall unbedeutend. Berufsmäßigkeit liegt nicht vor.	**Versicherungsfreiheit** zur – KV – PV – RV – ALV

Schwerbehindertenvertretung

Die Tabelle gibt einen Überblick über die Voraussetzungen für die Wahlvorschriften einer Schwerbehindertenvertretung entsprechend der Anzahl der schwerbehinderten (einschließlich der gleichgestellten Arbeitnehmer) im Betrieb tätigen Menschen.

Voraussetzungen	
wenigstens 5 schwerbehinderte Menschen	Es werden eine Vertrauensperson und wenigstens eine stellvertretende Person gewählt, die die Vertrauensperson im Falle der Verhinderung vertritt (§ 177 Abs. 1 Satz 1 SGB IX).
bei jedem Überschreiten des Schwellenwerts von 100 weiteren schwerbehinderten Menschen	Ein weiteres stellvertretendes Mitglied kann zur Entlastung der Vertrauensperson herangezogen werden (§ 178 Abs. 1 Satz 5 SGB IX).
wenigstens 100 schwerbehinderte Menschen	Die Vertrauensperson wird auf ihren Wunsch von der Arbeit freigestellt (§ 179 Abs. 4 Satz 2 SGB IX).

<table>
<tr><th colspan="2">Voraussetzungen</th></tr>
<tr><td colspan="2">Ist für mehrere Betriebe eines Arbeitgebers ein Gesamtbetriebsrat oder für den Geschäftsbereich mehrerer Dienststellen ein Gesamtpersonalrat errichtet, so wählen die Schwerbehindertenvertretungen der einzelnen Betriebe oder Dienststellen eine Gesamtschwerbehindertenvertretung (§ 180 Abs. 1 SGB IX). In Großunternehmen, in denen ein Konzernbetriebsrat errichtet ist, ist die Schaffung einer Konzernschwerbehindertenvertretung vorgesehen (§ 180 Abs. 2 SGB IX).</td></tr>
<tr><th colspan="2">Wahlverfahren</th></tr>
<tr><td>weniger als 50 wahlberechtigte schwerbehinderte Menschen</td><td>Es findet ein vereinfachtes Wahlverfahren statt (§ 177 Abs. 6 Satz 3 SGB IX).</td></tr>
<tr><td>mindestens 3 wahlberechtigte schwerbehinderte Arbeitnehmer</td><td>Die Wahl der Vertrauensperson kann angefochten werden (§ 177 Abs. 6 Satz 2 SGB IX i. V. m. § 19 Abs. 2 BetrVG).</td></tr>
<tr><th colspan="2">Wahlvorstand</th></tr>
<tr><td>Wahlvorstand aus 3 volljährigen im Betrieb Beschäftigten und einer von ihnen als Vorsitzender</td><td>Zusammensetzung des Wahlvorstands (§ 1 Abs. 1 Wahlordnung Schwerbehindertenvertretung – SchwbVWO).</td></tr>
<tr><td>3 schwerbehinderte und diesen gleichgestellten behinderten Menschen</td><td>Können zu einer Versammlung einladen, auf der ein Wahlvorstand gewählt wird, wenn eine Schwerbehindertenvertretung nicht vorhanden ist (§ 1 Abs. 2 SchwbVWO).</td></tr>
<tr><th colspan="2">Übergangsmandat der Schwerbehindertenvertretung</th></tr>
<tr><td colspan="2">Die Regelungen des § 21a BetrVG gelten entsprechend mit der Folge, dass die Schwerbehindertenvertretung ein Übergangsmandat ausüben kann.</td></tr>
<tr><th colspan="2">Inklusionsbeauftragter</th></tr>
<tr><td colspan="2">Der Arbeitgeber bestellt einen Inklusionsbeauftragten, der ihn in Angelegenheiten schwerbehinderter Menschen verantwortlich vertritt; falls erforderlich, können mehrere Inklusionsbeauftragte bestellt werden (§ 181 SGB IX).</td></tr>
</table>

Bergmannsversorgungsscheininhaber

Wegen der besonderen Belastungen, die der bergmännische Beruf mit sich bringt, besteht in den Ländern Nordrhein-Westfalen und Saarland für Bergleute ein besonderer Schutz. Diesem Schutz dienen die Regelungen über einen Bergmannsversorgungsschein im Land Nordrhein-Westfalen, im Saarland und in Niedersachsen. In Nordrhein-Westfalen und im Saarland sind mit der Anzahl der Arbeitsplätze Beschäftigungspflichten verbunden:

ab 50 Arbeitsplätze	Die Landesregierung kann durch Rechtsverordnung bestimmen, dass Arbeitgeber 2 vom Hundert der Arbeitsplätze mit Inhabern von Bergmannsversorgungsscheinen zu besetzen haben (§ 5 BVSG Saarland).
ab 100 Arbeitsplätze	Pflicht des Arbeitgebers, 1 vom Hundert der Arbeitsplätze mit Inhabern von Bergmannsversorgungsscheinen zu besetzen (§ 5 BVSG NRW).

Werkstätten für behinderte Menschen

Eine Werkstatt für behinderte Menschen ist eine Einrichtung zur Eingliederung von Menschen mit Behinderung in das Arbeitsleben. Die Werkstattbeschäftigten haben gesetzlich vorgeschriebene Mitwirkungsrechte. In allen Werkstätten werden Werkstatträte gewählt, die als Interessenvertretung der Beschäftigten fungieren und ihre Anliegen mit der Werkstattleitung beraten.

Größe des Werkstattrats	
bis 200 Wahlberechtigte	Der Werkstattrat besteht aus mindestens 3 Mitgliedern (§ 3 Abs. 1 Nr. 1 MWVO).
201 – 400 Wahlberechtigte	Der Werkstattrat besteht aus 5 Mitgliedern (§ 3 Abs. 1 Nr. 2 MWVO).
401 – 700 Wahlberechtigte	Der Werkstattrat besteht aus 7 Mitgliedern (§ 3 Abs. 1 Nr. 3 MWVO).
701 – 1000 Wahlberechtigte	Der Werkstattrat besteht aus 9 Mitgliedern (§ 3 Abs. 1 Nr. 4 MWVO).
1001 – 1500 Wahlberechtigte	Der Werkstattrat besteht aus 11 Mitgliedern (§ 3 Abs. 1 Nr. 5 MWVO).
ab 1501 Wahlberechtigte	Der Werkstattrat besteht aus 13 Mitgliedern (§ 3 Abs. 1 Nr. 6 MWVO).
Wahlvorstand	
3 Wahlberechtigte oder sonstige der Werkstatt angehörige Personen	Zusammensetzung des Wahlvorstands (§ 13 Abs. 1 MWVO)
3 Wahlberechtigte	3 Wahlberechtigte können zu einer Versammlung der Wahlberechtigten einladen, die zum Ziel hat, den Wahlvorstand zu wählen (§ 13 Abs. 2 MWVO).
Wahlanfechtung	
3 Wahlberechtigte	die Wahl kann angefochten werden (§ 27 MWVO)

Versicherungs- und Beitragsrecht: Werte für das Kalenderjahr 2022			
		West	Ost
Beitragszuschüsse (§ 257 SGB V/§ 61 SGB XI) **Höchstzuschuss zur Krankenversicherung** (KV-Beitragssatz = 14,6 % bzw. ermäßigt = 14 %, ohne Zusatzbeitrag)			
– Personen mit Anspruch auf Krankengeld	monatlich	353,14 EUR	
– Personen ohne Anspruch auf Krankengeld	monatlich	338,63 EUR	
Höchstzuschuss zur Pflegeversicherung			
– bundeseinheitlich (außer Sachsen) nach § 61 Abs. 3 SGB XI (1,525 % der monatlichen Beitragsbemessungsgrenze)	monatlich	73,77 EUR	
– Bundesland Sachsen nach § 61 Abs. 3 SGB XI (1,025 % der monatlichen Beitragsbemessungsgrenze)	monatlich	49,58 EUR	
Höchstzuschuss zur privaten Versicherung			
– Krankenversicherung	monatlich	384,58 EUR	
– Pflegeversicherung	monatlich	73,77 EUR	
– Pflegeversicherung (Sachsen)	monatlich	49,58 EUR	
Bezugsgrößen (Im Bereich der Kranken- und Pflegeversicherung gilt für die neuen Bundesländer stets die Bezugsgröße West)			
– Bezugsgröße	jährlich	39.480,00 EUR	37.800,00 EUR
– Bezugsgröße	monatlich	3.290,00 EUR	3.150,00 EUR
Faktor F		0,7509	

Versicherungs- und Beitragsrecht: Werte für das Kalenderjahr 2022			
		West	Ost
Freiwillige Krankenversicherung			
– Mindestbemessungsgrundlage – allgemein	monatlich	1.096,67 EUR	
– Mindestbemessungsgrundlage – Existenzgründer	monatlich	1.096,67 EUR	
– Mindestbemessungsgrundlage – hauptberuflich Selbstständige	monatlich	1.096,67 EUR	
Freiwillige Rentenversicherung			
– Mindestbeitrag	monatlich	83,70 EUR	83,70 EUR
– Höchstbeitrag	monatlich	1.311,30 EUR	1.255,50 EUR
Geringfügigkeitsgrenze (Minijob)	monatlich	450,00 EUR	
Geringverdienergrenze (Auszubildende) (Der Arbeitgeber trägt neben seinem eigenen Beitragsanteil auch die Arbeitnehmerbeitragsanteile inkl. Zusatzbeitrag)	monatlich	325,00 EUR	
Übergangsbereich (Midijob)		450,01 bis 1.300,00 EUR	
Höchstbeiträge versicherungspflichtiger Arbeitnehmer			
– Krankenversicherung	monatlich	706,28 EUR	706,28 EUR
– Pflegeversicherung	monatlich	147,54 EUR	147,54 EUR
– Arbeitslosenversicherung	monatlich	169,20 EUR	162,00 EUR
– Rentenversicherung	monatlich	1.311,30 EUR	1.255,50 EUR
Jahresarbeitsentgeltgrenzen in der Krankenversicherung (Versicherungspflichtgrenzen)			
– Allgemeine Jahresarbeitsentgeltgrenze (§ 6 Abs. 6 SGB V)	jährlich	64.350,00 EUR	
– Besondere Jahresarbeitsentgeltgrenze (Bestandsfälle PKV, § 6 Abs. 7 SGB V)	jährlich	58.050,00 EUR	

Versicherungs- und Beitragsrecht: Werte für das Kalenderjahr 2022			
		West	Ost
Mindestarbeitsentgelte			
– Menschen mit Behinderungen, Kranken- und Pflegeversicherung	monatlich	658,00 EUR	658,00 EUR
– Menschen mit Behinderungen, Rentenversicherung	monatlich	2.632,00 EUR	2.520,00 EUR
– Azubis bzw. Praktikanten ohne Arbeitsentgelt, Renten- und Arbeitslosenversicherung	monatlich	32,90 EUR	31,50 EUR
Mindestbeitrag Rentenversicherung für geringfügig Beschäftigte	monatlich	32,55 EUR	
Mindestbemessungsgrundlage Rentenversicherung für geringfügig Beschäftigte	monatlich	175,00 EUR	
Mindestzahlbetrag für Beiträge aus Versorgungsbezügen in der Kranken- und Pflegeversicherung	monatlich	164,50 EUR	
Selbstständige (Rentenversicherung, versicherungspflichtig)			
– Regelbeitrag	monatlich	611,94 EUR	585,90 EUR
– Mindestbeitrag	monatlich	83,70 EUR	83,70 EUR
– Höchstbeitrag	monatlich	1.311,30 EUR	1.255,50 EUR
Studentenbeitrag			
– Krankenversicherung (ohne Zusatzbeitrag)	monatlich	76,85 EUR	
– Pflegeversicherung	monatlich	22,94 EUR	
– Pflegeversicherung (kinderlos)	monatlich	25,57 EUR	

Studentenjob: Versicherungsrechtliche Beurteilung

Die versicherungsrechtliche Beurteilung von Studentenjobs, Semesterferien- und Werkstudentenjobs bereitet in der Praxis oft Schwierigkeiten. Einen schnellen Überblick verschafft Ihnen diese Arbeitshilfe. Sie gilt für Beschäftigungen, die nach dem 31.12.2012 aufgenommen werden.

Studenten									
Sachverhalt[1]			**KV und PV**		**ALV und RV**		**UV**[2]	**Insolvenzgeldumlage**	**U1/ U2**[3]
Beschäftigung bis zu 20 Std./ Woche[4]	**Während der Vorlesungszeit**	Entgelt **bis** 450 EUR	**frei**	KV: Minijob-Pauschalbeiträge[5] PV: Keine Beiträge	**ALV: frei RV: pflichtig**[6]	ALV: keine Beiträge RV: Minijob-Pflichtbeiträge[7]	ja	ja	ja

---

[1] Sonderfälle wie Fortsetzung einer bereits vor dem Studium bestehenden Beschäftigung o. ä. werden hier nicht dargestellt.

[2] Zur Unfallversicherung ist Entgelt grundsätzlich beitragspflichtig.

[3] Bezieht sich auf die Umlagepflicht der Vergütung, nicht auf die Zählung der im Betrieb beschäftigten Arbeitnehmer für die Teilnahme an der U1.

[4] Auch, wenn mehr als 20 Std./Woche gearbeitet wird, **aber** in den Abend- oder Nachtstunden oder an den Wochenenden.

[5] Die Pauschalbeiträge von 13 % des Arbeitsentgelts sind nur zu zahlen, wenn der Student gesetzlich krankenversichert ist.

[6] Der Arbeitnehmer kann sich von der RV-Pflicht befreien lassen.

[7] Beitragsanteile: 15 % Arbeitgeber und 3,6 % Arbeitnehmer. Im Falle der Befreiung zahlt nur der Arbeitgeber Pauschalbeiträge von 15 %.

Studenten									
Sachverhalt[1]			**KV und PV**		**ALV und RV**		**UV**[2]	**Insolvenzgeldumlage**	**U1/U2**[3]
		Entgelt **über** 450 EUR	**frei**	Keine Beiträge durch den Arbeitgeber	**ALV: frei RV: pflichtig**[8]	ALV: keine Beiträge RV: Beiträge wie Arbeitnehmer, Übergangsbereich beachten	ja	ja	ja
	Während der Semesterferien	Entgelt **bis** 450 EUR	**frei**	KV: Minijob-Pauschalbeiträge[5] PV: Keine Beiträge	**ALV: frei RV: pflichtig**[6]	ALV: keine Beiträge RV: Minijob-Pflichtbeiträge[7]	ja	ja	ja
		Entgelt **über** 450 EUR	**frei**	Keine Beiträge durch den Arbeitgeber	**ALV: frei RV: pflichtig**[9]	ALV: keine Beiträge RV: Beiträge wie Arbeitnehmer, Übergangsbereich beachten	ja	ja	ja

[8] In der Rentenversicherung erfolgt die versicherungsrechtliche Beurteilung nach den allgemeinen Grundsätzen. Eine Beschäftigung während des Studiums ist danach grundsätzlich versicherungspflichtig.

[9] Die Studenteneigenschaft und damit die Versicherungsfreiheit in der KV-, PV- und ALV bestehen bei befristeter Beschäftigung, wenn der Student im Laufe des Jahres nicht mehr als 182 Kalendertage beschäftigt ist. Die Jahresfrist berechnet sich rückwärts vom voraussichtlichen Ende der befristeten Beschäftigung. Anzurechnen sind alle Beschäftigungen mit mehr als 20 Std. wö. Arbeitszeit.

Studenten									
Sachverhalt[1]			KV und PV		ALV und RV		UV[2]	Insolvenzgeldumlage	U1/ U2[3]
Beschäftigung über 20 Std./ Woche	**Während der Vorlesungszeit**	Entgelt **bis** 450 EUR	**frei**	KV: Minijob-Pauschalbeiträge[5] PV: Keine Beiträge	**ALV: frei RV: pflichtig**[6]	ALV: keine Beiträge RV: Minijob-Pflichtbeiträge[7]	ja	ja	ja
		Entgelt **über** 450 EUR	**pflichtig**	Beiträge wie Arbeitnehmer, Übergangsbereich beachten	**pflichtig**[8]	Beiträge wie Arbeitnehmer, Übergangsbereich beachten	ja	ja	ja
	Während der Semesterferien	Entgelt **bis** 450 EUR	**frei**	KV: Minijob-Pauschalbeiträge[5] PV: Keine Beiträge	**ALV: frei RV: pflichtig**[6]	ALV: keine Beiträge RV: Minijob-Pflichtbeiträge[7]	ja	ja	ja
		Entgelt **über** 450 EUR	**frei**	Keine Beiträge durch den Arbeitgeber	**ALV: frei RV: pflichtig**[9]	ALV: keine Beiträge RV: Beiträge wie Arbeitnehmer, Übergangsbereich beachten	ja	ja	ja

Teilzeitarbeit: Berücksichtigung der Betriebsgröße

Arbeitnehmer haben unter bestimmten Voraussetzungen Anspruch auf Verringerung ihrer Arbeitszeit. Diese Tabelle gibt einen Überblick, in welchen Konstellationen dies der Fall ist.

Anspruch auf Teilzeitarbeit	
ab 1 schwerbehinderten Menschen	Anspruch auf Teilzeitarbeit, wenn die kürzere Arbeitszeit wegen der Art der Schwere der Behinderung notwendig ist (§ 164 Abs. 5 SGB IX).
mehr als 15 Arbeitnehmer	Anspruch auf Teilzeitarbeit von 15 bis 32 Stunden/Woche im Monatsdurchschnitt pro Elternteil (§ 15 Abs. 7 BEEG).
mehr als 15 Arbeitnehmer	Anspruch auf Verringerung der Arbeitszeit (§ 8 Abs. 7 TzBfG).
mehr als 15 Arbeitnehmer	Anspruch auf Verringerung der Arbeitszeit zur Pflege eines nahen Angehörigen in häuslicher Umgebung (§ 3 Abs. 1 Satz 2 PflegeZG).
mehr als 25 Arbeitnehmer	Anspruch auf Verringerung der Arbeitszeit zur Inanspruchnahme von Familienpflegezeit (§ 2 Abs. 1 Satz 4 FPfZG).
mehr als 45 Arbeitnehmer	Anspruch auf Verringerung der Arbeitszeit für einen im Voraus zu bestimmenden Zeitraum von 1 Jahr bis zu 5 Jahren (Brückenzeit) (§ 9a TzBfG).
mehr als 45 Arbeitnehmer bis 200 Arbeitnehmer	Es gilt eine Zumutbarkeitsgrenze, wonach ein Anspruch auf Brückenzeit nur pro angefangenen 15 Arbeitnehmern besteht (§ 9a Abs. 2 TzBfG).

Die Tabelle zeigt die Besonderheiten, wann und mit welcher Messzahl Teilzeitbeschäftigte anteilig berücksichtigt werden.

Berücksichtigung Teilzeitbeschäftigter bei der Betriebsgröße			
Gesetz/Vorschrift	**Zahl der Arbeitnehmer**	**Umfang der Teilzeitarbeit**	**Bei der Feststellung der Messzahl zu berücksichtigen**
§ 622 Abs. 5 Satz 3 BGB (kürzere Kündigungsfrist)	nicht mehr als 20 Arbeitnehmer	bis 20 Stunden bis 30 Stunden	0,5 0,75
§ 23 Abs. 1 Satz 2 KSchG (Geltungsbereich)	mehr als 5 Arbeitnehmer[1]	bis 20 Stunden bis 30 Stunden	0,5 0,75
§ 23 Abs. 1 Satz 4 KSchG (Geltungsbereich)	mehr als 10 Arbeitnehmer	bis 20 Stunden bis 30 Stunden	0,5 0,75

---

[1] Arbeitnehmer, deren Arbeitsverhältnis 2004 und später begonnen hat, werden bei der Feststellung der Zahl der Arbeitnehmer bis zur Beschäftigung von in der Regel 10 Arbeitnehmern nicht berücksichtigt.

Berücksichtigung Teilzeitbeschäftigter bei der Betriebsgröße			
Gesetz/Vorschrift	**Zahl der Arbeitnehmer**	**Umfang der Teilzeitarbeit**	**Bei der Feststellung der Messzahl zu berücksichtigen**
§ 11 ASiG (Sicherheitsausschuss)	mehr als 20 Beschäftigte	bis 20 Stunden bis 30 Stunden	0,5 0,75
§ 3 Abs. 1 Satz 6 AAG (Feststellung der Umlagepflicht)	nicht mehr als 30 Arbeitnehmer	bis 10 Stunden bis 20 Stunden bis 30 Stunden	0,25 0,5 0,75
§ 158 Abs. 2 SGB IX	1 Arbeitnehmer	Schwerbehinderte Menschen, die in Teilzeitbeschäftigung nicht weniger als 18 Stunden wöchentlich beschäftigt sind, werden auf einen Pflichtarbeitsplatz angerechnet. Bei weniger als 18 Stunden, wenn die Teilzeitbeschäftigung wegen Art oder Schwere der Behinderung notwendig ist.	
§ 159 Abs. 1 SGB IX	1 Arbeitnehmer	Schwerbehinderte Menschen, die in Teilzeit nicht weniger als 18 Stunden wöchentlich beschäftigt sind, können bei Vorliegen der Voraussetzungen auf 2 oder 3 Pflichtarbeitsplätze angerechnet werden.	
DGUV-Vorschrift 2: Betriebsärzte und Fachkräfte für Arbeitssicherheit (Anhang 1 zu § 2)[2]	Bis 10 Beschäftigte (Grundbetreuung und anlassbezogene Betreuung; Betreuung durch Kompetenzzentren)	bis 20 Stunden bis 30 Stunden	0,5 0,75

[2] Der Hinweis im nicht rechtsverbindlichen Anhang 1 zu § 2 der Vorschrift, dass zur Feststellung der Zuordnung des Betreuungsmodells Teilzeitbeschðftigte mit einer regelmäßigen wöchentlichen Arbeitszeit von nicht mehr als 20 Stunden mit 0,5 und mit nicht mehr als 30 Stunden mit 0,75 zu veranschlagen sind, wird für die Berechnung der Grundbetreuung von den Unfallversicherungsträgern unterschiedlich ausgelegt. Eine Klärung mit der zuständigen Berufsgenossenschaft oder Unfallkasse ist zu empfehlen.

Berücksichtigung Teilzeitbeschäftigter bei der Betriebsgröße			
Gesetz/Vorschrift	Zahl der Arbeitnehmer	Umfang der Teilzeitarbeit	Bei der Feststellung der Messzahl zu berücksichtigen
	10 – 30 Beschäftigte (Grundbetreuung und betriebsspezifische Betreuung; Alternative: bedarfsorientierte Betreuung)	bis 20 Stunden bis 30 Stunden	0,5 0,75

Urlaub: Gesetzliche Regelung

Diese Tabelle gibt einen Überblick über die wichtigsten gesetzlichen Urlaubsregelungen. Die Mindestbedingungen über den Erholungsurlaub von Arbeitnehmern und seine Voraussetzungen sind im Bundesurlaubsgesetz (BUrlG) geregelt. Hierauf bezieht sich diese Übersicht. Darüber hinaus sind jedoch auch etwaige Regelungen zum Urlaub in anwendbaren Tarifverträgen und in den Arbeitsverträgen zu beachten.

Urlaubsdauer	Nach der gesetzlichen Regelung hat jeder Arbeitnehmer einen Urlaubsanspruch von 24 Werktagen (= Montag bis Samstag) je Urlaubsjahr (identisch mit Kalenderjahr). In der Regel sehen (zulässigerweise) Tarifverträge oder Einzelarbeitsverträge einen längeren Urlaubsanspruch vor.
Wartezeit	Der Arbeitnehmer erwirbt den Anspruch auf den vollen Jahresurlaub nach 6-monatigem Bestehen des Arbeitsverhältnisses. Beginnt das Arbeitsverhältnis beispielsweise am 1.4. eines Jahres, ist die Wartezeit am 30.9. erfüllt und der volle Jahresurlaub kann ab dem 1.10. beansprucht werden.
Teilurlaub	Teilurlaub (1/12 für jeden vollen Monat des Beschäftigungsverhältnisses) kann der Arbeitnehmer beanspruchen, – wenn er wegen Beginn des Arbeitsverhältnisses in der 2. Jahreshälfte die Wartezeit nicht erfüllen kann oder – wenn er vor Erfüllung der Wartezeit aus dem Arbeitsverhältnis ausscheidet oder – wenn er nach Erfüllung der Wartezeit in der 1. Jahreshälfte ausscheidet.
Krankheit	Der Urlaubsanspruch des Arbeitnehmers mindert sich nicht dadurch, dass er infolge Krankheit während des Urlaubsjahres nur teilweise oder überhaupt keine Arbeitsleistung erbringen konnte. Tarifverträge können hier abweichend eine Kürzung des Urlaubsanspruchs vorsehen, der gesetzliche Anspruch darf durch die Kürzung aber nicht unterschritten werden. Auch während einer länger andauernden Arbeitsunfähigkeit des Arbeitnehmers entsteht der Urlaubsanspruch mit der Folge, dass nach ggf.

	längerer Arbeitsunfähigkeit entstandene Urlaubsansprüche offenstehen können und durch Freistellung zu gewähren sind. Bisher ging das BAG davon aus, dass der Urlaubsanspruch verfällt, wenn der Arbeitnehmer den Urlaub krankheitsbedingt nicht bis zum Ende des Urlaubsjahres, spätestens bis zum Ende des Übertragungszeitraumes (31.3. des Folgejahres) nehmen konnte. Nach neuer Rechtsprechung von EuGH und dann folgend des BAG verfällt der Urlaub nicht mehr, wenn der Arbeitnehmer den Urlaub wegen seiner Krankheit nicht bis zum Ende des Kalenderjahrs und/oder des Übertragungszeitraums nehmen konnte. Vielmehr bleibt dem arbeitsunfähig erkrankten Arbeitnehmer zunächst sein Urlaubsanspruch erhalten. Urlaubsansprüche verfallen aber nach der Rechtsprechung des BAG 15 Monate nach Ablauf des Urlaubsjahres unabhängig von der Arbeits(un)fähigkeit eines Arbeitnehmers, s. u. Erkrankt der Arbeitnehmer während des Urlaubs, werden die durch ärztliche Bescheinigung nachgewiesenen Tage der Arbeitsunfähigkeit nicht auf den Urlaub angerechnet.
Übertragung	Der Urlaubsanspruch ist grundsätzlich an das Urlaubsjahr gebunden und muss bis zum Jahresende gewährt und genommen werden. **Ausnahmen:** – bei dringenden betrieblichen oder in der Person des Arbeitnehmers liegenden Gründen ist eine Übertragung bis zum 31.3. des Folgejahres möglich – bei Krankheit auch noch darüber hinaus (s. u.). – Mutterschutz: Hat die Frau ihren Urlaub vor Beginn der Beschäftigungsverbote noch nicht oder nicht vollständig erhalten, so kann sie nach Ablauf der Fristen den Resturlaub im laufenden oder nächsten Urlaubsjahr beanspruchen. – bei Antritt von Elternzeit noch zustehender Erholungsurlaub ist nach Beendigung der Elternzeit im laufenden oder im nächsten Urlaubsjahr zu gewähren. Schließt sich unmittelbar an die erste Elternzeit eine zweite Elternzeit an, wird der Urlaub bis nach der zweiten Elternzeit übertragen. – bei Arbeitsunfähigkeit wird der nicht genommene Urlaub dann übertragen, wenn gerade wegen der Arbeitsunfähigkeit der Urlaub bis zum Ende des Kalenderjahres bzw. bis zum Ende des Übertragungszeitraumes (= 31.3. des Folgejahres) nicht genommen werden konnte.
Verfall	Wird der Urlaub durch den Arbeitnehmer innerhalb des Kalenderjahres oder bei Übertragung spätestens innerhalb des Übertragungszeitraumes bis zum 31.3. des Folgejahres nicht genommen, verfällt der Urlaubsanspruch ersatzlos, wenn nicht einer der o. g. Gründe für eine weitere Übertragung vorliegt. Voraussetzung für den Verfall ist laut BAG-Rechtsprechung, dass der Arbeitgeber seine Mitarbeiter zuvor konkret aufgefordert hat, den Urlaub zu nehmen, und sie klar und rechtzeitig darauf hingewiesen hat, dass der

	Urlaub anderenfalls mit Ablauf des Urlaubsjahres oder Übertragungszeitraums erlischt. **Ausnahme:** Kann der Beschäftigte den Urlaub auch bis zum Ende des Übertragungszeitraumes nicht nehmen auf Grund einer Arbeitsunfähigkeit, verfällt der Urlaubsanspruch als Freizeitanspruch zunächst nicht. Um dem so ermöglichten unbegrenzten Ansammeln von Urlaubsansprüchen eine Grenze zu setzen, lässt das BAG den Urlaubsanspruch jeweils 15 Monate nach Ablauf des Urlaubsjahres auch bei langjährig arbeitsunfähig erkrankten Arbeitnehmern verfallen. Über diese Begrenzung hinaus ist kein Sammeln möglich.
Abgeltung:	Kann der Urlaub wegen Beendigung des Arbeitsverhältnisses ganz oder teilweise nicht mehr gewährt werden, so ist er abzugelten. Die Erben eines verstorbenen Arbeitnehmers können von dessen ehemaligem Arbeitgeber eine finanzielle Vergütung für den von dem Arbeitnehmer nicht genommenen bezahlten Jahresurlaub verlangen.

Zuschläge für Sonntags-, Feiertags- und Nachtarbeit

Steuerfrei können folgende Zuschläge zum Grundlohn gezahlt werden. Der Grundlohn darf max. 50 EUR in der Lohnsteuer und 25 EUR in der Sozialversicherung je Stunde nicht übersteigen.

Zuschlagsart	Zuschläge steuerfrei bis
Nachtarbeit	
von 20 Uhr bis 6 Uhr	25 % des Grundlohns
von 0 Uhr bis 4 Uhr, wenn diese vor 0 Uhr aufgenommen wurde	40 % des Grundlohns
Sonntagsarbeit	
von 0 Uhr bis 24 Uhr hier gilt auch die Arbeit am Montag von 0 Uhr bis 4 Uhr, wenn diese vor 0 Uhr aufgenommen wurde	50 % des Grundlohns
gesetzliche Feiertage	
von 0 Uhr bis 24 Uhr hier gilt auch die Arbeit des auf den Feiertag folgenden Tages von 0 Uhr bis 4 Uhr, wenn diese vor 0 Uhr aufgenommen wurde	125 % des Grundlohns
Silvester	
von 14 Uhr bis 24 Uhr	125 % des Grundlohns

Zuschlagsart	Zuschläge steuerfrei bis
Weihnachtsfeiertage	
von 0 Uhr bis 24 Uhr hier gilt auch die Arbeit des auf den Feiertag folgenden Tages von 0 Uhr bis 4 Uhr, wenn diese vor 0 Uhr aufgenommen wurde	150 % des Grundlohns
Heiligabend	
von 14 Uhr bis 24 Uhr	150 % des Grundlohns
1. Mai	
von 0 Uhr bis 24 Uhr hier gilt auch die Arbeit des auf den Feiertag folgenden Tages von 0 Uhr bis 4 Uhr, wenn diese vor 0 Uhr aufgenommen wurde	150 % des Grundlohns